PROMENADES

PARISIENNES

—

OUVRAGE

DESTINÉ A LA JEUNESSE.

PAR M. PETIT

Elève de l'abbé Gaultier;
Ex-professeur de S. M. T. F. Dona Maria II, reine de Portugal;
Chevalier de ses Ordres.

Répondez aux comment et aux pourquoi
de l'enfance, vous ferez des hommes.

—

PREMIER ARRONDISSEMENT.

PARIS

ALEXANDRE JOHANNEAU, ÉDITEUR,

LIBRAIRE DE L'ACADÉMIE FRANÇAISE, POUR LES PRIX DE M. MONTYON,

RUE BAILLET, 4.

PROMENADES PARISIENNES.

Tout exemplaire non revêtu de ma signature sera considéré comme contrefait.

Paris. — Imp. de Pommeret et Moreau, 42, rue Vavin.

PROMENADES

PARISIENNES

—

OUVRAGE

DESTINÉ A LA JEUNESSE,

PAR M. PETIT,

Élève de l'abbé Gaultier ;
Ancien professeur de S. M. T. F. Dona Maria II, reine de Portugal,
Chevalier de ses Ordres.

Répondez aux comment et aux pourquoi
de l'enfance, vous ferez des hommes.

—

PREMIER ARRONDISSEMENT
DE 1859,

COMPRENANT:

La circonscription entière de l'Elysée
et des parties des circonscriptions de Passy, du Louvre, de la Bourse et de l'Opéra,
de la délimitation de 1860.

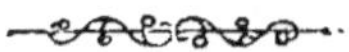

PARIS

ALEXANDRE JOHANNEAU, ÉDITEUR,
LIBRAIRE DE LA SOCIÉTÉ LIBRE DES BEAUX-ARTS
Rue de Rivoli, 77, au coin de la rue de la Monnaie.

A LA PRINCESSE GALITZIN,

COMTESSE JÉZIERSKA.

MADAME LA PRINCESSE,

L'honneur que vous avez bien voulu me faire en me permettant de vous dédier les *Promenades parisiennes* ajoute encore à ma vive reconnaissance pour la bienveillance que vous avez eu la bonté de me témoigner. Mon livre, destiné à la jeunesse, pouvait-il trouver un patronage plus digne que le vôtre? Il cheminera sous l'abri de l'amour maternel dont vous donnez chaque jour tant de preuves, de la pieuse charité, de l'excellence du goût que chacun vous connaît. Mais ces garanties me rendront la tâche difficile; puissé-je n'être pas au-dessous des obligations que je contracte et mériter le succès que votre nom promet à mon œuvre!

Daignez agréer l'hommage du profond respect avec lequel je m'honore d'être,

Madame la Princesse,

Votre très-obéissant serviteur,

PETIT.

PRÉFACE.

***

On a publié jusqu'à ce jour un grand nombre d'histoires de Paris. Toutes ont été écrites pour des grandes personnes, et ne peuvent être mises entre les mains de la jeunesse, soit à cause de la science étendue qui s'y trouve, soit par le récit de faits dont la connaissance n'est pas de cet âge. Les *Guides dans Paris* ne sont qu'une nomenclature de monuments à l'usage des étrangers qui ont peu de temps à consacrer à leur séjour dans notre ville. Le livre que nous destinons à la jeunesse *est essentiellement instructif et moral ;* il a pour but d'attirer l'attention des enfants sur ce qu'ils doivent observer en parcourant les rues ou les jardins publics. Les personnes chargées ordinairement de les conduire s'inquiètent peu de les amener à se rendre compte de tout. Quelle qu'en soit la raison, les enfants passant devant les édifices se promènent sans rien voir. Aussi, quand ils grandissent, ils voyagent sans fruit, parce qu'ils n'ont pas acquis l'habitude de l'observation qui ne laisse rien échapper. Pourquoi n'aurions-nous pas tenté de combler cette lacune? Nous avons passé notre vie avec l'enfance et la jeunesse, nous les aimons, nous connaissons leur langage et leurs pensées, nous savons qu'on peut leur faire comprendre et rechercher les choses les plus savantes, les plus abstraites. Il ne faut que suivre le conseil du poëte italien et frotter de miel les bords du vase qui contient la médecine. Nous espérons avoir pris cette route en renonçant aux termes scientifiques, inintelligibles pour la plupart, ou bien en recourant à leur étymologie qui en donne le véritable sens. Nous avons donc tâché, tout en nous tenant à leur niveau, dè leur offrir un ouvrage qui dirige et développe leur goût de tout voir et de tout s'expliquer.

PROMENADES PARISIENNES.

PREMIÈRE PROMENADE.

DE L'ARC-DE-TRIOMPHE DE L'ÉTOILE AU ROND-POINT.

Un père vient à Paris passer les vacances avec ses deux enfants auxquels il a promis de faire connaître la capitale. Il commence ses tournées par la barrière de l'Étoile.

LE PÈRE. — Ainsi que je vous l'ai promis, mes chers enfants, nous allons faire connaissance avec Paris. Le temps est beau, nos promenades, je l'espère, seront agréables, mais il faut vous apprêter à marcher beaucoup ; y êtes-vous décidés ?

LES ENFANTS. — Oh ! oui, mon père, nous désirons ce plaisir depuis si longtemps !

LE PÈRE. — Eh bien ! mettons-nous en route, et surtout ne m'épargnez pas les questions. Commençons où nous sommes. Voici d'abord l'Arc-de-Triomphe de la barrière de l'Étoile. Ce nom vient des chemins qui y aboutissent en y convergeant. C'est le plus grand monument qui existe en ce genre, et les Romains sont loin derrière nous.

EUGÈNE. — Quelles en sont donc les proportions?

LE PÈRE. — Il a 50 mètres [1] environ de hauteur, 45 de largeur, et 22 d'épaisseur. La grande arcade a près de 21 mètres de hauteur sur 15 d'ouverture, tandis que l'arc de triomphe de Constantin, construit à Rome, avec les débris de l'arc de Trajan, n'a pas 25 mètres de hauteur [2].

MARIA. — A-t-on été longtemps à l'achever?

LE PÈRE. — Sans doute. Il a été commencé le 15 août 1806, jour de l'anniversaire de la naissance de Napoléon Ier, ainsi que le rappelle l'inscription de la première pierre des fondements, et n'a été inauguré que le 29 juillet 1836, sous le règne de Louis-Philippe.

MARIA. — Trente ans! Il est impossible que ce soit le même architecte qui l'ait commencé et fini.

LE PÈRE. — Tu as raison, ma chère fille, mais tous ont à peu près suivi les plans de M. Chalgrin, dont les projets avaient eu l'approbation de Napoléon Ier. D'abord le monument avait été destiné à rappeler surtout la victoire d'Austerlitz; mais en 1814, les travaux furent interrompus, et sans la guerre d'intervention de la France en Espagne, pendant l'année 1823, on aurait probablement détruit les constructions déjà faites. Heureusement on abandonna cette résolution, et l'on décida que l'Arc-de-Triomphe consacrerait le souvenir de la campagne du duc d'Angoulême. Après la révolution de Juillet, Louis-Philippe le rendit à sa destination pre-

---

[1] 49^m,483 de hauteur, 44^m,820 de largeur, 22^m,210 d'épaisseur. Le grand arc 20^m,429 de hauteur, 15^m,620 de largeur.

[2] 65 pieds 10 pouces de hauteur, 76 pieds de largeur, 20 pieds 5 pouces d'épaisseur; l'arcade principale, 35 pieds 10 pouces sous clef de voûte, sur 20 pieds 1 pouce d'ouverture. C'est le plus grand de l'antiquité.

mière avec quelques modifications dans les sujets des groupes et des bas-reliefs.

EUGÈNE. — La richesse de l'ornementation a probablement souffert de ces changements.

LE PÈRE. — Non, mon ami. On a seulement figuré dans les bas-reliefs de la frise qui regarde Paris, et sur la moitié des deux faces latérales, le départ des troupes pour la guerre; tandis que du côté de Neuilly on a représenté le retour des armées après la paix.

MARIA. — Mon père, qu'appelle-t-on la frise?

LE PÈRE. — C'est un détail de la partie supérieure des monuments. Et puisque tu entres dans cette voie, je profiterai de ta curiosité pour te donner des notions élémentaires d'architecture.

MARIA. — Oh! quel bonheur! J'écoute attentivement; jamais on ne m'a parlé de cela, et quand je regarde un monument, je ne puis m'en rendre compte.

LE PÈRE. — L'arc de triomphe, chez les Romains, avait pour but de placer en évidence les trophées du vainqueur, pendant que les guerriers défilaient pour rentrer dans la ville. A cet effet, on élevait un portique de bois sous lequel passait le cortége, et sur la plate-forme ou tribune qui couronnait l'édifice étaient placés des joueurs d'instruments.

EUGÈNE. — Mais ces constructions n'étaient pas destinées à durer.

LE PÈRE. — C'est vrai; on les détruisait après le triomphe, et ce ne fut que plus tard qu'on en fit des monuments.

EUGÈNE. — Je vous demande pardon de mes inter-

ruptions qui vous empêchent de nous expliquer ce que
vous vouliez nous dire.

LE PÈRE. — Au contraire, mon cher Eugène, tes questions indiquent le désir de t'instruire et j'y répondrai
toujours avec plaisir, pour revenir ensuite à notre sujet.
L'arc de triomphe monumental se compose d'une, deux
ou trois ouvertures[1], consistant d'ordinaire en arcades
à plein cintre, c'est-à-dire ayant la forme d'une demi-
circonférence du cercle. Celui-ci n'est percé que d'une
ouverture principale dans la direction de la route de
Neuilly et de deux arcs latéraux coupant à angle droit
la grande arcade.

MARIA. — Cela me paraît plus grandiose que s'il y
avait trois arcades à côté les unes des autres; cependant, je crois que cette dernière disposition serait plus
légère et par conséquent plus élégante.

LE PÈRE. — Tu as raison, ma chère Maria; il fallait,
pour perpétuer le souvenir des grands événements de
la France, un monument grave. Le haut de notre édifice se compose d'un attique A, B, C, D, partie qui semble
avoir exhaussé l'Arc-de-Triomphe, et où vous voyez des
boucliers portant des inscriptions D, au-dessous d'un
entablement E, F, G, H, soutenu par les deux côtés de
l'arc qu'on appelle pieds droits I, J. Au sommet de l'attique est la plate-forme bordée par une balustrade B,
et où se trouve l'acrotère A.

MARIA. — Papa, qu'est-ce que ce mot-là? C'est au moins
du grec.

LE PÈRE. — Oui, mon enfant, cela veut dire le faîte.
On nomme ainsi une sorte de piédestal placé au som-

---

[1] Il est nécessaire de suivre les explications sur la gravure.

met du monument et destiné à servir de base, soit au char triomphal, soit aux groupes qui se placent au-dessus de l'arc de triomphe. Voyez-vous les boucliers dont je vous parlais tout à l'heure [1]? Chacun porte un nom glorieux. Faisons le tour. Voici Valmy, Jemmapes, Fleurus, les premières victoires de nos armées républicaines; ensuite viennent les noms immortels des prodiges du général Bonaparte, dans sa brillante campagne d'Italie, et dont nous parlerons quand nous passerons près des rues de Paris qui répètent ces noms. Puis viennent les combats d'Egypte, la fameuse bataille de Zurich, gagnée par Masséna, et qui sauva la France de l'invasion de Souwarof. Là, ce sont les palmes impériales cueillies en Allemagne, en Espagne, en Prusse, en Russie, enfin les noms de la campagne de 1814, où la présence seule de Napoléon arrêtait encore les armées coalisées ou les mettait en fuite. Maria, te souviens-tu de ces faits?

MARIA. — Oh! oui, mon père. Ainsi vous nous avez cité 1806, c'est l'année qui a suivi la bataille d'Austerlitz, c'est alors que Napoléon détruisit l'empire d'Allemagne pour donner à cette contrée l'organisation qu'elle a conservée depuis. En 1823, eut lieu l'insurrection des Espagnols qui réclamaient de Ferdinand VII, après lui avoir conservé la couronne par des efforts inouïs, la constitution faite par les cortès, pendant que la famille royale était prisonnière en France. Alors, Louis XVIII

---

[1] Les trente boucliers portent les noms de Valmy, Jemmapes, Fleurus, Montenotte, Lodi, Castiglione, Arcole, Rivoli, Pyramides, Aboukir, Alkmaër, Zurich, Héliopolis, Marengo, Hohenlinden, Ulm, Austerlitz, Iéna, Friedland, Somo-Sierra, Essling, Wagram, la Moskowa, Lutzen, Dresde, Hanau, Montmirail, Montereau, Ligny.

envoya, sous les ordres du duc d'Angoulême, une armée qui enferma les rebelles dans Cadix et qui prit le Trocadéro, l'un des forts de cette ville.

EUGÈNE. — Te rappelles-tu aussi, Maria, le beau tableau de Paul De'aroche, représentant ce fait d'armes? Mon père, qui connaissait ce grand peintre, avait prédit dès ce moment que cet artiste, bien jeune encore alors, deviendrait une de nos gloires.

LE PÈRE. — C'est bien, mes enfants. J'aurai souvent l'occasion de vous adresser à mon tour des questions, et je compte bien m'assurer ainsi que vous êtes des élèves studieux et intelligents. Au-dessous de l'attique, est, comme je vous l'ai dit, l'entablement E, F, G, H, qui comprend dans sa partie supérieure la corniche F, et la frise G, et qui se termine au bas par l'architrave H. La corniche est surmontée d'une tablette saillante appelée le larmier E, dont le nom indique la destination. Qu'en penses-tu, Eugène?

EUGÈNE. — C'est que la pluie en tombant est écartée du mur par cette saillie, et s'égoutte en forme de larmes.

LE PÈRE. — C'est cela. Complétons notre nomenclature nécessaire. L'archivolte K est le bandeau qui suit la courbe de l'arc, dont les extrémités donnent à la partie des pieds-droits où elles s'appuient le nom d'imposte J; les voussoires sont les pierres taillées en cônes tronqués formant le cintre, et les tympans L sont les deux triangles formés par l'archivolte, l'architrave et les côtés intérieurs de l'encadrement des bas-reliefs.

MARIA. — Je vous remercie bien, mon père; maintenant je pourrai vous suivre avec fruit, et je vois parfaitement les sculptures de la frise.

LE PÈRE. — Le groupe de droite du côté des Tuileries, exécuté par M. Rude, représente le Départ. C'est l'allégorie du grand mouvement de 1792, lorsque la France, qu'envahissaient déjà les troupes de la coalition, fut délivrée par l'élan patriotique de la nation. Tu vois le Génie de la guerre qui crie aux armes et qui donne avec son glaive levé le signal des combats. Les autres personnages sont bien en harmonie avec lui : le jeune homme, le guerrier, le vieillard concourent à la défense de la patrie, celui-ci par ses conseils, ceux-là par leur action.

EUGÈNE. — Ah ! c'est juste. En voici un qui jette son manteau et qui tire l'épée, et la tête de ce jeune homme courbant son arc marque une mâle énergie. C'est un beau groupe. Celui de gauche ne représente-t-il pas Napoléon Ier ?

LE PÈRE. — Tu l'as trouvé. C'est l'œuvre de M. Cortot ; le Triomphe après la campagne d'Autriche et la paix de Vienne en 1810, alors que Napoléon avait obtenu la main de Marie-Louise d'Autriche, fille de l'empereur François Ier, après avoir répudié Joséphine.

MARIA. — Ah ! mademoiselle Tascher de la Pagerie, qui avait épousé le vicomte Alexandre de Beauharnais, et l'avait vu, pendant la terreur, périr sur l'échafaud (23 juillet 1794). Elle resta veuve avec deux enfants : Eugène, qui se conduisit avec un remarquable courage dans toutes les guerres de l'empire, et Hortense, qui épousa Louis Bonaparte, frère de Napoléon et père de l'empereur Napoléon III.

LE PÈRE. — Bien, mon enfant. Elle était citée pour sa bienfaisance, son amabilité, sa grâce, son bon sens.

EUGÈNE. — On l'aimait beaucoup en France, et il n'a rien moins fallu que le désir de la postérité impériale pour que les Français pardonnassent à Napoléon d'avoir éloigné de lui cet ange conciliateur.

LE PÈRE. — Et Marie-Louise ?

EUGÈNE. — Elle n'épousa, dit-on, Napoléon qu'avec effroi, et resta peut-être sous cette influence quand, en 1815, il s'échappa de l'île d'Elbe. Fit-elle alors des efforts pour revenir auprès de lui? C'est ce qu'on n'a pas su. Au reste, elle causa une vive joie à l'Empereur en lui donnant un fils (20 mars 1811), qui fut salué à sa naissance du titre de roi de Rome, et qui mourut en Autriche, à Schœnbrunn (22 juillet 1832), avec le titre de duc de Reichstadt.

LE PÈRE. — Passons de l'autre côté ; le groupe de droite de la façade de Neuilly est la Résistance. Il rap-

pelle la campagne de 1814. Voyez, mes enfants, ce jeune
guerrier qu'excite le Génie de l'avenir, et dont le visage
exprime l'amour de la patrie. Il combat pour l'indépendance de son pays et il défend son père blessé et tombé à
ses côtés. C'est en même temps le patriotisme et l'amour
filial, sentiments les plus forts qui fassent palpiter le
cœur d'un honnête homme !

EUGÈNE. — Oui, sans doute, mais il résiste à sa femme
qui lui montre son enfant et qui tente de le retenir.

LE PÈRE. — C'est vrai, mon fils ; sache-le bien cependant, l'homme se doit à son pays avant de penser à sa
famille, et l'unanimité de cet élan conserve plus de pères
à leurs enfants, plus d'époux à leurs femmes, que
l'égoïsme et la lâcheté qui laissent commettre tous les
crimes sans oser leur opposer de barrière.

MARIA. — Ce groupe de gauche repose l'imagination.
La joie et le bonheur brillent sur ces visages. Ce doit
être la Paix, n'est-ce pas, mon père ?

LE PÈRE. — Oui, ma bonne Maria. Le guerrier remet
le glaive au fourreau, la mère caresse son jeune enfant
pendant que le plus âgé se livre à l'étude. A côté d'eux
sont des scènes d'agriculture qui indiquent la tranquillité dont le cultivateur doit jouir pour voir fructifier ses
travaux. Ces deux groupes sont d'Etex. Maintenant,
venons à la façade de Paris, pour examiner les bas-reliefs
placés au-dessus des groupes.

MARIA (*pendant qu'ils reviennent du côté de Paris*). —
Mon père, permettez-moi de vous prouver que j'ai bien
écouté vos explications d'architecture ; ces bas-reliefs
sont placés entre l'imposte et l'entablement, n'est-ce
pas ? Et ces Renommées sont dans les tympans.

LE PÈRE. — C'est cela, ma chère fille. Les Renommées sont admirables d'exécution ; aussi sont-elles sorties du ciseau de Pradier, le sculpteur par excellence. Le bas-relief de droite, qu'on doit à Lemaire, représente les Funérailles du général Marceau, tué à vingt ans (19 septembre 1796), à Hoschteinball, près d'Altenkirchen. Ce jeune héros, que le général Jourdan avait chargé de protéger la retraite de l'armée française en présence de l'archiduc Charles d'Autriche, tomba, frappé de la balle d'un chasseur tyrolien. L'archiduc, entre les mains duquel resta le corps de Marceau, ordonna qu'on lui rendît les honneurs militaires, et l'on vit à sa suite ses ennemis et ses soldats confondre leurs regrets. Sa statue décore une des places de Chartres, sa patrie.

MARIA. — C'est un touchant hommage qui honore, ce me semble, autant le général autrichien que le général français, et qui prouve que les hommes ne devraient jamais rivaliser que de grandeur d'âme.

LE PÈRE. — Ta réflexion est juste, ma chère Maria ; la générosité n'est jamais étouffée par l'ardeur des combats quand les nations ont l'une pour l'autre des sentiments d'estime. Le bas-relief de gauche est la Bataille d'Aboukir, livrée le 24 juillet 1799. C'est l'œuvre de Seurre aîné.

EUGÈNE. — Grande et belle lutte qui effaça le désastre arrivé à notre flotte, en vue du même rivage, lorsque périt si noblement le capitaine Dupetit-Thouars à bord du *Tonnant*.

LE PÈRE. — Ici, à la face latérale de gauche est la Bataille de Jemmapes (6 novembre 1792). On doit cette œuvre à M. Marochetti. Louis-Philippe, alors duc de

Chartres, servait dans l'armée républicaine, sous les ordres du Dumouriez. Le bas-relief de droite de la face du côté du pont de Neuilly représente le Passage du pont d'Arcole, le 5 novembre 1796.

EUGÈNE. — C'est une des magnifiques actions du général Bonaparte, qui entraîna ses soldats à sa suite sous une grêle de mitraille. Quel est le sculpteur qui a fait ce bas-relief, mon père, s'il vous plaît ?

LE PÈRE. — C'est M. Feuchère, et celui-ci à gauche est de Chaponnière, jeune artiste arrêté par la mort presque au début d'une carrière qui s'annonçait brillante. Il représente la Prise d'Alexandrie (2 juillet 1798). Enfin ce dernier est de M. Gechter ; c'est la fameuse bataille d'Austerlitz, gagnée le 2 décembre 1805, pour fêter glorieusement l'anniversaire de l'avénement de Napoléon à l'empire.

EUGÈNE. — Ce sont de belles pages historiques, et il aurait été déplorable qu'on n'achevât pas ce monument devant lequel on sent son cœur battre d'une noble fierté.

LE PÈRE. — Ce n'est pas tout. Entrons sous les voûtes, et vous allez lire une longue liste de noms justement célèbres. Voyez ces inscriptions : s'il fallait parler de chacun des guerriers qui y sont mentionnés, ou des combats qu'elles rappellent, nous passerions ici nos vacances. Ici, sous la grande voûte, nous trouvons 142 noms de batailles, qui, pour la plupart, ne sont pas écrites au dehors, et sous ces voûtes latérales, 654 [1] noms d'hommes à tout jamais illustres dans toutes les armes. Ceux dont les noms sont soulignés sont morts au champ

[1] Voir à la fin du volume.

d'honneur. Je vous donnerai ces listes pour que vous cherchiez dans la biographie de ces héros de beaux souvenirs de la gloire de notre pays.

LES ENFANTS. — Oh ! merci, mon père, ce sera une occupation bien intéressante.

EUGÈNE. — Mon père, combien a coûté ce précieux monument, le sait-on ?

LE PÈRE. — Oui, mon ami, la dépense approche de dix millions de francs. A présent dirigeons-nous du côté de Paris. Nous avons en face de nous la superbe avenue de Neuilly. Nous allons y entrer par la barrière de l'Etoile, en laissant à notre droite, derrière nous, le bois de Boulogne, où l'on arrive par la belle avenue de l'Impératrice, nouvéllement percée près de l'ancienne route de Charles X.

MARIA. — A quelle époque a-t-on construit le mur d'enceinte de Paris, tel qu'il est maintenant ?

LE PÈRE. — C'est vers l'an 1784, sous le ministère de M. de Calonne, que les fermiers généraux obtinrent l'autorisation de l'élever. En trois années il fut presque terminé, au grand mécontentement de la population de Paris, et surtout des villages qu'on englobait dans la ville. Chaillot, le Roule, que nous allons trouver l'un à droite, l'autre à gauche, Mousseau ou plutôt Monceaux, Clichy, et du côté du faubourg Saint-Antoine Picpus, et beaucoup d'autres formèrent des quartiers parisiens.

EUGÈNE. — Est-ce que ce mécontentement ne donna pas lieu à la résistance?

LE PÈRE. — Si vraiment, mais on passa outre, et l'architecte Ledoux mit le comble à la mauvaise humeur populaire, en faisant de chaque barrière un monument fastueux. Cependant l'archevêque de Toulouse, Mgr Loménie de Brienne, successeur de M. de Calonne, suspendit les travaux qui furent repris ensuite d'une façon plus modeste. Néanmoins, aujourd'hui, le luxe de ces édifices ne paraît pas déplacé.

EUGÈNE. — Mais, à la révolution française, n'a-t-on pas brûlé les barrières?

LE PÈRE. — Oui, sans doute, et même à chaque révolution c'est par là qu'on commence. Il est vrai qu'on ne détruit que quelques bâtiments en planches où se tiennent les employés de l'octroi, chargés de visiter les voitures ; les monuments en pierre restent debout.

MARIA. — On devrait bien supprimer cet impôt qui pèse si lourdement sur la population.

LE PÈRE. — Cela n'est pas possible. La ville de Paris a de fortes charges, et si elle ne percevait pas l'octroi, la plupart des institutions qui sont la sauvegarde de la sécurité et de la salubrité publiques n'existeraient plus. Dans un gouvernement, l'argent perçu par les impôts assure le bien-être général. Sans doute, on pourrait y apporter des modifications que l'expérience accomplira probablement.

MARIA. — Nous voici dans Paris, nous avons franchi la barrière. Quel magnifique coup d'œil ! je ne l'avais jamais si bien remarqué. Quel concours de voitures et de promeneurs! On croirait que Paris tout entier s'est donné rendez-vous ici.

LE PÈRE. — C'est la promenade à la mode, grâce aux embellissements qui ont été apportés à cette imposante entrée de Paris. Il n'y a pas encore de longues années que la route était sale et que les allées latérales étaient à peine praticables aux piétons.

EUGÈNE. — Mon père, y a-t-il longtemps que cette avenue est plantée?

LE PÈRE. — Oh ! oui. Dans la deuxième moitié du dix-septième siècle, on y planta les premiers arbres, on y traça des allées, et cette route fut appelée le Grand-Cours, pour la distinguer du Cours-la-Reine, avenue plantée en 1610 près de la Seine, par la reine Marie de Médicis. Déjà, sous Louis XIV, elle avait le nom de Champs-Elysées, à cause de l'agrément que cette promenade tirait de la verdure de ses arbres. Mais un siècle plus tard, on la replanta entièrement pour lui donner la forme du quinconce qu'elle a conservée.

MARIA. — Est-ce que sous Henri III, quand ce roi quittait Paris, d'où le chassaient les ligueurs, les avenues n'existaient pas déjà ?

LE PÈRE. — Non, mon enfant. C'était une route sur laquelle se retourna le roi pour lancer, en s'enfuyant, une menace de destruction sur la ville rebelle.

MARIA. — Que signifie le mot Champs-Elysées, s'il vous plaît, mon père ?

LE PÈRE. — L'étymologie de ce mot signifie champs de délices. Tu sais assez de mythologie pour compléter mon explication. Du reste, les poëtes ont orné de fictions un usage tout simple, mais touchant pour sa piété. Les Champs-Elysées des anciens étaient des cimetières où l'on déposait les corps des gens vertueux. De là les mythologues en ont fait dans les enfers le séjour des bienheureux.

MARIA. — Voilà pourquoi, sans doute, en Egypte, on

avait établi des tribunaux qui faisaient le procès des défunts, et leur accordaient ou non l'honneur d'être embaumés?

LE PÈRE. — C'est justement cela. Les inscriptions qu'on lisait sur les sarcophages étaient alors l'expression de l'opinion générale, tandis qu'aujourd'hui, les épitaphes sont composées par la famille des défunts, et n'expriment le plus souvent que des opinions personnelles.

EUGÈNE. — Quelles belles maisons neuves on a bâties par ici! Et que de place il y a encore pour en construire! Aussi les anciennes bicoques semblent-elles honteuses au milieu de leurs somptueuses voisines.

LE PÈRE. — Oui. Ce quartier est tout neuf, et deviendra dans peu le rendez-vous de la population riche. Voyez, à votre gauche, on bâtit encore; il y a quelques années, en place des maisons déjà faites, et qui ne se trouvent pas encore toutes dans l'alignement fixé, on voyait une butte où s'était d'abord établi un cultivateur de tulipes nommé Tripet. La variété, la beauté de ses fleurs attirait chez lui de nombreux visiteurs, mais son établissement disparut pour faire place à un jardin public où l'on trouvait un nouveau genre d'amusement appelé les Montagnes russes.

EUGÈNE. — Ah! je me souviens d'avoir entendu parler, par un de nos maîtres d'études, de ces montagnes, qui prirent dans les Champs-Élysées le nom de Montagnes françaises. Il nous citait des couplets, assez burlesquement tournés, en leur honneur, par un poëte savoyard; je ne m'en rappelle que des fragments; il dit que les curieux se portaient en foule:

> Les uns à pieds, d'autres en chaises
> Aux belles Montagnes françaises.

LE PÈRE. — Ton poëte n'a pas l'expression très-relevée, ni une grande facilité de rimes. Fais-nous grâce du reste.

MARIA. — Mon père, qu'appelait-on Montagnes russes, s'il vous plaît?

LE PÈRE. — C'était un plan incliné sur lequel roulaient des chars, accélérant leur course depuis le point de départ jusqu'au bas de la montagne factice. Un mécanisme faisait remonter les chars qui redescendaient avec de nouveaux voyageurs.

MARIA. — A qui appartenaient ces terrains autrefois?

LE PÈRE. — C'était la propriété d'un financier fort riche appelé Nicolas Beaujon et qui mourut en 1786, âgé de soixante-huit ans. Le château qu'il y avait élevé, ses jardins, en faisaient une délicieuse résidence où Beaujon menait la vie d'un satrape, ainsi que le faisaient alors la plupart des financiers enrichis par des opérations souvent criminelles. Fatigués, dégoûtés même, jeunes encore, de leur vie fastueuse, ils jetaient des sommes considérables aux architectes chargés de leur construire ces demeures presque royales qu'on appelait des *Folies*. Ainsi ce quartier de Paris, qui était autrefois le village du Roule, s'est nommé la Folie-Beaujon.

EUGÈNE. — Mon père, vous avez prononcé un mot bien sévère : opérations criminelles. Est-ce que Beaujon en a mérité l'application ?

LE PÈRE. — Il n'est que trop vrai. Cet homme, né d'une famille de marchands à Bordeaux, devint receveur général, et dut l'origine de sa fortune à une famine qui désola sa ville natale. Il vendit le blé qu'il avait acheté dans des temps meilleurs, un tel prix, qu'il gagna 10 millions de francs. Il fut, pour ce fait, traduit devant les tribunaux à Paris, mais il parvint à étouffer l'affaire.

EUGÈNE. — C'est horrible! Est-ce qu'il n'a pas racheté cette conduite par quelque bien?

LE PÈRE. — Pardon. Il laissa en mourant, 25,000 francs de rentes à l'hospice qu'il avait fondé pour des orphelins, et qui porte encore aujourd'hui son nom. Pendant la révolution française, la Convention le convertit en hôpital pour les malades, et le nomma Hôpital du Roule. Le conseil général des hospices lui a rendu son premier nom. On y compte près de deux cents lits, et l'établissement est desservi par les sœurs de Sainte-Marthe.

MARIA. — Mon père, je lis de grands noms au coin de ces rues : Chateaubriand, Balzac.

LE PÈRE. — En effet, quelques grands personnages ont illustré le quartier Beaujon. Chateaubriand n'y a jamais demeuré. Ce grand écrivain, créateur de la prose moderne, auteur de l'*Itinéraire à Jérusalem*, du *Génie du Christianisme*, avait son hôtel rue du Bac, où il est mort en 1848. Balzac, ou plutôt Honoré de Balzac, après avoir mené long-temps une vie précaire, est mort riche, dans une maison de la rue qui porte son nom. Ses romans ont eu un succès mérité, et restèrent à la mode jusqu'à ce que ceux d'Eugène Sue les aient quelque peu éclipsés. Béranger, enfant de Paris, notre poëte national, auquel on peut reprocher plusieurs chansons que tout le monde ne peut pas lire, a aussi résidé dans le quartier Beaujon. A la limite du quartier demeurent les deux célèbres peintres, Gudin et Eugène Giraud.

EUGÈNE. — Vous nous avez promis, mon bon père, quelques anecdotes sur les personnages dont nous rencontrerions les noms dans nos promenades; en savez-vous sur ceux-ci?

LE PÈRE. — Oui, mon ami. Ainsi Balzac avait une vanité naïve qui n'altéra jamais la bonté de son cœur, ni la simplicité de son caractère, mais qui lui attira, de la part de ceux qui ne le connaissaient pas intimement, de pénibles humiliations. La *Gazette d'Augsbourg* rapporte, par exemple, que l'empereur Nicolas Ier, lorsque parut le *Voyage en Russie*, de M. de Custine, désirait qu'un écrivain français se chargeât de réfuter cet écrit. Balzac arriva en poste à Saint-Pétersbourg, et adressa à l'autocrate ce billet : « M. de Balzac l'écrivain, et M. de Balzac le gentilhomme, sollicitent de Sa Majesté la faveur d'une audience particulière. » Le lendemain Balzac reçut cette réponse écrite par l'Empereur lui-même: « M. de Balzac le gentilhomme, et M. de Balzac l'écrivain, peuvent prendre la poste quand il leur plaira. » Il ne se le fit pas dire deux fois, et revint à Paris, l'oreille un peu basse. Son aisance de quelques mois lui vient d'une riche veuve qui l'épousa et à laquelle il fut bientôt enlevé à l'âge à peu près de cinquante ans, par une maladie de cœur.

MARIA. — Et Béranger a-t-il aussi quelque trait qui le peigne?

LE PÈRE. — Pierre-Jean de Béranger vient de mourir en chrétien. C'était l'homme le plus modeste qu'on pût trouver. Son cœur était noble et bon, et, malgré son peu de fortune, il saisit les occasions d'exercer la bienfaisance. Plusieurs fois ses chansons politiques l'ont amené devant les tribunaux, qui lui ont fait passer en prison les plus belles années de sa vie. En 1848, il fut nommé, malgré ses refus, représentant du peuple, et il vint à l'assemblée pour supplier ses collègues d'accepter sa démission. « Les forces me manquent, le fardeau est trop lourd, » disait-il. On ne voulait pas entrer dans ses vues, mais il persista à décliner l'honneur qu'on lui avait fait, et obtint enfin la faveur de *s'en aller*, comme il le disait lui-même.

EUGÈNE. — Quel beau caractère ! Je crois qu'il n'a rien publié depuis 1830.

LE PÈRE. — Peu de choses. Mais, avant sa mort, on avait imprimé à plusieurs reprises des éditions de ses œuvres, avec les chansons qu'avaient condamnées les tribunaux. Depuis son décès, il a paru un volume de chansons inédites qu'il a faites depuis 1830... Vous ne me demandez rien sur Beaujon, pourquoi donc ?

EUGÈNE. — C'est que, malgré son expiation d'utilité publique, ce que vous en avez dit m'inspire peu d'intérêt.

LE PÈRE. — Je vais compléter son portrait : il avait pour médecin à l'année Bouvard, auquel il avait dit pour le corriger de sa négligence à le visiter : « Je vous ferai 6,000 livres de rentes annuelles, tant que je vivrai. » Je vous laisse à penser si le docteur fut exact à l'avenir. Il allait au-devant de tout ce qui pouvait épargner même une gêne à son client. A cinquante ans, Beaujon se plaignit d'insomnie, aussitôt Bouvard lui envoya une barcelonnette et deux berceuses qui le balançaient toute la nuit et ramenaient le sommeil.

MARIA. — Voilà du comique, et Molière n'aurait pas

manqué de mettre ce ridicule en scène. Mais, mon père, ne connaissez-vous pas M. Giraud?

LE PÈRE. — Oui, mon enfant, c'est mon ami. C'est une excellente âme, un cœur d'or avec beaucoup d'esprit.

EUGÈNE. — Vous seriez bien bon, mon père, de nous conduire chez lui, je serais bien heureux de le voir.

LE PÈRE. — Eh bien, nous irons un jour lui faire visite, il nous recevra, j'en suis sûr, avec plaisir.

EUGÈNE. — Vous avez dit : Un cœur d'or avec beaucoup d'esprit. Pourriez-vous nous citer quelques traits à l'appui de ce jugement?

LE PÈRE. — Volontiers. Eugène Giraud, avant de venir rue des Écuries-d'Artois, demeurait dans le faubourg Saint-Germain, où restaient ses parents. Il eut le profond chagrin de les perdre, et il n'a jamais pu depuis lors prendre sur lui de passer dans la rue qu'ils habitaient.

EUGÈNE. — Quel bon fils! Je brûle de faire sa connaissance, il y aura sympathie entre nous.

MARIA. — Mais, mon père, vous n'avez cité qu'un exemple de bonté et l'esprit?

LE PÈRE. — Ah! ah! petite espiègle, tu as raison. Giraud est reçu partout avec plaisir et empressement. Il fait souvent visite à la princesse ***. Un soir, il se trouvait en conversation avec un des *Beaux* de notre siècle qui vantait ses chevaux, ses plaisirs, son club, et qui, s'adressant à Eugène, lui dit : « Et vous, monsieur, à quel club allez-vous? — Moi, j'ai aussi mon club, un club superbe, bien suivi, où nous voyons beaucoup de monde, même des dames. — Des dames! Où donc est ce club exceptionnel? — Mais, il est près d'ici, au bou-

levard de la Madeleine. — Boulevard de la Madeleine !
Quel nom porte-t-il donc? Je n'en connais pas de ce
côté-là. — Cependant c'est un des plus fréquentés de
Paris. — Dites-moi donc son nom, je meurs d'impatience. — Oh ! monsieur, c'est le club... des Pieds-Hu-
mides. Alors la princesse, tout le monde partit d'un
éclat de rire, et le mot est resté. Avant d'aller plus loin,
regarde, Maria. cette belle maison qui porte le nº 146,
et tu auras l'idée de l'architecture de transition que la
renaissance nous a donnée. Ce n'est pas encore le style
grec ou romain auquel on est revenu après le règne des
Valois, et qu'on abandonne de temps à autre aujourd'hui.

MARIA. — Je ne me rappelle plus le nom donné à cés
figures placées entre les croisées, quel est-il, s'il vous
plaît, mon père.

LE PÈRE. — On les appelle des Caryatides.

MARIA. — Ah ! oui, c'est vrai. Pourquoi cette dénomination ?

LE PÈRE. — C'est que, suivant un célèbre architecte
romain (Vitruve), les Grecs, pour punir les habitants de
Caryes d'avoir embrassé la cause des Perses, prirent
cette ville, en massacrèrent les hommes et en réduisi-
rent les femmes en esclavage, les forçant, dans les jours
de fêtes, à se parer de leurs plus riches vêtements, et à
porter sur la tête des fardeaux, ou des corbeilles remplies
de fruits. Suivant Pausanias, au contraire, les filles de
Sparte se rendaient à Caryes, ville du Péloponèse, pour
former des chœurs de danses devant la statue de Diane.
Toujours est-il que les sculpteurs, charmés de ces poses
gracieuses, les ont imitées dans l'ornementation des
temples.

MARIA. — Merci, mon père, je suis une petite tête de linotte, et j'aurais peut-être pu me rappeler ces détails.

LE PÈRE. — Voici maintenant la rue de l'Oratoire-des-Champs-Élysées, qui doit son nom à un terrain appartenant autrefois aux Pères de l'Oratoire.

MARIA. — Quel était cet ordre, mon cher papa?

LE PÈRE. — C'était une congrégation de prédicateurs fondée au commencement du dix-septième siècle, pendant la première année du règne de Louis XIII. Ce fut M. de Bérulle, devenu depuis cardinal, qui eut l'idée de réunir ainsi des prêtres savants, de mœurs pures, et destinés à enseigner la parole de Dieu dans les colléges et dans les séminaires. Bossuet en a dit dans l'une de ses oraisons funèbres : « Congrégation à laquelle le fondateur n'a voulu donner d'autre esprit que l'esprit même de l'Église, d'autre règle que les saints canons, d'autres vœux que ceux du baptême et du sacerdoce, d'autres liens que ceux de la charité. » Cet ordre, supprimé en 1792, vient d'être renouvelé de nos jours par les efforts d'un pieux ecclésiastique, ancien curé de Saint-Roch, M. l'abbé Pétetot.

EUGÈNE. — Voici un nom de rue qu'on retrouve dans le quartier du Marais, rue Neuve-de-Berri. Est-ce de la même cause que ces rues tirent leur dénomination ?

LE PÈRE. — Non, celle-ci doit son nom à une ordonnance de Louis XVI, datée de 1778, qui voulut ainsi rappeler son ancien titre de duc de Berri, l'autre a été ouverte en 1626 et a pris le nom d'une de nos anciennes provinces.

MARIA. — A quelle occasion Louis XVI a-t-il rendu cette ordonnance ?

LE PÈRE. — La voici. A cette époque ce quartier était partagé entre Beaujon, les Oratoriens et une spacieuse pépinière. Le comte d'Artois, devenu plus tard roi sous le nom de Charles X, fit l'acquisition de ce dernier terrain et demanda au roi l'autorisation d'y percer des rues, de là vinrent les noms de Neuve-de-Berri, d'Angoulême, Neuve-de-Poitou ou des Écuries-d'Artois, de Ponthieu, qui subsistent encore.

MARIA. — Ce sont des noms de personnages presque contemporains. Le duc de Berri, fils de Charles X, n'a-t-il pas été poignardé par Louvel, à la porte de l'Opéra, en 1820, je crois? Le duc de Bordeaux naquit la même année.

LE PÈRE. — Oui, ma chère fille, il fut frappé le 13 février vers minuit, à peine âgé de quarante-deux ans. Il n'expira que le matin du 14, sans avoir pu être transporté au palais de l'Élysée que nous verrons tout à l'heure, et en répétant: Grâce pour l'homme !

MARIA. — Le duc d'Angoulême épousa sa cousine-germaine, la vertueuse fille de Louis XVI, et qui est morte saintement en Autriche (19 octobre 1851). Quant au nom des Écuries-d'Artois, cela se comprend, mais la rue de Ponthieu, pourquoi ce nom?

LE PÈRE. — Parce que le Ponthieu, dont les villes principales sont Abbeville et Montreuil-sur-Mer, était le nom d'un des fiefs relevant du comté d'Artois au moins en grande partie. Tournons donc vers la droite. Nous voyons Chaillot, l'un des villages englobés dans Paris.

MARIA. — Que veut dire Chaillot, s'il vous plaît, mon père?

LE PÈRE. — C'est un mot du moyen âge, *chail* qui se traduisait en latin, dans le quatorzième siècle, par *destructio arborum*, destruction des arbres, parce que ce village avait été bâti autrefois sur le penchant d'une colline couverte par une partie de la forêt de Rouvret, dont le bois de Boulogne est un autre fragment. On abattit les arbres pour construire, et de chail on fit Chaillot.

MARIA. — C'est alors presque aussi ancien que Paris.

LE PÈRE. — Non, pas tout à fait. Chaillot n'a été fondé que vers le huitième siècle, par les habitants d'un village voisin qui était plus à l'ouest; ce n'en est pas moins un des anciens quartiers de Paris. Le luxe des constructions n'y atteint pas le niveau des bâtiments que nous venons de voir à notre gauche, on voit à Chaillot beaucoup d'institutions, de maisons de santé, de fabriques, surtout l'importante usine de M. Cail.

MARIA. — On m'a souvent parlé de l'église de Saint-Pierre de Chaillot, est-ce loin d'ici?

LE PÈRE. — Non, mais elle n'a rien d'extraordinaire, elle est cependant fort ancienne et se trouve, ainsi que le village dont elle était la paroisse, citée dans une bulle du pape Urbain II. On la répara quand Louis XIV comprit Chaillot dans les faubourgs de Paris, et il fallut reconstruire la nef et le portail en 1740. Si cela peut vous intéresser, nous y entrerons en allant visiter les réservoirs de la pompe à feu.

MARIA. — Voulez-vous nous y conduire, mon père? Nous sommes toujours si heureux, Eugène et moi, de pouvoir prier Dieu pour vous et pour toute notre famille!

LE PÈRE. — Je sais que vous êtes de braves enfants. Conservez toujours ces sentiments pieux, Dieu vous bénira, ils sont la garantie du bonheur ici-bas, et de l'éternité bienheureuse après notre mort. Allons donc aux bassins de la pompe à feu, nous entrerons à l'église en passant.

MARIA. — Merci, mon père. Oh! quel grand jardin au coin de la rue de Chaillot!

LE PÈRE. — C'est une portion de la propriété du comte de Marbeuf, qui fut le premier gouverneur de la Corse pour la France. Tu te rappelles ce fait historique, Maria?

MARIA. — Oui, mon père. Les Génois qui possédaient cette île étaient dans l'impuissance d'en comprimer les révoltes; ils cédèrent alors la Corse à la France en 1768, mais les Français ne purent s'en rendre maîtres qu'après une lutte acharnée qui ne cessa qu'en 1769, sous le ministère du duc de Choiseul.

LE PÈRE. — C'est cela. M. de Marbeuf fut donc envoyé en Corse pour conserver cette acquisition, et sut, au tant par son courage que par sa bonté, gagner les cœurs de ces indomptables insulaires. Il affectionna beaucoup la famille Bonaparte, et comme son frère aîné était archevêque de Lyon, il put obtenir du roi Louis XVI que le jeune Napoléon entrât, en 1779, comme élève à l'école de Brienne.

EUGÈNE. — Il était alors dans sa dixième année, car il est né le 15 août 1769, et était par conséquent Français, puisque la Corse avait été cédée en 1768.

LE PÈRE. — C'est une qualité que ses ennemis lui disputaient, mais qu'il eut toujours soin de faire valoir.

MARIA. — A qui appartient maintenant cette propriété, s'il vous plaît?

LE PÈRE. — Elle fut mise en vente à la révolution française, et les acquéreurs, après en avoir fait un jardin public, la morcelèrent pour en tirer un meilleur parti. Aujourd'hui, cette portion que nous en voyons appartient à M. de Girardin. A côté, est la résidence de la mère de l'Impératrice, qui y a réuni la propriété de la marquise de Lauriston. Les jardins de M. de Marbeuf auxquels il avait donné l'aspect de la vallée de Tempé, s'étendaient jusqu'à la rue de Marbeuf, appelée alors rue des Gourdes, à cause de l'espèce de culture des marais voisins.

MARIA. — On pouvait se croire ainsi transporté au pays des Muses.

LE PÈRE. — Oui, mon enfant, et prendre pour guide le Voyage du jeune Anacharsis, dont la description de ce charmant vallon avait été ponctuellement exécutée.

EUGÈNE. — La maison qui a une apparence grecque doit être un reste de ce séjour.

LE PÈRE. — Oui, mon ami.

EUGÈNE. — C'est dans la rue de Chaillot que se trouve l'établissement de Sainte-Périne?

LE PÈRE. — Encore quelques pas et nous le verrons à notre droite.

MARIA. — Quel est l'origine de cet établissement, s'il vous plaît, mon père?

LE PÈRE. — Il y a deux cents ans environ que des religieuses chanoinesses Augustines établies à Nanterre, vinrent avec l'autorisation du roi fonder ici un couvent sous le nom de Sainte-Geneviève ou de Notre-Dame-de-la-Paix ; un siècle plus tard, l'abbaye de Sainte-Périne-de-la-Villette fut réunie à cette communauté qui changea de nom et prit celui que porte aujourd'hui cet établissement. Le couvent fut supprimé en 1790, et le domaine, vendu en 1806, devint une maison de vieillards des deux sexes qui payent une pension annuelle, ou donnent en entrant une somme d'argent une fois payée.

EUGÈNE. — C'est une maison honorable de retraite pour la vieillesse. Les pensionnaires y sont-ils bien traités ?

LE PÈRE. — Oui, très-bien. Aucun soin ne leur manque, leur vie y est douce et agréable en même temps, surtout depuis que la direction nouvelle y a fait d'utiles réformes. Je ne sache pas qu'aucun pensionnaire quitte cette maison une fois qu'il y est admis... Nous voici à l'église, entrons-y, et vous verrez que je ne vous ai pas induits en erreur.

(Ils entrent alors à l'église et s'agenouillent pieusement.)

MARIA (*en sortant*). — C'est une succursale de la Madeleine, n'est-ce pas, mon père ? Quelles en sont les autres ?

LE PÈRE. — Saint-Louis-d'Antin, Saint-Philippe-du-Roule et Saint-Augustin, qui n'est fondé que depuis quelques années... Entrons maintenant aux réservoirs. Voyez, mes enfants, quelle masse considérable d'eau. Ces bassins alimentent presque toutes les fontaines de la rive droite de la Seine jusqu'à la porte Saint-Martin. L'eau allait même autrefois jusqu'aux extrémités du faubourg Saint-Antoine. Nous sommes à 37 mètres environ au-dessus du niveau du fleuve, dont l'eau est lancée jusqu'ici par la pompe à feu que nous pouvons distinguer et qui est due aux frères Perrier. Voyons, notre physicien, comment l'eau peut-elle parvenir si haut?

EUGÈNE. — Par la force de pression exercée sur elle, au moyen des pistons, dans les tuyaux venant de la pompe à feu, car abandonnée à son propre poids, l'eau ne peut monter qu'à la hauteur d'un niveau de 10 mètres environ, quelle que soit l'élévation du réservoir.

LE PÈRE. — Bravo! mon ami... La quantité d'eau apportée dans ces bassins est surprenante. Une seule des deux pompes fournit en vingt-quatre heures près de 4,500 hectolitres, et chacun des quatre réservoirs contient toujours de 2 à 3,000 hectolitres.

EUGÈNE. — A qui appartiennent maintenant ces machines?

LE PÈRE. — C'est une propriété publique. Autrefois, cette entreprise s'était faite en actions qui ne tardèrent pas à devenir l'objet d'un agiotage scandaleux. Une discussion très-ardente s'éleva à ce sujet, et le Trésor royal qui se trouvait détenteur des quatre cinquièmes des actions, resta, vers la fin de 1788, seul propriétaire de l'établissement, ainsi que des deux autres pompes établies sur l'autre rive, l'une au Gros-Caillou, l'autre au delà du Jardin des Plantes... Voyez-vous d'ici, à droite de la pompe à feu, ce bâtiment qui forme un carré?

MARIA. — Oui, je le vois. Il ressemble à une prison.

LE PÈRE. — C'est l'hôtel des subsistances militaires ou de la manutention, construit sur l'emplacement de l'ancienne manufacture royale des tapis de la Savonnerie.

EUGÈNE. — Fondée par le grand Henri IV, n'est-ce pas, mon père, et qui a donné l'idée à Colbert d'encourager la manufacture des tapisseries des Gobelins?

LE PÈRE. — Oui, mon ami. Mais retournons maintenant sur nos pas, pour reprendre notre promenade aux Champs-Élysées.

MARIA. — Quelle rue étroite et tortueuse que cette Grande rue de Chaillot! Comment les voitures, et surtout les omnibus, font-elles pour éviter les accidents, au milieu de cette foule d'enfants qui circule ici?

LE PÈRE. — Les cochers de ces voitures publiques sont très-adroits, et il ne leur faut rien moins que cette habileté pour descendre cette pente assez raide qui mène aux Champs-Élysées.

MARIA. — Vous aviez bien raison, mon père, de dire que ce quartier fait contraste avec celui que nous venons de voir; quelles pauvres maisons! A peine si l'on voit vers le bas de la rue quelques bâtiments plus habitables.

LE PÈRE. — C'est un des vieux quartiers de Paris, et si tu avais visité les alentours de l'Hôtel-de-Ville et de Notre-Dame il y a quelque temps, tu ne serais pas si sévère. Bientôt on percera un boulevard ici, et l'établissement de Sainte-Périne ira se fixer à Auteuil.

MARIA. — Ah! on se retrouve avec plaisir dans cette belle avenue ornée de son beau feuillage. Vous ne nous avez rien dit du jardin des Fleurs.

LE PÈRE. — En effet. C'est un jardin public tout récent où l'on donne des fêtes de jour et de nuit, et qui est remarquable seulement par ses brillantes plantations. Je n'ai aucune autre particularité à vous en dire.

EUGÈNE. — Il en était de même du jardin d'Hiver qui était situé un peu plus bas. Si tu veux en savoir davantage, Maria, les affiches t'en instruiront.

LE PÈRE. — Laisse-la m'adresser ses questions, mon cher ami, c'est la preuve qu'elle s'intéresse à notre promenade, et qu'elle commence à observer. Rien n'est inutile quand on veut acquérir des connaissances.

EUGÈNE. — Pardonne-moi, ma petite sœur, je n'ai rien voulu te dire de désobligeant.

MARIA. — Oh ! cela ne me blesse pas, je ne suis pas si savante que toi, voilà tout... Ah ! maintenant j'aperçois l'acrotère de l'Arc-de-Triomphe. Pourquoi, mon père, n'y a-t-on pas mis de char triomphal ?

LE PÈRE. — Parce que le monument n'est pas encore complété. Arrêtons-nous un instant devant cette maison du n° 61. Je veux vous faire observer ces quatre colonnes cannelées d'ordre ionique.

MARIA. — Quel bonheur ! Ce sera une occasion d'apprendre à distinguer les ordres d'architecture des Grecs et des Romains.

LE PÈRE. — Tu vois, ma chère enfant, la partie supérieure de ces colonnes ; cela s'appelle le chapiteau. Dans l'ordre ionique il est orné de volutes, c'est-à-dire de spirales, à peu près semblables à des ressorts de pendules. Nous y reviendrons tout-à-l'heure avec plus de détails. Que vois-tu à cette maison qui est en face, de l'autre côté de l'avenue, n° 70 ?

MARIA. — Ah ! ce sont des Caryatides, n'est-ce pas, mon père ?

LE PÈRE. — Oui, ma fille, c'est bien. Voici, à notre gauche, la rue du Colisée, qui est loin de nous donner l'idée du gigantesque monument romain dont elle porte le nom.

MARIA. — J'ai beau regarder de tous côtés, je ne vois pas de vestiges de monument.

LE PÈRE. — Tu serais bien embarrassé, d'en trouver; il y a près de quatre-vingts ans que le Colisée est démoli.

MARIA. — Était-ce un bel édifice?

LE PÈRE. — Non. C'était un très-vaste établissement embrassant seize arpents de surface et qui avait été construit pour y donner des fêtes à l'occasion du mariage du dauphin, devenu roi sous le nom de Louis XVI. Malheureusement il ne fut pas terminé pour le jour de la célébration de cette cérémonie, et dès sa naissance il sembla frappé de mort. D'abord, au lieu de 700,000 fr. qu'il devait coûter, il revint à plus de 2 millions 1/2, et la foule que les entrepreneurs attendaient se montra indifférente.

MARIA. — Et pourquoi donc, mon père? Le jardin des Fleurs n'a-t-il pas de nombreux visiteurs?

LE PÈRE. — C'est vrai, mais alors les moyens de transport n'étaient pas ceux d'aujourd'hui; les gens riches avaient seuls des voitures; les fiacres étaient rares et présentaient peu de sécurité, et si tu te rappelles mon observation sur l'impossibilité presque complète de circuler dans les Champs-Élysées, tu seras moins surprise. Il y a vingt-cinq ans on n'osait pas s'aventurer sous ces beaux arbres, passé dix heures du soir, c'était un véritable coupe-gorge. Aujourd'hui que l'Empereur a fait éclairer cette promenade par une grande quantité de becs de gaz, on circule ici sans crainte. Puis encore, à cette époque, le faubourg Saint-Honoré était une espèce de désert, et n'offrait pas plus de sécurité que les Champs-Élysées.

EUGÈNE.— Quel genre de fêtes a-t-on donné au Colisée?

LE PÈRE. — Les entrepreneurs ont tout essayé : bals, spectacles, concerts, expositions de tableaux, joûtes sur l'eau d'un bassin, feux d'artifice, on en vint jusqu'à concevoir l'idée d'y faire combattre des coqs. Mais, au bout de moins de dix ans, les réparations à faire au bâtiment effrayèrent les créanciers et le Colisée fut fermé. On a percé sur son emplacement la rue du Colisée et une portion des rues de Ponthieu et d'Angoulême.

EUGÈNE. — L'intérieur était-il bien décoré?

LE PÈRE. — Oh ! pour cela, rien n'y manquait. La partie principale où se donnaient les bals publics était une vaste rotonde de soixante-dix-huit pieds de diamètre et de quatre-vingts pieds de haut, ornée de dorures, de colonnes, de caryatides colossales supportant la coupole.

MARIA. — Mon père, est-ce que le Colisée pouvait rappeler celui de Rome ?

LE PÈRE. — Non, mon enfant. Si ce n'est qu'il était construit en rotonde ; mais le Colisée de Néron, terminé par Titus, était bâti avec de superbes pierres de Tivoli, liées entre elles par des crampons de bronze, tandis que notre édifice était en plâtre et en charpente. Tu sais d'où vient ce nom?

MARIA. — Oui, mon père ; il vient de la statue colossale de Néron, placée dans le portique de sa maison d'or, car c'est ainsi qu'on appelait son palais neuf, le Colossée fut une des dépendances de cette somptueuse demeure, et de ce mot on a fait par corruption Colisée.

LE PÈRE. — Nous voici au Rond-Point ; arrêtons-nous un instant pour nous reposer et pour déjeûner, nous ferons tout à l'heure notre deuxième promenade.

—

DEUXIÈME PROMENADE.

—

DU ROND-POINT A LA PLACE DE LA CONCORDE.

LE PÈRE. — Voici la rue de Montaigne, percée aussi sur les terrains appartenant au comte d'Artois, et vendus comme propriété nationale pendant la révolution. C'est dans cette rue que sont les écuries de l'Empereur.

MARIA. — Mon père, est-ce que Montaigne a demeuré par ici?

LE PÈRE. — Non, ma chère fille, Montaigne ne vint qu'accidentellement à Paris ; il faisait sa résidence habituelle à Bordeaux et à son château de Montaigne, situé dans le village de Saint-Michel, près de Bergerac.

MARIA. — Pourquoi donc a-t-on donné son nom à cette rue ?

LE PÈRE. — C'est qu'à l'époque de son percement, le gouvernement républicain recherchait surtout les noms des hommes avancés dans les idées libérales, et que Montaigne, pour le siècle où il a vécu, a montré dans ses *Essais* une grande indépendance. On l'accusa même d'avoir embrassé la réforme, mais sa mort édifiante a prouvé qu'il était bon catholique.

EUGÈNE. — Il fallait peu de chose, sous les derniers Valois, pour s'exposer à être massacré comme huguenot, et Montaigne n'avait-il pas reçu dans son château Henri IV, lorsqu'il n'était que roi de Navarre ?

LE PÈRE. — Justement. Henri de Navarre y resta deux jours et y fut servi par les gens de Montaigne. Maintenant, mes enfants, tournez-vous de l'autre côté, vous voyez ces deux avenues qui viennent se joindre au Rond-Point. Celle de droite est l'allée Montaigne, autrefois, allée des Veuves, l'autre, l'allée d'Antin, qui embrassent le nouveau quartier de François Iᵉʳ.

MARIA. — Je me rappelle avoir vu dans nos promenades la maison qui a nommé ce quartier et que le propriétaire a fait transporter de Moret à Paris, pierre à pierre.

LE PÈRE. — En as-tu remarqué l'architecture? Tu y trouveras quelques rapports avec la maison du nº 146. La seule différence, c'est que cette dernière est une imitation, tandis que l'autre est une création.

MARIA. — A-t-elle vraiment appartenu à François Iᵉʳ ?

LE PÈRE. — Elle servait, sous son règne, de rendez-vous de chasse, dans la forêt de Fontainebleau. Le propriétaire moderne en a fait ressortir les délicats détails. On y remarque des médaillons représentant Marguerite de Navarre, Anne de Bretagne, Diane de Poitiers, Louis XII, Henri II, François II.

MARIA. — Allée des Veuves, quel triste nom !

LE PÈRE. — C'est qu'autrefois, il n'y avait dans ces parages aucune maison importante, et que cette allée, peu fréquentée, devint la promenade favorite des veuves demeurant dans les environs. — A l'extrémité, près du quai de Billy, étaient les salles d'exposition universelle pour les tableaux.

MARIA. — A-t-on conservé l'habitude d'exposer les tableaux dans le même endroit?

LE PÈRE. — Non, mon enfant. On voit aujourd'hui les tableaux , sculptures, gravures, dessins, dans le palais de l'Exposition universelle. Tenez, nous l'apercevons d'ici, à gauche de cette avenue qu'on nomme allée d'Antin?

EUGÈNE. — Du nom de l'un des ministres courtisans de Louis XV, n'est-ce pas, mon père? Pourquoi cette avenue rappelle-t-elle son nom ?

LE PÈRE. — Parce qu'il a protégé l'établissement des tapis de la Savonnerie, dont nous parlions tout à l'heure et que l'établissement des Gobelins avait fait décliner. La spécialité de cette manufacture était de faire des tapis de Perse. De nos jours, la Savonnerie et les Gobelins sont réunis et produisent d'admirables ouvrages.

EUGÈNE. — On en fabrique ailleurs encore?

LE PÈRE. — Oui, à Beauvais, à Aubusson, à Felletin. Voilà les lieux les plus renommés.

EUGÈNE. — Le duc d'Antin avait d'autres noms, car je crois me rappeler que le bourg d'Antin est dans le département des Hautes-Pyrénées.

LE PÈRE. — Il se nommait Goudrin et faisait partie de l'ancienne famille des Pardaillan, seigneurs, puis marquis, enfin ducs d'Antin, depuis 1711. Nous parlerons de ce ministre en passant devant la rue de la Chaussée-d'Antin.

MARIA. — Mon père, ce bout d'avenue où nous sommes et qui a l'air de continuer l'avenue Montaigne, doit-il rester ainsi et se terminer par cette rue tortueuse qu'on appelle, je crois, la rue de Matignon ?

LE PÈRE. — Non, ma fille, on doit tôt ou tard la prolonger jusqu'à l'une des barrières du Nord. Cette rue dont tu parles a failli à plusieurs reprises être abandonnée; le bureau des finances avait même de 1774 à 1780 rendu trois ordonnances pour en défendre le percement. Ce ne fut qu'en 1787 que Louis XVI en approuva l'ouverture et autorisa le sieur Millet à en reprendre les travaux.

EUGÈNE. — Voilà un homme dont je n'ai lu le nom nulle part.

LE PÈRE. — C'était un menuisier possesseur des terrains sur lesquels il fit commencer la rue que nous avons devant nous et qui n'avait que 24 pieds de largeur. Il résista aux défenses qui lui furent faites, et enfin obtint du roi de percer sa rue, à laquelle Louis XVI imposa le nom de Matignon.

MARIA. — Quel est ce Matignon, s'il vous plaît, mon père ?

LE PÈRE. — C'est un membre distingué de cette famille et qui était comte de Gacé. Il figura dans les guerres du règne de Louis XIV, et devint maréchal de France pendant la guerre de succession d'Espagne. Il avait été chargé de commander les troupes que M. de Forbin transportait en Ecosse pour tenter un mouvement en faveur du chevalier de Saint-Georges (Jacques Stuart), fils du roi d'Angleterre, Jacques II. Cette flotte fut obligée de battre en retraite devant des forces supérieures, mais Matignon, qui avait ouvert en pleine mer les ordres du roi, y trouva son brevet de maréchal.

MARIA. — Est-ce qu'il a demeuré par ici ?

LE PÈRE. — Je ne le crois pas ; peut-être Louis XVI a-t-il voulu rappeler ainsi qu'un Matignon commandait les troupes de Henri IV, qui entrèrent dans Paris par la Porte-Neuve, située à l'ouest des Tuileries, près d'ici.

MARIA. — Je lis ici : Avenue Gabriel ; qui était ce personnage, mon père ?

LE PÈRE. — Un célèbre architecte, fils et petit-fils d'architectes distingués, parent de Mansard dont nous parlerons quand nous serons arrivés sur la place Vendôme. Nantes, Bordeaux, Rennes, Dijon ont des monuments remarquables construits par les Gabriel. Celui qui a donné son nom à cette avenue a été chargé de travaux importants au Louvre. Il a élevé les bâtiments du Garde-Meuble et du ministère de la Marine qui décorent la place de la Concorde, et ceux de l'École militaire.

MARIA. — Y a-t-il longtemps que Gabriel vivait ?

LE PÈRE. — Il est mort en 1782, âgé de soixante-douze ans ; nous verrons par le cachet des édifices qu'il fut chargé de bâtir que son genre rappelle le temps de Louis XV.

EUGÈNE. — Ces maisons paraissent toutes neuves et doivent être de charmantes résidences.

LE PÈRE. — Tu as raison, il y avait naguère d'ici à la rue du Cirque, un jardin où se sont faits des banquets et des fêtes républicaines après la révolution de février 1848. On appelait l'établissement construit en planches qui décorait ce jardin, le Chalet. Tu vois que ces maisons sont toutes jeunes.

EUGÈNE. — N'est-ce pas ici que se passèrent les premières scènes de l'émeute du 22 février ?

LE PÈRE. — Oui, mon ami. Après avoir formé les barricades avec les chaises de la promenade, les partisans du banquet furent poursuivis par la cavalerie et s'enfuirent par la rue du Cirque et l'avenue de Marigny, entraînant avec eux une masse prodigieuse de curieux.

MARIA. — Mon père, pourquoi donc se trouve-t-il tant de gens qui dans ces émeutes exposent ainsi leur vie par curiosité ?

LE PÈRE. — Cela se comprend. Chacun s'intéresse aux événements ; les uns parce qu'ils en partagent les principes, les autres parce qu'ils en craignent les suites, et beaucoup par un besoin d'émotions. C'est cette dernière raison qui forme des rassemblements nombreux près du lieu d'un accident. On voit alors une foule inquiète questionner, chercher à en connaître les plus petits détails et entraver souvent l'arrivée des secours qu'on apporte.

EUGÈNE. — Aussi, dans un mouvement de révolte la foule des oisifs doit grossir l'espérance des rebelles.

LE PÈRE. — C'est toujours une des ressources de l'insurrection. L'arme du soldat ne peut faire de différence entre un rebelle et un curieux, et si par fatalité une femme, un enfant, un vieillard peut être atteint, on est sûr d'en voir promener le cadavre par une troupe d'insurgés criant aux armes. La prise de la Bastille et la révolution de Juillet 1830, celle de Février 1848 ont été précédées de scènes semblables. Nous voici à l'avenue de Marigny, dont les vieux arbres disparaissent de jour en jour.

EUGÈNE. — Et pourquoi donc, mon père?

LE PÈRE. — Parce que cette charmante promenade des Champs-Élysées a pour ennemi un insecte qui ronge ses beaux ormes, qui a déjà ravagé le bois de Boulogne et des forêts entières; il s'est multiplié à ce point qu'on ne peut le détruire qu'en abattant l'arbre.

EUGÈNE. — Quel est donc cet insecte si nuisible?

LE PÈRE. — C'est le scolyte, que M. Duméril classe dans la famille des xylophages ou lignivores.

MARIA. — Décidément, mon père, vous voulez nous prouver que nous finirons par substituer le grec au français. Je ne sais ce que signifient ces mots.

LE PÈRE. — Demande-le à Eugène, qui saisira, j'en suis sûr, cette occasion de ratifier la paix avec toi.

EUGÈNE. — Xylophages est grec, lignivores est latin, et ces deux mots veulent dire mangeurs de bois. Tu dois cependant, ma petite sœur, avoir vu dans tes études, des mots ayant les mêmes racines : les peuples africains lotophages ou mangeurs du lotos ou du lotus d'Egypte, ichtyophages, mangeurs de poissons, antropophages, mangeurs d'hommes.

MARIA. — Je te remercie, je m'en souviens bien, mais je n'avais pas entendu ce mot de xylophage.

EUGÈNE. — Mais tu as sans doute entendu appeler les bœufs des herbivores ou mangeurs d'herbes, et l'on t'a sans doute enseigné que le tronc d'un arbre, en partant de l'extérieur, était formé de l'écorce, du liber, de l'aubier, du bois ou corps ligneux et du canal médullaire

autrement dit la moelle? Eh bien ! lignivores veut bien
dire mangeurs de bois.

MARIA. — Tu es bien bon, mon cher Eugène; tu me
prouves avec beaucoup de patience que j'aurais pu, en
y réfléchissant, trouver le sens de ces mots; je tâ-
cherai d'en faire mon profit. Mon père, n'a-t-on pas
trouvé le moyen de combattre les ravages de ces in-
sectes?

LE PÈRE. — On en a essayé plusieurs; le premier a
été de pratiquer dans l'écorce des tranchées verticales de
6 centimètres environ, pénétrant jusqu'au liber, c'est-
à-dire jusqu'à l'écorce inférieure, et de les remplir par
une matière bitumineuse. On pensait que les scolytes,
rencontrant cet obstacle, périraient faute de subsistance
ou seraient noyés dans l'abondance de la sève accrue
par cette opération. On tenta encore d'écorcer l'arbre
sans entamer le liber, espérant ainsi activer et accroître
la circulation de la sève et forcer les larves à fuir, faute
d'asile, et à venir expirer à l'air.

MARIA. — A-t-on réussi?

LE PÈRE. — Pas tout à fait, puisqu'on a abattu tant
d'arbres. Vous pouvez vous en rendre compte par le
nombre prodigieux des jeunes plants.

EUGÈNE. — C'est un malheur pour la population de
Paris, car les arbres sont d'une grande utilité pour
la conservation de la santé, en vivifiant l'air que nos
poumons décomposent. On a déjà trop bâti à Paris,
et la destruction des nombreux jardins particuliers
pourrait être, je crois, comparée à une calamité publique.

LE PÈRE. — N'exagère rien, mon cher Eugène. Il reste

encore beaucoup d'arbres à Paris, et l'administration de la ville en plante partout où elle le peut. Croirais-tu qu'en dehors des jardins publics fermés, la ville de Paris compte comme propriété, sur les boulevards, les quais, aux Champs-Elysées, etc., 57,134 arbres, et que plusieurs rues larges seront plantées un jour comme la rue Tronchet. D'ailleurs si les scolytes s'en prennent aux ormes, on plantera des marronniers, des platanes, des acacias, tous arbres qui ont une active végétation et qui sont d'un aspect agréable.

EUGÈNE. — Mon père, qu'est-ce que ce Marigny qui a fait nommer cette avenue, s'il vous plaît?

LE PÈRE. — C'est le directeur général des bâtiments et des jardins du roi Louis XV, Poisson, marquis de Marigny, frère de madame de Pompadour. Il dut sa fortune à sa sœur, qui était toute-puissante à la cour de Louis XV. Son premier titre avait été celui de marquis de Vandières. On cite un jeu de mots qu'il fit lui-même sur le choix du nom de Marigny : « On m'appelle marquis d'Avant-hier, on me nommera marquis des Mariniers, parce que je m'appelle Poisson. » Cette plaisanterie prouve qu'il avait conservé le mauvais goût de sa basse extraction. L'amour-propre de sa sœur était souvent froissé de ses façons bourgeoises et grossières. On lui doit cependant quelques institutions utiles. Il attira l'architecte Soufflot à Paris et fit construire l'église de Sainte-Geneviève, dont le dôme plane au-dessus des autres édifices et s'aperçoit de très-loin. Après la mort de sa sœur, il acheta la terre de Menars, près de Blois, et prit le nom de marquis de Menars.

EUGÈNE. — Madame de Pompadour n'a-t-elle pas possédé le palais de l'Elysée ?

LE PÈRE.—Oui, elle l'avait acheté du comte d'Evreux, qui l'avait fait bâtir en 1718. C'est là qu'elle mourut, laissant à son frère une immense fortune et de superbes collections de tableaux, de curiosités. Le marquis de Marigny le revendit à Louis XV, qui en fit l'hôtel des ambassadeurs étrangers. Beaujon en fut ensuite propriétaire pendant treize ans et dépensa pour l'embellir des sommes fabuleuses. En 1786, Louis XVI en fit faire l'acquisition pour son compte et voulut qu'il fût affecté à la résidence des princes et princesses qui viendraient à voyager en France, ainsi qu'à celle des ambassadeurs extraordinaires ; mais le séjour presque continuel de la duchesse de Bourbon lui fit donner le nom d'Elysée-Bourbon.

MARIA. — Après ce roi, est-il resté propriété de l'Etat ?

LE PÈRE. — Pendant la révolution, il fut déclaré propriété nationale et mis en vente sans trouver d'acquéreur. Puis on y installa l'imprimerie du gouvernement. Les ouvriers dégradèrent vite les somptuosités que Beaujon y avait prodiguées. Sous le Directoire, il fut loué à des entrepreneurs de bals publics qui y ouvrirent des salles de jeux de hasard. Depuis le Consulat, il eut pour hôtes Murat, Napoléon et surtout Louis Bonaparte, roi de Hollande et la reine Hortense.

MARIA. — Mais ensuite, qui habita ce palais ?

LE PÈRE.—D'abord en 1814 et 1815 l'empereur de Russie, Alexandre Ier, y résida. Puis quand la Restauration eut ramené les Bourbons, on le donna au duc de Berry, qui en fit son séjour de prédilection. C'est là qu'on rapporta son corps le 14 février 1820. Après la Révolution de 1830, l'Elyséc fut abandonné jusqu'à l'époque où six millions de voix élurent le prince Louis-Napoléon Bonaparte président de la République. Depuis le rétablissement de l'Empire, Napoléon III y a fait exécuter de grands embellissements.

MARIA. — Ce séjour doit être très-agréable.

LE PÈRE. — Les jardins en sont charmants, et on les a encore agrandis par l'acquisition des hôtels de la comtesse de Castellane et du duc de Praslin. Regardez de l'autre côté de l'avenue, nous apercevons le Palais de l'Industrie, où s'est faite l'exposition universelle en l'année 1855.

EUGÈNE. — Mais, mon père, nous voyons à notre droite des constructions dont vous ne nous dites rien?

LE PÈRE. — C'est vrai, mais que dire de deux théâtres et d'un café, si ce n'est qu'ils servent à l'amusement public et à l'embellissement de ce carré de Marigny presque abandonné autrefois? Le Palais de l'Industrie a une autre portée. Cependant nous jetterons un coup d'œil sur le Cirque, et avant de quitter cette partie de notre tournée, nous regarderons un instant cette maison, n° 38 de l'avenue Gabriel. Que remarques-tu, Maria?

MARIA. — Quatre colonnes ioniques. Je deviens forte, n'est-ce pas?

LE PÈRE. — Très-bien. C'est l'hôtel de madame C .., bénie des pauvres.

EUGÈNE. — Ces quatre colonnes sont très-simples, mais suffisent pour donner à cette maison un aspect monumental.

LE PÈRE. — Le portique du Cirque, comme vous le voyez, a des colonnes à pans, ce qui n'est pas habituel en architecture, car ordinairement elles sont rondes, ou plates lorsqu'elles sont près d'un mur.

MARIA. — Le chapiteau n'est pas semblable à celui que nous venons de voir. Est-ce un ordre d'architecture, cela, mon père?

LE PÈRE. — C'est un mélange de plusieurs genres, et qui en réalité n'appartient à aucun ordre. — L'idée du Palais de l'Industrie est venue après que l'Angleterre en eut donné l'exemple, et sans la guerre de Russie, cette exposition, si abondante en produits qu'on fut obligé de construire une annexe sur le quai de Billy, aurait surpassé celle de nos voisins.

MARIA. — J'étais bien petite quand on jouait à la paume et aux boules dans ce grand carré des jeux. Il y avait là aussi un diorama de la bataille des Pyramides.

LE PÈRE. — Un des chefs-d'œuvre du colonel Langlois. On se serait cru sur les bords du Nil, et quelques voyageurs qui avaient visité l'Egypte étaient ravis de l'exactitude et du pittoresque de ce remarquable tableau. Avant cela on y avait peint la bataille d'Eylau, rendue avec une effrayante vérité.

EUGÈNE. — Elle fut en effet très-meurtrière, prépara la brillante victoire de Friedland, et amena la paix de Tilsitt.

MARIA. — Mon père, ce palais, qui me paraît simple et grandiose en même temps, ne termine pas parfaitement la perspective de l'avenue de Marigny, l'entrée ne fait face à rien. Avait-on un modèle à suivre pour celui-ci ?

LE PÈRE.—Non, ma chère Maria, ce genre d'établissement est tout nouveau. Les essais précédents n'avaient été que des constructions temporaires et n'offraient rien de monumental, mais à l'occasion de l'exposition universelle, on pensa qu'il convenait d'avoir un édifice durable, et on construisit ce palais, qui ne réunit pas encore toutes les conditions désirables.

EUGÈNE. — Voici une nouvelle série de noms illustres dans un autre genre que ceux de l'Arc-de-Triomphe ; j'y vois des chimistes, des architectes, des industriels, des agronomes. Serez-vous assez bon, mon père, pour nous en donner la liste ?

LE PÈRE. — Oui, mon ami ; la gloire pacifique peut bien marcher l'égale de la gloire guerrière. Celle-ci fait respecter la nation par les étrangers et assure la sécurité du pays, mais celle-là contribue au bonheur public, développe l'intelligence, élève l'esprit, fait naître les bons sentiments, étend la civilisation, unit les peuples par une noble émulation. Cette liste que tu demandes t'en donnera la preuve [1].

MARIA. — L'architecture de ce palais va sans doute

[1] Voir à la fin du volume.

vous permettre d'augmenter nos connaissances archéologiques. L'ouverture de cette principale porte offre, je crois , les mêmes dispositions que l'Arc de l'Etoile.

LE PÈRE. — Oui, nous y retrouvons l'arcade dont les détails sont les mêmes. Il est vrai qu'elle encadre les trois autres et qu'elle est entre des colonnes d'ordre corinthien, ce que nous n'avons pas encore observé. Puisque tu es curieuse de pousser plus loin cette étude, écoute-moi, car c'est un peu sérieux, et par conséquent moins amusant que des remarques.

MARIA. — Avec la plus grande attention.

LE PÈRE. — Une colonne se compose d'une base, d'un fût et d'un chapiteau. Elle repose sur un piédestal qui comprend une base, un dé et une corniche, et elle supporte l'entablement formé de l'architrave, de la frise et de la corniche. Les bases, les chapiteaux et les corniches sont composés de moulures. Le piédestal, la colonne et l'entablement réunis forment un ordre d'architecture dont les dimensions et les dessins, astreints à certaines règles, déterminent le nom.

MARIA. — Alors ces ordres varient par la richesse des dessins.

LE PÈRE. — Tu l'as dit. L'ordre corinthien et l'ordre composite sont les deux plus beaux. Les colonnes ont un fût tantôt uni, tantôt cannelé. Ces cannelures ornent quelquefois aussi les colonnes des trois ordres les plus simples et toujours celles des deux ordres les plus riches, ainsi que tu dois le remarquer ici. Le chapiteau, qui est la partie distinctive de chaque ordre, se forme dans l'ordre corinthien de deux rangées de chacune

huit grandes feuilles d'acanthe, partant de l'astragale, bordure placée à la partie inférieure du chapiteau. Elles supportent une tablette appelée tailloir ou abaque, qui pose sur des spirales placées sous les quatre coins, courbes, concaves de la tablette, et entre ces coins. A la partie rentrante de l'abaque sont des fleurons qui surmontent des spirales ménagées entre les quatre côtés du chapiteau.

MARIA. — Voilà bien des noms, fût, spirale, volute. Ont-ils une signification, s'il vous plaît ?

LE PÈRE. — Le fût vient du latin *fustis*, qui signifie bâton, tronc, d'où se forme aussi futaie, fustiger, futaille ; spirale veut dire tire-bouchon, c'est à peu près la volute ; chapiteau, tu dois l'avoir deviné, signifie la tête, la partie supérieure de la colonne ; abaque veut dire table ; volutes, corps roulés, disposés en rouleaux.

EUGÈNE. —Tu ne te souviens donc plus, Maria, que le mot volume, tiré de la même racine, veut dire rouleau, parce qu'autrefois les feuilles de papyrus ou de parchemin sur lesquelles on écrivait, étaient roulés autour d'un bâton arrondi? C'étaient ces précieux rouleaux qui formaient les deux bibliothèques d'Alexandrie dévorées par l'incendie, la première fois sous César, la seconde à l'époque de la conquête de l'Egypte sous le khalife Omar.

MARIA. — C'est vrai, mon cher Eugène ; je me rappelais bien ces faits, mais je ne m'étais pas rendu compte de la forme des volumes de l'antiquité.

LE PÈRE. — Nous parlerons de cela dans le jardin des Tuileries, devant la statue de Caton d'Utique.

MARIA. — Les proportions des colonnes ont-elles des règles ?

LE PÈRE. — Oui, mon enfant. Le fût et le chapiteau de la colonne composite ou corinthienne doivent avoir dix fois le diamètre de la base de la colonne, le piédestal deux fois et demie et l'entablement deux fois un quart ; en sorte que l'ordre complet a quatorze fois trois quarts la base du fût.

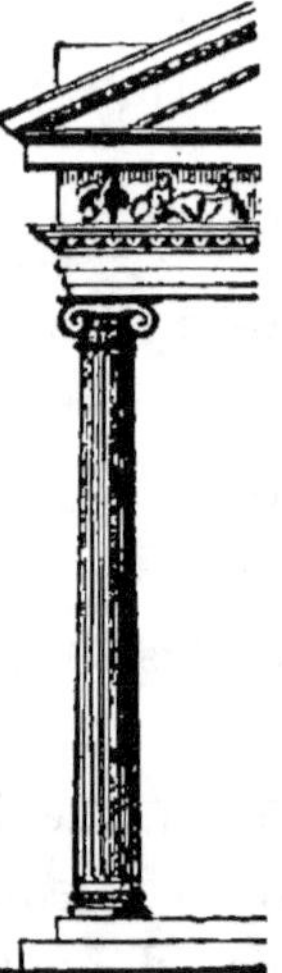

MARIA. — Mon père, vous avez parlé de l'ordre corinthien et de l'ordre composite, mais nous avons vu tout à l'heure quatre colonnes ioniques. Sont-elles dans les mêmes proportions ?

LE PÈRE.—Non. La colonne, c'est-à-dire le fût et le chapiteau n'ont que 9 diamètres, l'entablement en a 2 et le piédestal 2 et demi. Mais ces proportions ne sont pas toujours observées. Les Romains n'ont pas conservé la sévérité et l'élégance des Grecs, et le caprice des architectes modernes a souvent introduit dans un genre des ornements qui appartiennent à un autre.

MARIA. — Mon père, si j'osais, je vous ferais bien part d'une réflexion qui me vient en regardant ces colonnes.

LE PÈRE. — Parle, ma chère enfant. C'est en s'habituant à réfléchir qu'on assure ses connaissances et qu'on forme son goût.

MARIA. — C'est que ces colonnes doivent être l'imitation des arbres, et que les plafonds doivent représenter la voûte formée par le feuillage.

LE PÈRE. — Tu as bien fait de me communiquer ta pensée. Il y a du vrai dans ce que tu dis. Les Egyptiens figuraient de gros troncs de palmiers, surmontés d'un calice de feuilles, et les Grecs ont emprunté à un accident naturel le chapiteau de l'ordre corinthien.

MARIA. — Oh ! quel est cet accident, s'il vous plaît ?

LE PÈRE.—On raconte qu'une jeune fille avait été ensevelie dans les environs de Corinthe et que sa nourrice vint déposer sur sa tombe une corbeille remplie de fruits, qu'elle eut soin de couvrir avec une tuile, pour que les animaux ne vinssent pas les manger. Quelques jours après, la corbeille était environnée de branches d'acanthe dont les feuilles se roulaient sous la tuile. Un célèbre architecte, appelé Callimaque, passant par là, remarqua cette corbeille et s'en inspira ensuite dans ses constructions.

MARIA.—Merci, mon père ; quelle charmante histoire ! Je ne regarderai plus maintenant une colonne corinthienne sans penser à cette heureuse jeune fille.

EUGÈNE. — Mon père, il me semble que cette colonnade n'a pas les proportions prescrites. Le piédestal est beaucoup plus grand que deux fois et demie le diamètre des colonnes.

LE PÈRE.—C'est vrai, aussi remarque qu'il a fallu élever la colonne à la hauteur du premier étage, et l'architecte s'est permis de faire un piédestal plus haut, mais qui ne gâte rien.

EUGÈNE. —J'espère, Maria, que tu épargneras à notre

père la peine d'expliquer les figures en bas-relief qui sont sous la grande arcade, à droite et à gauche de la croisée.

MARIA. — Oh ! oui, je crois reconnaître à leurs attributs les allégories des arts et de l'industrie.

LE PÈRE.—C'est bien, mon enfant ; et ce bas-relief qui forme la frise ?

MARIA. — A ton tour, Eugène. Je babille sans cesse, moi, tu seras bien assez aimable pour prendre la parole.

EUGÈNE.—Je pense qu'on a rendu, par un plus grand nombre de figures, les mêmes idées que sous l'arcade. Ainsi, à gauche, l'agriculture est personnifiée par ce laboureur qui amène ses bœufs attelés à la charrue, et à droite on voit des personnages tenant à la main des outils ou des produits de leur industrie. Tous viennent rendre hommage au buste de l'Empereur, placé au centre du bas-relief. Vois-tu, Maria ?

MARIA. — Oui, oui, j'aperçois dans la partie gauche une figure qui porte une roue dentée ; on appelle cela un engrenage, n'est-ce pas ?

LE PÈRE. — Au-dessus plane le Génie de l'industrie, tenant une couronne à chaque main. Mais vous n'avez pas vu ces deux Renommées placées dans les tympans et portant chacune une liste de grands noms.

EUGÈNE.—Oh ! oui, mon père. A droite on lit Cousin, Delorme, Palissy, Dupré, Poussin, Audran ; et à gauche: Vaucanson, Papin, Lavoisier, Jacquart, Dombasle, Arago.—Tous ont doté la France de superbes découvertes, et l'industrie d'ingénieuses inventions.

LE PÈRE.—Puis, voyez-vous sous l'arcade ces six médaillons contenant le portrait de six grands hommes; en face, nous lisons : Napoléon Ier et Charlemagne; à droite : Jules César et Alexandre; à gauche : Charles-Quint et Léon X.

EUGÈNE. — Je ne me rends pas bien compte de la raison qui a fait placer ici Jules César, Alexandre et Charles-Quint. Qu'ont-ils fait pour l'industrie? J'aurais mieux aimé y trouver François Ier, Henri IV, Louis XIV, ou bien Pierre-le-Grand, Abdérame III, Ptolémée-Philadelphe. Ces noms m'auraient rappelé des protecteurs du commerce, de l'industrie, des arts. J'avoue que je me creuse l'esprit pour justifier Alexandre qui a brûlé Persepolis et a laissé à ses généraux son empire comme une pomme de discorde. C'est, je crois, très-peu favorable à l'industrie. Et Jules César, on ne lui doit que la réforme du calendrier.

LE PÈRE. — Ne te rappelles-tu pas qu'Alexandre a fait composer une édition des *OEuvres d'Homère*, la plus pure qu'on ait possédée, et qu'il la conservait dans une cassette d'or? D'ailleurs il a bâti Alexandrie, destinée à relier le commerce d'Europe à celui d'Asie. Jules César nous a transmis dans ses *Commentaires*, des détails sur les Gaulois, que sans lui nous n'aurions jamais connus ; c'est à la fois un historien intéressant et un écrivain des plus distingué. Quant à Charles-Quint, que tu n'as pas traduit devant ton tribunal, il était l'ami des artistes, et ne dédaigna pas de ramasser le pinceau d'un grand peintre de son temps.

MARIA. — C'est au Titien qu'il a fait cet honneur, n'est-il pas vrai, mon père? Et même, comme le Titien s'excusait de n'avoir pas été assez leste à descendre de son échelle, il lui dit : Vous méritez d'être servi par un empereur.

LE PÈRE. — Qu'en dis-tu, Eugène ? Cependant je ne te critiquerai pas sur le choix que tu aurais fait, tu pourrais nous donner des raisons plausibles de tes préférences.

MARIA. — Est-ce que les expositions des produits de l'industrie en France sont dues à Napoléon Ier ?

LE PÈRE. — Non, mon enfant. C'est pendant le Directoire que s'ouvrit la 1re exposition, en l'an VI (1798) de la république. On n'y comptait que 110 exposants. Mais peu à peu elles prirent de l'importance, à ce point qu'en 1849, à la 11e exposition, il n'y avait pas moins de 4,532 exposants. Si nous avions le temps, je vous entretiendrais bien de quelques grands hommes dont les noms sont inscrits entre les croisées du rez-de-chaussée, et celles du premier étage, nous ferons ici comme à l'Arc-de-Triomphe, nous relèverons les noms et je ne vous parlerai que de ces huit hommes à jamais célèbres qui ont leur portrait dans ces médaillons placés à droite et à gauche de la grande arcade.

MARIA. — Ah ! oui, mon père ; je lis leurs noms avec deux dates qui rapellent probablement la naissance et la mort de chacun d'eux.

LE PÈRE. — Oui, ma fille. Le premier est James Watt, né en 1736, mort en 1819. C'est un fameux mécanicien écossais, auteur du canal Calédonien qui a déjà préservé tant de navires du naufrage. On lui doit surtout la machine à vapeur à double effet.

MARIA. — Est-ce lui qui a trouvé le moyen de faire marcher les machines avec la vapeur ?

LE PÈRE. — Non. La force de la vapeur était déjà connue depuis longtemps. Denis Papin avait déjà démontré cette ressource plus d'un siècle avant Watt, mais c'est lui qui, par ses perfectionnements, en rendit l'usage pratique, et qui fonda aux environs de Birmingham, à Soho, un établissement qui devint bientôt célèbre, et qu'on regarda même comme une sorte d'école des ponts et chaussées. Watt parvint à la fortune, mais des jaloux lui disputèrent la priorité de l'invention. Une décision de la cour du banc du roi, datée de 1799, le déclara véritable inventeur. C'est encore à Watt que l'on doit la machine à copier, composée de deux cylindres, entre lesquels passent ensemble une feuille de papier mouillée et une feuille écrite. La pression imprime sur la feuille mouillée les caractères tracés sur l'autre.

EUGÈNE. — J'ai vu le nom de Newcommen, dans la série des grands hommes inscrits tout autour du Palais. C'est aussi l'un des inventeurs des machines à vapeur.

LE PÈRE. — Oui, mon ami. C'est lui qui eut la première idée de la machine à vapeur faisant le vide dans le piston, mais le maniement de cette machine n'était pas facile. C'est cela qu'a perfectionné Watt, après avoir été chargé de faire, pour l'université de Glascow, la réparation de cette machine.

EUGÈNE. — Vous nous avez parlé des frères Périer, qui ont construit la pompe à feu. Vivaient-ils avant Watt, ou étaient-ils ses contemporains?

LE PÈRE. — Ils ont connu Watt. L'aîné avait rapporté de Soho à Paris la machine qu'il a imitée à Chaillot.

MARIA. — J'espère bien que les Anglais ont fini par

rendre justice au génie de Watt. Je crois me rappeler qu'ils ont sur leurs places publiques les statues de leurs grands hommes.

LE PÈRE. — Oui, chez les Anglais, le patriotisme, la reconnaissance leur paye un tribut respectueux. Il y a dans un des quartiers de Londres un bazar fort ancien et qui a joui d'une certaine splendeur. Il est situé près d'Oxford-Street et s'appelle Soho-Square bazar.

EUGÈNE. — Le deuxième médaillon est celui de Guttenberg, né en 1400, mort en 1468. C'est encore un bienfaiteur de l'humanité. Grâce à lui, nous savons quelque chose aujourd'hui. Qu'aurions-nous fait sans l'imprimerie ? Sa statue n'est-elle pas à la fois à Mayence et à Strasbourg ?

LE PÈRE. — Oui, mon ami. A Mayence, qui est sa patrie, et à Strasbourg, parce qu'il y inventa les caractères mobiles qui sont l'élément de l'imprimerie. Vous savez, mes enfants, l'affreux malheur qui a désolé la ville de Mayence. Le 18 novembre 1857, une explosion de la poudrière a détruit 57 maisons et l'église de Saint-Étienne, et a endommagé une centaine de maisons, dont les décombres ont recouvert de nombreuses victimes.

MARIA. — Je l'ai appris vers la même époque ; cela, je m'en souviens, a excité une vive sympathie, non-seulement en Allemagne, mais encore dans toute l'Europe.

LE PÈRE. — Voici le médaillon de Michel-Ange, né en 1474, mort en 1564. C'est un des grands génies humains ; il était à la fois peintre, sculpteur, architecte, poëte et habile ingénieur. La peinture à fresque de la coupole de la chapelle Sixtine au Vatican, son superbe tableau du *Jugement dernier*; les tombeaux de Jules II et de Clément VII, placés dans la sacristie de l'église de San-Lorenzo à Florence, où l'on admire aussi la magnifique statue de Moïse; le dôme de la basilique de Saint-Pierre de Rome, son œuvre capitale, véritable merveille qu'il fut appelé à continuer après la mort de Bramante, sont des chefs-d'œuvre. C'est à ses travaux de défense que la ville de Florence dut de résister pendant dix mois aux attaques des troupes des Médicis, chassés de leur duché pour la troisième fois. Ses œuvres sont empreintes du cachet de son génie sublime, original et universel. Ce grand homme qui mourut aveugle à quatre-vingt-dix ans, s'était, dès son enfance, élevé au-dessus de ses maîtres.

EUGÈNE. — O mon père, quelle grande vie! Et qu'on trouve les hommes petits à côté de cette puissance que Dieu accorde aux hommes d'élite!

LE PÈRE. —Tu as raison, mon cher Eugène, et ce doit être pour nous un motif nouveau de glorifier la grandeur de Dieu, qui laisse de temps à autre briller une étincelle de sa toute-puissance dans l'âme humaine. Il est à remarquer surtout que ces merveilleuses créatures ont toujours allié la piété à l'élévation de leurs pensées. Le dernier médaillon porte le nom de Denis Papin, né en 1657, mort en 1709.

MARIA.—Vous nous avez déjà nommé Papin, et je n'ai pas voulu vous interrompre comme je le fais souvent. Cependant je désirerais vous prier de m'expliquer le jeu d'une machine à vapeur.

LE PÈRE.—Ta curiosité a été éveillée, sans doute, par les mots : machines à double effet?

MARIA.—Oui, mon père, mais c'est aussi par des termes que j'ai entendu employer et dont je ne comprends pas la portée, comme basse pression, haute pression.

LE PÈRE. — La force de la vapeur n'était pas un secret. Dès la fin du seizième siècle, un Français nommé Salomon de Caus, avait publié un livre intitulé : *Raisons des forces mouvantes*, dont M. Arago a cité cette phrase : « L'eau montera par aide du feu plus haut que son niveau. » Il remarque, à propos de cet ouvrage, que plusieurs mécaniciens modernes y ont puisé des idées qu'ils ont présentées comme les leurs.

EUGÈNE.—C'est toujours ainsi ; on complète sans cesse ce vers que Virgile laissa inachevé : *Sic vos non vobis*, qui est passé en proverbe.

MARIA. — Mon bon et savant Eugène, laisse donc notre père achever ce qu'il veut bien nous dire.

LE PÈRE. — Les Anglais ont prétendu que le marquis de Worcester avait eu les mêmes idées que Salomon de Caus, mais l'ouvrage publié par celui-ci, en 1615, lui laisse la priorité ; d'ailleurs le livre du marquis de Worcester n'est que de 1663, et est beaucoup moins clair que celui de de Caus. Denis Papin inventa un appareil dans lequel un piston poussé par l'eau réduite en vapeur, jouait dans un tube et faisait le vide. Ensuite, par le refroidissement, on obtenait la condensation de la vapeur et le piston redescendait. Ce refroidissement s'opérait en retirant le feu de dessous le corps de pompe. Newcommen trouva le moyen de condenser la vapeur en faisant couler de l'eau froide le long du tube du corps de pompe. Pour obtenir ce résultat, il l'enfermait dans un cylindre plus large où il introduisait l'eau froide au moyen de robinets. Mais il fallait un homme chargé de les ouvrir et de les fermer, car l'effet produit, on ouvrait un autre robinet pour faire écouler l'eau. Dans cet appareil la vapeur n'agit que d'un côté du piston. C'est là ce qu'on appelle une machine à simple effet.

MARIA. — Je commence à comprendre maintenant. Le piston n'était poussé que dans un sens, et il fallait des moyens étrangers pour le ramener à sa place, et Watt dut inventer un perfectionnement qui faisait opérer la vapeur tantôt sur un côté du piston, tantôt sur l'autre, de sorte qu'il acquérait un mouvement de va-et-vient.

LE PÈRE. — C'est bien, ma chère Maria. Tu as écouté attentivement et tu as devancé ce que j'avais à te dire.

EUGÈNE. — Mon père, est-ce que Salomon de Caus n'a pas été une des victimes de Richelieu? J'ai vu, dans une gravure ayant pour titre *les Martyrs du génie*, son nom placé au-dessous de la figure d'un homme enfermé dans une cellule de fous.

LE PÈRE. — Non, mon ami, c'est un conte. Salomon de Caus n'a jamais été persécuté. Il était architecte de l'Electeur Palatin, et cette fable de le faire mourir à Bicêtre s'est accréditée par la publication d'un roman où le mensonge a prévalu sur la vérité. Les ignorants ont besoin de merveilleux, et une foule d'erreurs ont été ainsi adoptées. N'a-t-on pas répété que Bélisaire, aveugle, demandait l'aumône à Constantinople? Jamais Bélisaire n'a été réduit à ce dénûment, c'est encore une mystification.

MARIA. — Mon père, pardonnez-moi si je vous rappelle la haute et la basse pression.

LE PÈRE. — Tu sais que l'air pèse sur la terre et sur les corps, en agissant avec une égale force dans tous les sens. Ainsi l'air en pesant sur toi de haut en bas seulement, t'accablerait de son poids. Il agit donc, pour maintenir l'équilibre, dans tous les sens, horizontalement, obliquement, etc. Le poids d'une colonne d'air sur une surface carrée d'un centimètre est de 1 kilog. 033, c'est là ce qu'on appelle une atmosphère. Or, la vapeur contenue dans une chaudière agit de dedans en dehors, et en ferait éclater les parois qui ne seraient pas d'une épaisseur capable de résister à cette action. Tu dois voir que plus la vapeur aura de force, plus il faudra d'épaisseur à la chaudière. Eh bien, c'est cette force de dilatation qui, équivalant à 1 kilog. 033 multiplié par 2, constitue 2 atmosphères, par 3, 4, 5, etc., représente 3, 4, 5 atmosphères. Les machines à basse pression sont celles où la tension de la vapeur fait équilibre à moins de 2 atmosphères et demie du dehors, celles à moyenne pression vont jusqu'à 4 atmosphères, et celle à haute pression sont celles qui dépassent ce nombre.

EUGÈNE. — La forme du corps résistant à l'action de la vapeur doit aussi avoir un effet.

LE PÈRE. — Oui ; on préfère les chaudières sphériques ou cylindriques aux chaudières cubiques, parce que la force agissant avec une puissance égale proportionnée à la longueur du diamètre intérieur, il y aurait une force de tension plus grande sur les faces d'une chaudière cubique que sur les angles et les coins , tandis qu'avec des parois sphériques, la force est la même sur tous les points.

EUGÈNE. — Le premier médaillon de droite est le portrait de Cuvier, ce génie si vaste, qui pourrait faire le pendant de Michel-Ange.

LE PÈRE. — C'était un grand homme, né dans le même temps que le héros des siècles modernes. Vous voyez cette date de 1769. Napoléon est du 15 août et Cuvier a reçu le jour à Montbéliard le 22 du même mois. Seulement la Corse était déjà française, tandis que Montbéliard appartenait aux ducs de Wurtemberg et n'a été réuni à la France qu'en 1796.

EUGÈNE. — Malgré cette circonstance, nous pouvons, je crois, compter Cuvier parmi nos compatriotes, bien qu'il eût 27 ans lorsque son pays a cessé d'être allemand.

LE PÈRE. — Son éducation commença sous les yeux de sa mère, qui joignait à sa tendresse pour son fils une vertu et une probité qu'elle sut lui inspirer et qui furent le cachet de la vie et des travaux de ce grand homme. L'académie Caroline de Stuttgard lui fut ouverte par la protection du prince Charles de Wurtemberg, et Cuvier ne tarda pas à s'y distinguer. C'est là que se développa son goût pour l'histoire naturelle, dont il devait étendre si loin les bornes. Grâce à sa méthode analytique, il élève la science jusqu'à Dieu, dont il montre le doigt dans l'ensemble de l'univers et dans chaque être en particulier. C'est à lui qu'on doit les progrès rapides qu'on a faits en géologie; c'est aussi à son intelligence qu'on doit la connaissance des êtres antérieurs à l'homme. La gloire, les honneurs, l'admiration de tous récompensèrent ses immenses travaux Mais la mort vint le frapper le 14 mai 1832, cinq jours après l'une de ses plus brillantes leçons, au Collége de France. Quand nous ferons notre promenade au Jardin des Plantes nous en parlerons plus longuement.

MARIA. — Tant mieux ! mon père. On ne saurait, je pense, trop connaître les détails biographiques d'un homme aussi distingué par sa science que par sa probité. C'est un beau modèle à se représenter.

LE PÈRE. — Le second médaillon nous montre Galilée, né en 1564, mort en 1642. C'est aussi un de ces génies qui renversent des systèmes absurdes. Physicien savant, astronome illustre, il concourut ainsi que Bacon, son contemporain, à donner aux sciences l'impulsion dans le vrai. Professeur de mathématiques à Padoue, il sut répandre tant de charmes dans ses leçons, qu'on s'y rendait de toutes les contrées de l'Europe. La découverte du télescope lui permit de faire des observations qui confirmèrent la doctrine de Copernic sur le mouvement des planètes autour du soleil. Malheureusement, il vivait à une époque de troubles religieux, et l'Inquisition, trompée par des jaloux ignorants, condamna les écrits de Galilée comme hérétiques; et il fallut que ce grand homme fît abjuration des vérités dont il était convaincu, vérités que l'Eglise reconnut elle-même plus tard.

EUGÈNE. — Voici Newton, né en 1643, juste après la mort de Galilée, comme si Dieu avait voulu transmettre le flambeau du génie d'un grand homme à un autre. C'est encore un novateur dont les découvertes ont frayé une route aux études abstraites.

LE PÈRE. — Oui, mon cher Eugène, Galilée est mort le 9 janvier et Newton naquit le jour de Noël 1642, sans que cette date fasse contradiction avec celle du médaillon, parce qu'en Angleterre on n'admit la réforme grégorienne du calendrier qu'en 1752.

MARIA. — Mon père, j'ai peu compris les explications qu'on m'a données sur le calendrier. Serait-ce trop vous demander que de m'en dire quelque chose?

LE PÈRE. — Pourquoi cette crainte? Je t'en dirai deux mots, parce que notre promenade doit se terminer à la place de la Concorde et que le temps me manquerait. Dès l'antiquité la plus reculée, on voulut connaître la mesure du temps afin de régler sur le retour précis des saisons les travaux de l'agriculture. Après avoir pris pour régulateur la lune dont les phases, par leur périodicité, offraient un moyen facile, on s'aperçut que le calcul n'était pas exact. Les Egyptiens étudièrent alors le cours du soleil et remarquèrent une différence de 11 jours environ entre le retour des saisons et le système lunaire. Mais l'année solaire de 365 jours 6 heures adopté par les Romains sous Jules César et par les peuples modernes, était trop longue de quelques minutes, parce que la terre accomplit sa révolution en 365 j. 5 h. 48 m. 49 s., c'est-à-dire que le jour de l'équinoxe du printemps revient après ce laps de temps. Le pape Grégoire XIII, après avoir ordonné de sérieux travaux astronomiques, réforma le calendrier de Jules César, supprima, en 1582, dix jours au mois d'octobre, pour revenir aux véritables dates, et décréta qu'à l'avenir la bissextile serait ajoutée, comme par le passé, au mois de février tous les 4 ans, mais que la centième année qui devait être par son rang au nombre des années bissextiles, ne le serait pas, et ne prendrait le jour intercallaire que tous les quatre siècles; c'est ce qu'on appelle la Réforme grégorienne. En conséquence, cette année-là on sauta du 4 au 15 octobre.

MARIA. — Alors cette année n'eut que 355 jours.

LE PÈRE. — Comme tu le dis. Mais cette réforme ne fut admise par les Etats protestants qu'après un temps très-long et lorsque l'évidence leur en prouva l'exactitude. Les Orientaux n'ont pas encore voulu l'adopter, en sorte que les Grecs et les Russes ont eu 10 jours de différence avec nous jusqu'en 1699, 11 jours depuis 1700, et 12 jours depuis 1800.

MARIA. — Voilà pourquoi une jeune Grecque de mes compagnes reçoit toujours des lettres portant deux dates; par exemple 17-5 janv. 1857, et qu'elle y répond en mettant elle même deux dates dans l'autre ordre : 13-25 fév.

LE PÈRE. — C'est juste. Mais cette réforme jette un peu de confusion sur les dates antérieures à 1582, parce qu'on a voulu ramener les faits à leur jour exact; et dans certaines inscriptions, comme celle du combat des Trente en Bretagne, on a mis la date du vieux style d'un côté du piédestal et celle du nouveau style de l'autre; cela jette un peu de perturbation dans l'esprit des gens qui ne connaissent pas cet usage. Revenons à Newton qui se trouve, suivant le vieux style, naître le 25 décembre 1642, et qui, par le nouveau style est né le 4 janvier 1643, un an environ après la mort de Galilée.

MARIA. — Merci, mon père, de votre complaisance pour votre fille importune et de vos bonnes explications.

LE PÈRE. — Rien n'est difficile à comprendre quand on s'applique. Je te citerai à l'appui de cela une phrase que nous répétait dans mon enfance notre vertueux professeur. « Si l'élève écoute avec attention et bonne volonté, disait-il, le professeur doit être compris. Si l'élève ne comprend pas, c'est que le professeur n'a pas été clair [1]. » Il est donc rare que des enfants attentifs ne saisissent pas.

EUGÈNE. — Pourquoi n'a-t-on pas placé là Keppler [2] ? Il a fait aussi progresser l'astronomie.

LE PÈRE. — Mon ami, c'est que Newton a dépassé Keppler dans la route que celui-ci, à la vérité, avait frayée. Tu sais qu'on doit à Keppler les lois mathématiques des mouvements des astres et que, par son génie, il devina ce que Galilée observa par le moyen du télescope ; mais on doit à Newton la découverte de la gravitation universelle, résultant de l'attraction moléculaire. Précieux document qui a fait faire des pas de géant à la statique.

MARIA. — Qu'est-ce que la statique, mon père ?

LE PÈRE. — C'est une branche de la mécanique ayant pour objet les lois de l'équilibre des corps ou des forces qui agissent les unes sur les autres.

EUGÈNE. — Voici le nom de Lavoisier, né en 1743, et mort victime de la Terreur, en 1794.

LE PÈRE. — Et de la manière la plus touchante. Fils d'un père enrichi dans le commerce, Lavoisier avait pu se livrer à sa vocation pour les sciences. La chimie lui doit ses plus précieuses découvertes. Il décomposa l'air et l'eau et trouva qu'ils se formaient de gaz. Ses expé-

---

[1] Paroles de l'abbé Gaultier.
[2] Képler a signé aussi Keppler. (DELAMBRE.)

riences, la fabrication d'appareils ingénieux, dévorèrent la plus grande partie de sa fortune, et Lavoisier obtint une place de fermier-général.

EUGÈNE. — C'est ce qui fut cause de sa perte, car la Convention livra au tribunal révolutionnaire les fermiers-généraux, qui payèrent de leur vie les richesses qu'ils avaient amassées.

LE PÈRE. — C'est vrai ; mais Lavoisier faisait un noble usage de ses biens ; ainsi, en 1787, il avait avancé à la ville de Blois 50,000 livres pour acheter du blé et avait ainsi protégé la population de cette ville contre la famine. Son administration était des plus régulières. On lui devait même plusieurs réformes favorables au peuple ; cela ne le sauva pas.

MARIA. — Mon père, on dit qu'on l'enleva de son laboratoire au milieu d'une expérience qu'il ne put achever.

LE PÈRE. — C'est encore une de ces erreurs historiques qu'on admet. Dans sa prison, Lavoisier s'occupa avec le plus grand calme de faire imprimer le recueil de ses mémoires sur la chimie. Il en avait déjà fait tirer près de quatre volumes sur huit que devait avoir l'ouvrage, quand on vint lui signifier son arrêt. Lavoisier demanda un sursis en disant : « Je ne regretterais pas la vie, j'en ferais volontiers le sacrifice à ma patrie ; encore quelques jours, que je puisse m'acquitter envers elle. » On lui répondit : « La république n'a besoin ni de savants ni de chimistes ; le cours de la justice ne peut être interrompu. »

MARIA. — C'est horrible ! Et personne n'a osé prendre la parole pour lui ?

LE PÈRE. — Je te demande pardon. Hallé avait présenté courageusement au tribunal un rapport qu'il avait fait en sa faveur, mais ce fut en vain. Sa veuve épousa le comte de Rumfort, qui fut un des fondateurs de la Société Philanthropique dont les malheureux reçoivent de nombreux bienfaits chaque année.

MARIA — Mais j'aperçois dans les écussons placés auprès des fenêtres des noms de villes... Toulouse, Marseille.

LE PÈRE. — C'est un souvenir des localités françaises qui ont concouru à la splendeur de l'exposition ; il y en a bien d'autres encore. Cet élan avait réellement été universel. Vous voyez qu'on a aussi conservé une place pour honorer l'Empereur et l'Impératrice, dont les initiales décorent les autres médaillons placés tout autour du monument. Allons maintenant à la partie orientale, admirer la belle statue équestre de Napoléon III [1].

EUGÈNE. — De qui est cette statue, s'il vous plaît ?

LE PÈRE. — Elle est de M. Debay, l'un de nos bons sculpteurs. Tu dois t'en apercevoir. Rien n'est plus souple que ce cheval et rien n'est plus digne et plus naturel que la pose de l'Empereur.

EUGÈNE.—C'est vrai ; et l'idée de le représenter comme s'il saluait l'Europe, à laquelle il fait les honneurs de cette convocation industrielle, est de bon goût, ce me semble.

MARIA. — Voici les arbres dont vous me parliez, mon père ; ils paraissent avoir l'écorce rouge, et je m'explique pourquoi : c'est que la vieille écorce noire étant enlevée, il reste une écorce qui n'a pas encore été brunie par l'influence de l'air.

LE PÈRE.—Bravo ! Tu fais des progrès. Voyons main-

---

[1] Cette statue a été enlevée depuis.

tenant. Que remarques-tu dans la construction de ces deux restaurants qui nous font face ?

MARIA. — Les Caryatides dont vous nous avez parlé. Quel plaisir ! je ne serai donc pas tout à fait idiote devant les constructions !

EUGÈNE. — Mon père, pourquoi ces troncs d'arbres sont-ils entourés de linges jusqu'à cette cuvette de zinc placée à la naissance des branches ?

LE PÈRE. — C'est un nouvel essai qu'on a tenté. Ces arbres ont été transplantés déjà grands et avec la motte de terre entourant leurs racines. On a pensé avec raison, que la circulation et l'abondance de la sève en éprouverait une influence, et que l'écorce extérieure du tronc séchée par l'air chaud de l'été se fendrait et compromettrait ainsi l'existence de l'arbre. Remarquez-vous qu'entre ce linge extérieur et l'arbre on a mis du foin ? On l'humecte par l'eau versée dans le godet et l'on entretient ainsi une humidité favorable à la végétation. Le palais de la Bourse est entouré de marronniers dont la hauteur atteint la frise de l'édifice et ils ne s'en portent pas plus mal, grâce à ce nouveau moyen.

MARIA. — Quelle bonne invention ! on peut alors maintenant avoir des jardins tout plantés en quelques mois, sans qu'on soit obligé d'attendre de longues années avant de jouir de l'ombrage des arbres.

LE PÈRE. — Oui, sans doute, mais c'est un peu dispendieux. Nous voici au bout de notre promenade. Regardez encore cette fontaine qui décore l'espace compris entre les deux restaurants, n'est-elle pas charmante ? Vous m'avez laissé passer près de celle du carré de Marigny sans me rien demander ; une autre fontaine est placée dans le carré qui fait pendant à celui-ci, enfin, en nous retournant du côté de l'Arc-de-Triomphe, nous apercevrons une superbe gerbe qui marque le rond-point des Champs-Elysées et qui est dans l'alignement de l'Arc de l'Etoile et de l'obélisque.

MARIA. — Nous avons eu tort, mon bon père ! Mais, pour mon compte, j'étais tout occupée à examiner les colonnes à pans du Cirque et je n'ai pas remarqué la fontaine, quoique je l'aie vue.

LE PÈRE. — Il paraît que tu t'intéressais vivement à ces remarques, car tu ne m'as parlé ni des cafés-concerts qu'on ne trouve qu'à Paris; ni des théâtres de marionnettes.

MARIA. — Oh ! c'est vrai, mon père, j'ai oublié ce pauvre Guignol qui m'a si souvent amusée, et Gringalet, et Bambochinet, et les chevaux de bois, je suis bien ingrate.

LE PÈRE.— Et les spectateurs qui ne sont pas les moins comiques. En voilà assez pour aujourd'hui. Demain nous commencerons à la place de la Concorde.

TROISIÈME PROMENADE.

—

LA PLACE DE LA CONCORDE.

MARIA. — O mon bon père, quelles charmantes heures nous avons passées hier ! Aussi avec quel plaisir ai-je rédigé mon journal.

LE PÈRE. — Tant mieux , ma chère Maria ; j'espère qu'aujourd'hui tu n'en seras pas moins contente. Nous allons voyager , ce qui me donnera l'occasion de faire appel à tes souvenirs géographiques , si tu es prête à subir cet examen.

MARIA. — Toute prête , et avec beaucoup de plaisir. Je crains seulement de me montrer fort ignorante.

EUGÈNE. — Je m'attendais à ta réponse : tu ressembles aux orateurs qui demandent toujours pardon à l'auditoire de prendre la parole et qui sont enchantés de parler.

MARIA. — Tu commences bien, et si tu te montres si hostile, ton auditoire te laissera tout seul, monsieur le critique.

EUGÈNE. — La paix entre nous, ma petite sœur. Si

j'osais risquer de jouer sur les mots, je te dirais que nous sommes sur le terrain de la concorde.

LE PÈRE. — Mon cher ami, tu as un penchant à faire des jeux de mots, des calembours même; c'est un défaut à fuir. Rien n'est si facile que ce genre d'esprit, mais c'est une habitude de mauvais goût.

EUGÈNE. — Je m'en corrigerai, je vous l'assure, mon bon père.

LE PÈRE. — C'est bien, nous verrons cela. Puisque tu as cité cette place, j'en prends occasion de vous faire remarquer combien les noms indiquant les actualités sont faciles à effacer. On la nommait dans l'origine : place Louis XV, puis on l'appela successivement place de la Révolution, place de la Concorde, place Louis XVI, pour revenir au nom de place de la Concorde.

EUGÈNE. — C'est le résultat des révolutions.

LE PÈRE. — Dis plutôt le fait des passions humaines. Ces changements de noms naissent de l'effervescence des hommes de partis, et du désir qu'ils ont d'imposer leur système; mais ils dévoilent ainsi le peu de confiance qu'ils conçoivent dans l'efficacité de leur bouleversement. Rien ne prouve plus que l'on ne compte pas sur l'avenir que de s'appliquer à effacer les traces du passé!

EUGÈNE. — Mais il me semble, mon père, que les révolutions sont une des suites des passions humaines.

LE PÈRE. — Tu as raison, quant à cela. Il ne s'agit ici que du changement des noms qui pourraient s'appeler des enfantillages politiques, s'ils n'avaient été précédés de sanglants excès. Aussi les gouvernements qui ne redoutent pas les souvenirs rétablissent-ils les noms antérieurs, comme l'ont fait les deux Empires. Nous en avons ici un exemple non-seulement dans le nom de cette place, mais dans celui de rue Royale qui en a suivi les phases.

MARIA. — Mon cher Eugène, tu m'as reprise hier à juste titre pour avoir fait une question oiseuse; ne me serait-il pas permis de demander si nous n'abusons pas du temps de notre bon père en discutant ainsi?

EUGÈNE. — C'est vrai, ma petite sœur, je me tais. Mon père, avez-vous jamais été témoin des scènes révolutionnaires dont cette place a été le théâtre?

LE PÈRE. — Grâce à Dieu, je n'y ai jamais vu couler le sang, mais j'ai assisté à des faits qui constatent l'instabilité des choses humaines, et qui font naître une foule de réflexions. Voyons d'abord la place telle qu'elle est, nous reviendrons ce soir sur le passé. Comment la trouves-tu, Maria?

MARIA. — Très-belle; elle est vaste, bien encadrée de verdure et de monuments, bien ornée de statues, de fontaines; mais il me semble que l'obélisque serait avantageusement remplacé par autre chose, une statue équestre, par exemple.

LE PÈRE. — Très-bien! Je vois que tu prends ton essor, ton observation est juste. Il y avait jadis au milieu de la place une statue de Louis XV, et l'on a déjà pensé à enlever ce monolithe, tout précieux qu'il est par son antiquité, et à le transporter ailleurs.

EUGÈNE. — J'ai vu ici de grands fossés entourés de balustrades. On les a comblés, et c'est une heureuse idée: ils gênaient la circulation et n'offraient rien de bien attrayant à la vue ; au lieu que ces vastes trottoirs d'asphalte permettent de se promener à l'aise.

LE PÈRE. — Commençons par la droite l'examen des statues. Tu vois, Maria, les noms sont écrits au pied de chacune d'elles, et l'administration municipale te fait la galanterie de t'épargner la peine de chercher.

MARIA.—C'est bien plus agréable ; car, en vérité, j'aurais hésité à reconnaître Rouen dans cette femme assise tenant un caducée à la main gauche et appuyée sur des ballots ; c'est aussi bien Rèims ou toute autre ville manufacturière que la capitale de la vieille Normandie.

LE PÈRE. — C'est vrai ; et c'est là un des écueils à éviter. Cependant tu vois que le sculpteur a placé sous la main droite l'écusson de la ville de Rouen : de gueules à l'agneau pascal d'argent, tenant une croix d'or à la banderolle d'argent chargée d'une croix de gueules, au chef d'azur chargé de trois fleurs de lys d'or.

MARIA. — O mon père, quelle langue nouvelle !

LE PÈRE.— Cela se traduit : à fond rouge, sur lequel est un agneau d'argent portant une croix d'or à laquelle est attachée une banderolle d'argent où est peinte une croix rouge. Au haut de l'écusson est une bande bleue sur laquelle on voit trois fleurs de lys d'or.

EUGÈNE. — Maria aurait peut-être préféré qu'on eût mis dans sa main droite un bâton de sucre de pomme, n'est-ce pas ?

MARIA. — Pourquoi pas, c'est un excellent produit ; mais je serai plus sérieuse que toi ; je demanderai à notre bon père s'il veut bien nous dire l'origine de ces armoiries.

LE PÈRE.—Volontiers. Au temps de Louis VIII, la ville

de Rouen avait déjà une certaine célébrité pour la fabrication du drap, et avait même obtenu du roi d'importants priviléges pour la teinture des laines. Cette ville, comme toutes les autres, avait des corporations nombreuses, composées de maîtres et d'artisans ; c'étaient des mariniers, des boulangers et beaucoup d'autres, mais les principales, au quatorzième siècle, étaient celles des cardeurs de laine, des tisserands, des foulons et des drapiers appartenant à l'industrie de la fabrication de la draperie.

MARIA. — Pardon, mon père, mais j'ignore ce qu'étaient les foulons, quoique je connaisse ce mot pour avoir lu dans les notes de mon *Art poétique* qu'Olivier Basselin était pœte et foulon.

LE PÈRE. — Ah ! oui, à propos de ces deux vers du second chant :

> D'un trait de ce poëme, en bons mots si fertile,
> Le Français, né malin, forma le vaudeville.

Où ta note dit aussi que Basselin chantait des Vaux de Vire, ou plutôt chantait des satires dans les vaux ou vallées de la Vire.

MARIA. — Oui, mon père, c'est cela.

LE PÈRE. — Les foulons sont au nombre des ouvriers qui préparent les draps et les autres étoffes de laine. Leur travail consiste, soit à frapper avec un pilon les étoffes placées dans les auges, soit à surveiller l'effet des pilons mis en mouvement par un mécanisme quelconque. C'est le foulage qui donne au drap sa consistance ; le pilon le rend plus fort et plus serré.

EUGÈNE. — Ne te souviens-tu pas de ces joujoux représentant un homme qui fait tourner un rouleau horizontal hérissé de dents, et qui soulève ainsi de petites pièces de bois retombant verticalement?

MARIA. — Oui, oui! tu es bien aimable de me les avoir rappelés. J'aurais été bien contente de savoir cela quand je m'amusais avec ces jouets.

LE PÈRE. — Les anciennes armoiries de Rouen représentaient un lion ou un léopard sur le sceau municipal, en souvenir des ducs de Normandie dont le léopard était le signe, mais les drapiers y firent substituer leur marque, et reçurent du roi le chef d'azur ; c'est aujourd'hui le blason rouennais.

MARIA. — Mon père, que signifie gueules, s'il vous plaît ?

LE PÈRE. — C'est, dans la langue héraldique, le nom que l'on donne à la couleur rouge, je te l'ai déjà dit.

MARIA.—C'est vrai ; pardon, mon père. Mais comment avez-vous vu que c'est rouge, puisque cela n'est pas colorié sur la statue?

LE PÈRE. — Par la direction des lignes. Ne vois-tu pas qu'elles sont verticales?

MARIA. — Oui, mais j'en vois aussi d'horizontales.

LE PÈRE.—C'est la couleur bleue appelée azur ; tu vois que cette portion de l'écu est au haut ; c'est pourquoi l'on dit : au chef d'azur.

EUGÈNE. — Vous aviez dit aussi : trois fleurs de lys d'or, je ne les vois pas.

LE PÈRE. — Elles manquent ici ; c'est une des inutiles concessions de Louis-Philippe aux idées anti-traditionnelles.

EUGÈNE. — Inutiles... C'est vrai, puisque c'est ce parti qui l'a renversé.

MARIA. — Les écussons n'étaient-ils pas la reproduction des bannières, sous lesquelles marchaient autrefois les corporations, et même les vassaux d'un seigneur, dans les cérémonies religieuses?

LE PÈRE. — Oui, ma chère enfant; et les couleurs se trouvaient dans les vêtements, soit des seigneurs, soit des vassaux. C'est l'origine des livrées des familles véritablement nobles. — La deuxième statue est celle de Brest; elle est assise sur un canon de gros calibre.

EUGÈNE. — Mon père, ayez donc la bonté de laisser deviner à Maria la raison de cela.

MARIA. — Vous avez cru m'embarrasser, monsieur le docteur, mais je m'en tirerai. C'est parce qu'elle est une des places fortes de France.

LE PÈRE.—Et l'un de nos trois grands ports militaires.

MARIA. — Mon père, vous allez rire de ma question ; mais je ne connais les ports militaires et les ports marchands que par la géographie qu'on m'a fait apprendre, et j'ignore quelle en est la différence.

LE PÈRE.—Les vaisseaux de guerre sont beaucoup plus grands et plus chargés que les vaisseaux marchands, à cause des canons et des munitions qu'ils portent, du nombre d'hommes nécessaires au service, et, par conséquent, des approvisionnements qu'il faut embarquer. Or, plus un navire est chargé, plus il tire d'eau, c'est-à-dire plus il s'enfonce dans l'eau, il lui faut donc un fond plus grand que pour un navire marchand ordinaire. En outre, comme il est important qu'il ne pèse pas sur sa quille, il doit toujours être à flot. Il résulte de là que la position d'un port militaire exige beaucoup de profondeur et bien d'autres conditions qu'il n'est pas toujours possible de rencontrer.

MARIA. —Voilà pourquoi, sans doute, on a placé dans sa main droite un gouvernail de navire.

LE PÈRE. — Le gouvernail indique un port, soit militaire, soit marchand, comme tu l'as compris. — Nous sommes maintenant au bas de la grande avenue des Champs-Élysées, et vous remarquerez ces deux admirables groupes qui en décorent l'entrée. Ce sont les fameux chevaux fougueux qu'on a enlevés de l'abreuvoir de Marly pour les mettre ici.

EUGÈNE. — Ces deux chevaux sont superbes. De qui sont-ils, s'il vous plaît?

LE PÈRE. — De Guillaume Coustou ou de Coustou le jeune. On les a transférés ici en 1794, sur un chariot gigantesque déposé ensuite dans une des salles du Conservatoire des Arts-et-Métiers. Ces chevaux font pendant aux deux groupes placés à la grille des Tuileries.

MARIA. — Ils sont, je crois, aussi bien ici qu'à l'entrée de l'abreuvoir, car l'avenue de Neuilly sert de promenade aux cavaliers autant qu'aux voitures et aux piétons.

LE PÈRE. — Bien, mon enfant. Tu observes, tu compares, c'est ainsi que le jugement se forme. Voyons; quelle est cette troisième statue, ma petite savante?

MARIA. — O mon père, c'est pour badiner que vous me faites cette question. On lit le nom de Nantes.

LE PÈRE. — Non, je ne plaisante pas. Cherche ce qui peut la caractériser.

MARIA. — C'est sans doute le navire sur lequel elle est assise, pour indiquer que ses marchandises se transportent par eau ; car Nantes est un port marchand qui fait commerce avec les autres parties du monde, quoiqu'elle soit loin de la mer.

LE PÈRE. — C'est cela. Tu sais que la marée permet aux bâtiments de remonter la Loire jusqu'à Nantes.

MARIA. — Le port de Rouen n'a-t-il pas aussi cet avantage?

LE PÈRE.—C'est vrai ; mais Nantes n'est pas une ville manufacturière comme Rouen, et son commerce s'alimente particulièrement de cette facile communication que tu as indiquée.

EUGÈNE. — Aussi a-t-elle un caducée comme Rouen, et pour la signaler encore on a placé son écusson sous sa main gauche.

MARIA. — Ah! oui ; c'est un vaisseau.

LE PÈRE. — Ne vois-tu rien de plus ?

MARIA. — Pardon, mon père, ce fond doit être rouge ou de gueules, car les lignes sont verticales.

LE PÈRE. — C'est cela ; aussi dit-on : de gueules au navire d'or, aux voiles éployées d'argent, semées d'hermines, au chef aussi d'argent chargé de cinq hermines de sable.

MARIA. — Voilà des mots nouveaux, hermines, sable.

LE PÈRE.—Oui, les hermines, sorte de belettes blanches à queue noire, sont représentées dans les écussons par une espèce de croix ressemblant un peu à une fleur de lys renversée, le mot sable veut dire noir, et se reconnaît aux lignes verticales croisées à angle droit par des lignes horizontales.

MARIA. — Vous avez dit navire d'or, voiles d'argent et je n'y remarque pas de différence.

LE PÈRE. — L'or se marque par des points placés à côté les uns des autres, l'argent ne se marque pas, c'est le fond naturel du dessin. En sculpture on ne peut indiquer cette différence.

EUGÈNE.—Je ne vois pas cinq hermines au chef, mais une multitude, c'est sur les voiles que j'aperçois cinq hermines.

LE PÈRE. — C'est un écusson qui n'est pas exact ; le sculpteur a été induit en erreur, ce n'est pas la seule faute que nous relèverons.

MARIA. — Ici ce ne sont plus des fleurs de lys qui sont au chef, ce sont des hermines. Nantes est pourtant une ville française.

LE PÈRE. — Seulement depuis la mort d'Anne de Bretagne, et les hermines étaient dans le blason des ducs de Bretagne.

EUGÈNE.—La quatrième statue est Bordeaux qui porte à gauche la corne d'abondance et qui tient aussi de la main gauche son écusson.

LE PÈRE.—Maria, regarde bien, tu trouveras un signe plus caractéristique encore.

MARIA. — J'y suis. J'aperçois sur le roc qui lui sert de siége des branches de vigne, pour indiquer probablement son principal commerce, celui des vins de Bordeaux.

LE PÈRE. — Bien ! En effet cette production est l'une des causes de richesse de la population. Les vins de Bordeaux ont une réputation européenne justement méritée. Tu sais que la rive gauche de la Gironde porte le nom bien connu de Médoc.

MARIA. — Oui, mon père, c'est toute la côte qui s'étend de Bordeaux à Lesparre.

EUGÈNE. — Il n'y a pas que ces vins-là ; les vins des Graves qui tirent leur nom des terrains caillouteux compris entre la Garonne et la Dordogne, ont aussi leur mérite.

LE PÈRE. — Ces produits sont fort recherchés, surtout par les étrangers, qui ne trouvent pas dans leurs vignobles des crus d'un bouquet aussi délicat, aussi suave, que celui des vins de France.

EUGÈNE. — A-t-on conservé ici les véritables armoiries de Bordeaux ?

LE PÈRE. — Moins encore que pour Rouen. Le blason de Bordeaux, que nous avons sous les yeux, est de

gueules à une tour d'argent surmonté d'un lion passant d'or. Au bas de la tour coule un fleuve d'azur. Voilà ce que nous voyons, mais il y a de plus : chargé d'un croissant d'argent; au chef d'azur chargé de trois fleurs de lys d'or. C'est toujours la même raison qui a fait supprimer en partie le chef.

MARIA. — Un lion passant, voilà encore une expression que je vous prierai de m'expliquer, mon père.

LE PÈRE. — C'est un lion qui a l'air de marcher. S'il avait les pattes de devant tendues à la manière d'un animal qui galope, on le dirait courant.

MARIA. — Merci, mon père. Encore une question, s'il vous plaît. Les parties de cet écusson doivent avoir une signification tenant à une origine, comme vous me l'avez dit pour l'écusson de Rouen.

LE PÈRE. — Oui, ma chère enfant. La tour, remplaçant ici le château au pied duquel coule le fleuve, indique une ville forte située sur le bord d'un cours d'eau ; le lion est le signe des voyages en Afrique, quelquefois du courage ou de la force. Or, la ville de Bordeaux fait un commerce assez étendu pour pouvoir prétendre au signe des voyages en Afrique ; il en est de même du croissant d'argent qui marquait des relations avec les Musulmans ou des victoires remportées sur eux.

MARIA. — Alors on n'aurait pas dû supprimer le chef dans l'écusson, car il doit aussi rappeler une idée importante.

LE PÈRE. — Certainement. Le chef était un signe honorable. Il était accordé par le souverain, qui semblait, en permettant d'y placer ses armes, prendre l'anobli sous son patronage. Les deux retranchements faits aux écussons de Rouen et de Bordeaux sont les anciennes armes du roi de France : d'azur à trois fleurs de lys d'or. Il en résulte que la devise de Bordeaux n'est plus applicable à son blason.

EUGÈNE. — Quelle est-elle, s'il vous plaît?

LE PÈRE. — Je te la dirai, à condition que tu la traduiras à ta sœur.

EUGÈNE. — Très-volontiers, si je le peux, car certaines devises ne peuvent pas se traduire.

LE PÈRE. — Sois tranquille, ce n'est rien, la voici :

Lilia sola regunt lunam, undas, castra, leonem.

EUGÈNE. — Les lys dominent seuls la lune, les ondes, les forteresses, le lion.

MARIA. — Merci, mon frère; je vois que les fleurs de lys et le croissant étaient indispensables.

LE PÈRE. — Nous allons maintenant nous détourner un peu pour aller examiner le petit navire qui stationne près du quai, et qu'on appelait ambitieusement la frégate-école.

MARIA. — Oh! quel bonheur! Je vais enfin apprendre ce qu'est un vaisseau.

LE PÈRE. — D'une manière très-superficielle, car nous n'avons sous les yeux qu'un bien petit modèle d'un bâtiment, et s'il fallait entrer dans quelques détails, cela nous mènerait trop loin. Je me bornerai à te donner des idées générales que nous compléterons au musée de marine du Louvre.

MARIA. — Merci, mon cher papa. J'attendrai ce jour avec impatience.

LE PÈRE. — Tu vois du premier coup d'œil qu'un navire se compose de trois parties distinctes : la coque, la mâture et le gréement. La portion de la coque plongeant dans l'eau se nomme carène, la mâture comprend les pièces de bois placées en dehors de la coque, et le gréement consiste en cordages, voiles, poulies, etc.

MARIA. — C'est déjà facile à retenir, la première partie plonge dans l'eau, la deuxième, c'est le bois hors de l'eau, la troisième, tout ce qui n'est pas pièce de bois.

LE PÈRE. — Bien. La coque, dans un grand navire, est divisée intérieurement en plusieurs étages appelés ponts, comptés de l'inférieur au supérieur. La mâture diffère selon la force du bâtiment. Il y a des navires de 1 mât, de 2 ou de 3 mâts verticaux.

MARIA. — Vous avez dit qu'on doit éviter de laisser un

navire de guerre peser sur sa quille. Qu'est-ce que cette partie, s'il vous plait?

LE PÈRE. — La quille est la pièce de bois recourbée qui va extérieurement d'un bout à l'autre du bâtiment en plongeant dans l'eau. Elle est pour le navire ce que l'arête est pour le poisson, la base où s'attachent les couples, c'est-à-dire les traverses et les planches formant les côtés ou les flancs de la coque.

MARIA. — Comment un navire qui a des mâts si longs se tient-il si droit, tandis que le moindre mouvement fait balancer un bateau?

LE PÈRE. — C'est que le fond de la coque, appelé la cale, est chargé de lest, réunion de matières suffisamment lourdes pour faire équilibre au poids du bâtiment, et tendant à enfoncer dans l'eau la partie inférieure du navire.

EUGÈNE. — Tu vois, Maria, l'application de la statique dont tu demandais l'explication hier. Tu as un exemple de l'équilibre des corps, et je te ferai mon compliment, car ta question valait mieux que beaucoup des miennes.

MARIA. — Te voilà devenu bien aimable, mon frère; j'en suis fort reconnaissante. Seulement, je vais craindre maintenant de descendre du piédestal où tu me places.

LE PÈRE. — Ne t'en tourmente pas, questionne toujours; pour une parole futile en apparence on trouve mille pensées sérieuses. Voyons, comment distinguerais-tu l'avant de l'arrière?

MARIA. — C'est un peu embarrassant pour moi ; cependant comme un navire doit fendre les eaux pour avancer, il me semble que l'avant doit être plus élancé que l'arrière.

LE PÈRE. — C'est bien ; mais vois-tu ce mât oblique à l'une des deux extrémités ? C'est le beaupré, qui se place toujours à l'avant ou proue du vaisseau. En partant de

là, nous voyons le premier mât, qui s'appelle misaine ; le deuxième, grand mât, et le troisième, artimon. A la poupe ou à l'arrière se trouve le mât de pavillon.

MARIA. — Que de noms nouveaux, j'en ferai une liste pour les retenir.

LE PÈRE. — Tu feras bien. Il y faudra joindre aussi la définition et la signification.

MARIA. — C'est bien là mon projet, mais je ne puis rien sans vous, mon bon père.

LE PÈRE. Eh bien, suis-moi. Artimon vient d'un mot grec *artemón*, qui veut dire grande voile et que les Italiens ont traduit par *artimone*; le grand mât n'a pas besoin d'explication ; misaine vient aussi d'un mot grec d'où les Italiens ont fait *mezzo*, qui signifie milieu, parce que dans les navires à deux mâts ou brigantins (brigs ou bricks) il se trouve entre le grand mât et le beaupré.

MARIA. — Celui-ci doit tirer son nom d'un inventeur.

LE PÈRE. — Tu te trompes, il vient de deux mots anglais qui indiquent sa position. Que veut dire *to bow?*

MARIA. — Pencher, fléchir, s'abattre.

LE PÈRE. — Et *to sprit?*

MARIA. — Pousser, jeter.

LE PÈRE. — Eh bien, le beaupré s'appelle en anglais *bow-sprit* qui veut dire penché et poussé. Tu vois que nous avons emprunté nos noms à trois langues.

MARIA. — Pourquoi, mon père?

LE PÈRE. — Tu me le demandes, réfléchis un peu. Quels ont été les peuples maritimes avant nous?

MARIA. — C'est vrai. Les Grecs d'abord, qui détruisirent les flottes perses, les Italiens ensuite, Vénitiens, Génois, Pisans, qui héritèrent des Romains, vainqueurs de Carthage et maîtres de la Méditerranée, et les Anglais enfin. Je vous demande pardon, et je m'étonne qu'Eugène ait laissé passer cette occasion de me faire la morale.

EUGÈNE. — Je m'en garderai bien, tu me ripostes trop victorieusement.

LE PÈRE. — Chaque mât se compose de trois parties qui nomment les voiles, et se trouve assujetti au moyen des étais, cordages tendus depuis le beaupré jusqu'au mât d'artimon, et au moyen d'autres attachés solidement aux deux côtés du navire et servant d'échelles de corde. On les appelle les haubans.

MARIA. — Comment se nomme cette plate-forme où viennent aboutir les haubans à peu près au tiers du mât?

LE PÈRE. — C'est la hune où se place le matelot chargé d'annoncer la terre ou l'approche d'un autre navire. Ces pièces de bois horizontales, qui ressemblent à des bras, servent à soutenir les voiles et s'appellent des vergues. Si quelque jour nous visitons un port de mer, je vous ferai remarquer l'emploi de ces diverses parties, car à Paris, l'espace manquant pour les manœuvres, un vaisseau est condamné à l'immobilité, inspire par conséquent peu d'intérêt et pique peu la curiosité.

MARIA. — Un mot encore, mon père, s'il vous plaît. Que signifie poupe et proue?

LE PÈRE. — Proue vient du grec *prótos rhéin*, couler en avant; c'est la partie du navire qui fraye la route. Poupe dérive du latin *puppis,* statuette. Cette partie du navire est ordinairement ornée du buste du personnage auquel il doit son nom. Autrefois on y plaçait les statuettes des dieux à la protection desquels on confiait le vaisseau.

MARIA. — Nos poupées doivent aussi tirer leur nom du même mot latin.

LE PÈRE. — Certainement. Les Romains avaient des enfants à amuser aussi bien que nous.

EUGÈNE. — Les temps modernes ont amené un changement dans le choix des noms.

LE PÈRE. — Oui. De nos jours on prend pour patrons des saints ou des hommes illustres. Quelquefois le navire tire son nom d'un fait historique ou bien encore d'une idée quelconque. Ainsi nous avons dans notre flotte *le Napoléon, l'Inflexible, l'Austerlitz, le Primau-*

guet, le Tage, la Danaé, l'Erigone, la Belle-Poule, etc.

EUGÈNE. — Je suis sûr que Maria ne sait pas d'où vient le nom de *Primauguet.*

MARIA. — Tu te trompes. Primauguet ou Primauget est un marin français qui fut attaqué par des Anglais supérieurs en nombre. Voyant que la résistance ne pouvait plus se prolonger, il s'accrocha au plus fort navire ennemi et le fit sauter avec lui.

LE PÈRE. — Notre marine compte plus d'un trait de ce genre.

MARIA. — Mon père, est-ce que dans un combat naval les marins n'ont pas d'autre protection contre les boulets ennemis que les parapets du navire?

LE PÈRE. — Non, ma chère enfant. Ces parapets, qu'on nomme bastingages, sont les seuls remparts de ceux qui servent les pièces de canon placées sur le troisième pont. C'est une frêle barrière dont le nom vient pourtant de la même racine que le mot bastille. Chaque homme à bord est exposé aux mêmes périls, et le poste le plus dangereux est occupé par les plus élevés en grade. Ainsi le commandant, pour donner ses ordres, monte sur la plate-forme élevée à l'arrière du bâtiment et qu'on appelle gaillard ou banc de quart, quoiqu'il n'y ait plus là de siége aujourd'hui.

MARIA. — Grand Dieu! Si encore c'était le seul péril qu'ils eussent à courir! mais quand je pense à la tempête, à l'incendie, je ne puis m'empêcher de frémir. Quelle source de réflexions que de trouver à chaque instant de la vie seulement l'épaisseur d'une planche entre soi et l'éternité!

LE PÈRE. — Aussi les officiers de marine sont-ils généralement des hommes sérieux, surtout dans les hauts grades. Tout roule sur le commandant : il est maître absolu à son bord, mais il assume sur lui une responsabilité si étendue que son esprit doit, malgré tout, acquérir de bonne heure une grande maturité.

EUGÈNE.—On peut donner cet éloge à tous les corps de notre armée, car chaque arme a ses périls, et les combats sur terre sont bien plus meurtriers encore que les batailles navales.

LE PÈRE. — Tu as raison, chacune à son mérite ; aussi n'ai-je fait aucune exclusion.—Voici le pont de la Concorde qui a suivi les mêmes phases que la place. On le nommait le pont Louis XVI, parce qu'il fut construit avec les pierres de la Bastille, à la fin du règne de ce prince.

MARIA.—Cela ne promettait pas à ce nom une longue durée. Il est beau et s'harmonise bien avec la place à cause des balustrades qui lui servent de parapets.

LE PÈRE.—Tu remarqueras aussi qu'il est presque horizontal. C'est le premier pont qui ait présenté cet avantage à la circulation des voitures. Autrefois l'arche du milieu d'un pont était beaucoup plus haute que les autres, et les ponts avaient à chaque bout une pente presque inaccessible, surtout pendant l'hiver.

EUGÈNE. — La perspective est superbe d'ici. La Madeleine au bout de la rue royale, les deux bâtiments dans l'un desquels est installé le ministère de la marine, les arbres des Champs-Élysées et des Tuileries forment un charmant tableau, malheureusement l'obélisque le coupe par moitié.

MARIA. — Tu me rends toute fière. J'avais déjà fait

cette remarque tantôt ; j'y joindrai une réflexion, parce que tu m'encourages, je trouve que les cheminées de ces bâtiments produisent ici un effet bien désagréable, et se confondent avec les trophées qu'elles écrasent.

LE PÈRE. — C'est que l'architecture n'est pas née dans les pays du nord. Souvent même les temples n'étaient pas couverts. Continuons l'examen des statues. Voici Marseille.

MARIA. — Mon bon père, voulez-vous me permettre de chercher le signe caractéristique de cette ville?

LE PÈRE. — Très-volontiers.

MARIA. — Elle est assise sur un navire, ce qui désigne un port, et elle tient à la main gauche une branche d'olivier qui rappelle le produit d'une des principales cultures du pays.

LE PÈRE. — C'est vrai; l'huile de Provence a une réputation bien acquise; mais ce n'est qu'une partie de ses richesses. Des fruits exquis, des fleurs d'où l'on tire les parfums les plus suaves, d'excellents vins peu connus hors du pays, il est vrai, sont les branches d'un commerce très-lucratif.

EUGÈNE. — Tu vois, Maria, que mon père te ménage, il ne parle pas de ce fameux nougat blanc de Marseille qui te fait tourner la tête.

MARIA. — Je m'attendais à cela. Mais tu pourrais bien prendre ta part de l'épigramme, car tu en es sournoisement très-friand aussi.

LE PÈRE. — Vous oubliez la partie essentielle de notre promenade pour vous décocher des traits. Vous ne savez donc plus que Marseille est l'une des plus anciennes villes de France et qu'elle a mérité le nom d'Athènes des Gaules?

MARIA.—Je vous demande pardon, mon père, je m'en souviens. J'ai encore présents à la mémoire les faits de son origine. L'historiette en est si gracieuse.

EUGÈNE. — Te voilà bien avec ton imagination de petite fille qui habille sa poupée en mariée. Tu veux parler de l'arrivée d'Euxène le Phocéen qui épousa Gyptis, fille du roi des Salyens, n'est-ce pas?

MARIA. — Pas du tout : je ne vois que ces colonies grecques fondant partout la puissance de la civilisation en apportant avec elles les arts, le commerce, l'agriculture.

EUGÈNE. — Ta! ta! ta! détourne la question. Voyons, puisque tu es si sérieuse, dis-nous l'étymologie de Marseille.

MARIA. — Ah! je l'ignore, mais je ne veux pas que tu me la dises, je prierai mon père de me l'apprendre.

LE PÈRE. — Ne te fâche pas, ma chère enfant, tu vois bien qu'Eugène badine. Il voulait te donner l'occasion de prouver tes connaissances et tu y serais parvenue avec un peu de patience. Ecoute : cette ville a été fondée au pays des Salyens, petite tribu gauloise des rives méridionales, n'est-il pas vrai?

MARIA. — Oui, mon père.

LE PÈRE. — Eh bien! te rappelles-tu, M. L... un Marseillais de mes amis qui parlait toujours des *mas* de la Camargue?

MARIA. — Oui, très-bien.

LE PÈRE. — Tu sais bien que ces mas sont de petites cabanes où logent les gardiens des troupeaux qui paissent près de l'embouchure du Rhône. Eh bien, joins mas, qui veut dire demeure, avec Salyens, nom du peuple du rivage où aborda Euxène, et tu en feras Massalyens, origne du nom de Massalie, l'antique Marseille !

MARIA. — C'est juste. Je vous remercie bien, mon père; vous verrez que je m'appliquerai davantage.

LE PÈRE. — Voyons la 6ᵉ statue, Lyon.

EUGÈNE. — Je parierais, mon père, que Maria n'osera pas vous demander la permission d'expliquer les deux urnes sur lesquelles la statue est assise.

NARIA. — Tu me connais fort mal, mon philosophe de frère, c'est le Rhône et la Saône, qui se joignent à Lyon, je dirai de plus que le caducée rappelle un commerce étendu et que la corbeille remplie de bobines et de pelotons de fils, indique le genre des manufactures lyonnaises. Qu'en dis-tu maintenant?

EUGÈNE. — Que j'ai cru entendre le fameux *Qu'en dis-tu?* de Manlius dans la tragédie de La Fosse.

MARIA. — Tu plaisantes, tu es vaincu.

LE PÈRE.—Voici en passant les beaux groupes d'Antoine Coysevox, la Renommée et Mercure, achevés en deux ans, ainsi que le constate l'inscription tracée sur la plinthe du Mercure, au millésime de 1702 : « Ces devx grovpes ont esté faites en devx ans. » Quelle différence remarquez-vous entre ces deux chevaux?

EUGÈNE. — (*Après quelques instants de silence.*) C'est que le cheval de la Renommée n'est pas bridé.

LE PÈRE. — Très-bien. On raconte à ce sujet un trait qui peindra Coysevox, cet artiste si actif, si consciencieux, si aimable. Un de ses amis lui fit visite, à son atelier, au moment où il venait de terminer le groupe de la Renommée. Après de nombreux éloges bien mérités, l'ami s'écrie tout à coup : Mais votre cheval n'a pas de bride ! A ces mots Coysevox pâlit, et, plein de désespoir, s'avançait déjà le marteau levé pour détruire son œuvre quand l'ami se ravisant s'élance au-devant de lui, en disant : Mais, mon cher ami, le cheval de la renommée en a-t-il besoin ? Heureuse présence d'esprit sans laquelle nous aurions perdu ce magnifique morceau.

MARIA. — Mon père, que veut dire le mot plinthe, s'il vous plaît?

LE PÈRE. — C'est un mot d'origine grecque signifiant brique carrée dont les anciens se servaient pour paver les âtres de cheminée. On nomme aujourd'hui plinthe une pièce plate, carrée, qui fait partie de la base des colonnes, des pilastres, des piédestaux.

EUGÈNE. — Tu as bien vu une bande de bois plus ou moins large fixée au bas des murs intérieurs d'une chambre, c'est aussi une plinthe.

LE PÈRE. — Nous arrivons aux deux dernières statues qui sont les meilleures, on pourrait même dire avec un peu de sévérité que ce sont les seules qui méritent l'attention. Elles ont été sculptées par un artiste qui n'a produit que des chefs-d'œuvre. Nous en avons dit un mot hier en regardant les Renommées de l'Arc-de-l'Étoile.

MARIA. — Ah ! c'est M. Pradier.

LE PÈRE. — Oui, mon enfant. Regarde Strasbourg, quelle pose naturelle, quelle vigueur et quelle souplesse en même temps! Comme cette tête qui regarde à droite un peu en arrière est fière et gracieuse!

EUGÈNE. — Oui, c'est vraiment beau. Et cette main droite qui serre la clef avec un geste de défi, et la gauche qui repose sur un sabre plutôt qu'elle ne le tient, comme tout cela parle!

MARIA. — Je vais oser faire chorus.

EUGÈNE. — Tu nous manquais pour compléter le trio, maintenant la partition ne sera pas tronquée.

MARIA. — Laisse-moi donc dire que Vauban serait heureux de voir rendre si clairement son intention, car Strasbourg est appelée l'une des clefs de la France, et défend nos frontières de l'Est.

EUGÈNE. — Je ne ris plus; tu me sembles dans le vrai. Tu sais d'ailleurs comme moi que Vauban l'a rendue presque imprenable.

LE PÉRE. — Vauban justifia encore en cette circonstance l'éloge que lui donna un de ses apologistes, de s'être appliqué à faire couler plus de sueurs que de sang. Il fit révolution dans l'art de fortifier les places de guerre, et ne dut ses succès qu'à son génie.

EUGÈNE. — N'était-il pas officier ingénieur à vingt-deux ans?

LE PÈRE. — Oui, sans avoir reçu dans son enfance d'autre instruction que celle d'un pauvre curé de village du Morvan qui lui enseigna à lire, à écrire, à compter, qui lui donna les premières notions de géométrie, et qui surtout lui inspira des sentiments chrétiens. Aussi ce grand ingénieur fut-il toute sa vie probe et modeste.

MARIA. — C'est d'un bel exemple. Il est mort quelques

années avant Louis XIV, n'est-ce pas, mon père ? Était-il avancé en âge ?

LE PÈRE.—Il avait soixante-quatorze ans. Il succomba à une fluxion de poitrine, tout en dictant un de ses immortels et précieux ouvrages qui resta inachevé.

EUGÈNE.—Un homme pareil ne devrait jamais mourir. Mais il a bien rempli sa carrière, car toutes nos villes fortes rappellent son nom.

MARIA. — Quelle est la place qu'il a fortifiée la première ?

LE PÈRE. — Il a débuté par Dunkerque, objet de la jalousie de nos voisins. L'Angleterre obligea même Louis XIV à en démolir les fortifications et à en combler le port.

EUGÈNE. — Je suis sûr que Maria, tout en aimant les étymologies avec passion, ne connaît pas celle de Dunkerque.

MARIA. — Toujours le même. Crois-tu que j'aie oublié la bataille des Dunes gagnée par Turenne sur Condé en 1658 ? Tu pensais peut-être que je les faisais combattre dans le département de Tarn-et-Garonne, à Dunes, petite commune près de Moissac, parce que les Espagnols étaient alliés à Condé.

EUGÈNE. — J'avoue que je ne te savais pas assez docte pour trouver l'homonyme des dunes de France ailleurs que sur les côtes d'Angleterre. Mais je serais tenté de croire que tu attribues le nom de Dunkerque à la bataille.

MARIA. — C'est encore une de tes erreurs. Je sais bien que Kerque est tiré d'un mot allemand qui veut dire église, quoique je ne sache pas cette langue, c'est donc : L'église des Dunes.

LE PÈRE. — La dernière statue est, comme vous le lisez, Lille ; c'est encore un beau morceau. L'épée qu'elle porte sur l'épaule droite indique une ville belliqueuse.

EUGÈNE. — En effet, Lille a prouvé en 1792 aux Autrichiens qu'elle était digne de cet emblème. Aussi célèbre-t-on avec une certaine pompe l'anniversaire de la levée de ce mémorable siége.

MARIA.—Au moins, M. Pradier n'a pas reculé devant la fleur de lys de l'écusson, je l'en estimerai davantage.

LE PÈRE.—Ces armoiries sont très-simples, de gueules à une fleur de lys d'argent. Et tu te rappelleras que moins l'écusson est chargé, plus les armoiries sont estimées, l'écusson de France le prouve.

EUGÈNE. — Lille n'a pas toujours été française ; il n'est pas étonnant que la protection royale pour les communes signalée par le chef des autres villes ne se retrouve pas ici.

LE PÈRE. — Non, Lille était une des florissantes communes des comtes de Flandre et s'était jointe à la fameuse Hanse Rhénane qui s'étendait de Bâle à Novogorod.

EUGÈNE. — C'est ce qu'on appelle mal à propos la ligue hanséatique, en faisant un pléonasme, puisque hanse signifie ligue.

MARIA. — Oui, on dirait alors la ligue liguée. Cela vient de ce qu'on dit encore les villes hanséatiques.

LE PÈRE. Voilà de la science, c'est bien. Lille fut prise par Louis XIV, le 28 août 1667, après dix jours de tranchée ouverte, ainsi que le constate un quatrain de Lafontaine, qui n'est guère meilleur que les deux vers de ton poëte allobroge. Le voici :

> Lille, cette cité qui vaut une province,
> Par l'effort de Louis, nostre grandeur accroist.
> Qu'en couste la conqueste aux armes de ce prince ?
> Dix jours ! qui le croirait ? Celui qui le connoist.

MARIA. — Mon père, est-il vrai que Lille dut autrefois son salut à une héroïne, de même que Beauvais fut sauvé par Jeanne d'Hachette, et Orléans par Jeanne d'Arc ?

LE PÈRE. — Oui, cette héroïne est Jeanne Maillotte, encore une Jeanne, nom de bon augure en France, et qui d'ailleurs en hébreu signifie « très-gracieuse ». Voici à quelle occasion : Quand les Pays-Bas se soulevèrent contre Philippe II, la guerre civile éclata dans tout l'ancien comté de Flandre, et des bandits en profitèrent en pillant les villes riches sous le prétexte de combattre les Espagnols pour faire triompher la liberté dans le pays.

MARIA. — Comme les grandes compagnies sous Jean le Bon et Charles V.

LE PÈRE. — Pas tout à fait ; car les routiers prétendaient combattre pour le roi de France, mais ils se livraient aux mêmes excès. Sous le nom de Hurlus, les pillards belges, qui ne faisaient que la guerre de partisans ou de guérillas, comme on les appelle en Espagne, fondirent un jour à l'improviste sur un faubourg de Lille et commençaient à le saccager, quand Jeanne Maillotte, femme d'un cabaretier, saisissant le pot de cuivre rempli de cendres chaudes qui lui servait de chaufferette, en lança le contenu au visage du premier assaillant, et, s'armant d'une hallebarde, repoussa les brigands, ranima les hommes qui fuyaient et mit les Hurlus en déroute.

MARIA. — Merci, mon père ; je ne connaissais pas ces détails ; ils sont très-intéressants.

EUGÈNE. — Maria, voici l'instant de faire briller tes connaissances en architecture. La colonnade du ministère de la marine va t'en donner l'occasion.

LE PÈRE. — Tout à l'heure nous y reviendrons. Allons examiner d'abord l'obélisque. (*Ils se dirigent vers l'obélisque.*)

MARIA. — Ah ! tant mieux ; c'est encore un mystère pour moi.

LE PÈRE. — Et pour beaucoup d'autres. Mais c'est un glorieux trophée pour trois contemporains : Jean-François Champollion et MM. Lebas et de Verninac-Saint-Maur.

EUGÈNE. — Champollion l'a traduit, M. Lebas l'a dressé et M. de Verninac l'a apporté, n'est-ce pas, mon père ?

LE PÈRE. — Oui, mon ami. Ces trois entreprises étaient hérissées de difficultés.

MARIA. — C'est pour cela que vous nous dites que c'est un glorieux trophée, car elles ont été exécutées.

LE PÈRE. — Oui, et par des moyens dont la simplicité porte le cachet du génie, mais qui ont le sort de toutes les découvertes : ils paraissent si naturels que le vulgaire et les ignorants n'éprouvent aucune admiration pour ces merveilles.

EUGÈNE. — Vous êtes bien sévère, mon père.

LE PÈRE. — Non, mon ami. Tu verras dans la suite de la vie quels efforts exige la perfection dans un art quelconque ; combien de difficultés rencontre même le dernier ouvrier pour acquérir un peu d'habileté. Tous les jours on passe indifférent devant des prodiges d'adresse ou de science; on va plus loin encore, on brise, on détruit les objets d'art, on incruste grossièrement son nom sur des chefs-d'œuvre d'architecture, on mutile, on renverse les plus belles statues.

MARIA. — Cependant vous voyez qu'en France on n'a pas dédaigné de faire venir de si loin cette pierre curieuse.

LE PÈRE. — C'est vrai; mais nous n'en avons pas donné l'exemple; les Romains nous avaient devancés. Plusieurs obélisques ont été apportés en Europe. Rome en possède un grand nombre; on en trouve dans plusieurs villes de l'Italie, à Constantinople, à Londres. Mais ce qui reste acquis à la France, c'est l'honneur d'avoir assigné la date de ces monuments par la lecture des noms propres et des hiéroglyphes due à la sublime intelligence de Champollion.

EUGÈNE. — Cet obélisque alors a son rang dans la chronologie.

LE PÈRE. — Oui, Rhamsès II et Rhamsès III, rois de la 18ᵉ dynastie, qui l'ont érigé, ont été les contemporains de Moïse. Mais le plus ancien des obélisques portant une date est à Héliopolis. On y lit le nom d'un roi de la 16ᵉ dynastie qui aurait vécu 2,500 ans avant l'ère chrétienne, suivant les listes de Manéthon.

EUGÈNE. — N'a-t-on pas révoqué en doute son système de compter les années?

LE PÈRE. — On l'accuse d'avoir exagéré l'antiquité des premières dynasties. Mais, à partir de Rhamsès III, les dates de Manéthon s'accordent à peu près avec celles des autres historiens.

MARIA. — Cet obélisque me paraît d'un seul morceau, et j'avais entendu citer comme une rareté pour sa longueur une pierre du parapet du pont de Neuilly. Il me semble que l'obélisque doit l'emporter.

LE PÈRE. — Certainement. Remarque aussi que c'est du granit, la plus dure de toutes les pierres, et qu'il a fallu, dans l'antiquité où l'on ne connaissait pas la force de la poudre, des moyens très-ingénieux pour extraire d'une carrière, sans la briser, une pierre de près de vingt-trois mètres.

EUGÈNE. — N'y a-t-il pas à Rome un obélisque beaucoup plus grand?

LE PÈRE. — Oui, c'est celui que Sixte-Quint fit relever et placer devant l'église de Saint-Jean-de-Latran. Il a trente-six mètres de longueur, mais il est brisé en trois morceaux.

MARIA. — Est-ce pour celui-là que Sixte-Quint avait menacé de punir de mort quiconque s'aviserait de parler pendant qu'on travaillait à le dresser?

EUGÈNE. — Mais non. C'est pour l'obélisque apporté à Rome sous Caligula, et que Sixte-Quint fit ériger sur la place de Saint-Pierre-de-Rome, on voit cela dans tous les livres.

MARIA. — Je te demande pardon, mon cher Eugène; je ne croyais pas te donner d'impatience en faisant cette question à mon père.

LE PÈRE. — Pour le punir, tu devrais bien lui raconter le fait.

MARIA. — Que lui dirai-je? que Sixte-Quint avait collfié à Dominique Fontana le soin d'élever l'obélisque, et que le poids de la pierre faisant allonger les cordages qui fixaient les poulies à la charpente, causaient la crainte de voir manquer l'entreprise, lorsqu'un paysan s'écria : Mouillez les cordes! Il sait tout cela mieux que moi, et je ne veux pas lui imposer mon verbiage.

EUGÈNE. — J'ajouterai à ta citation qu'on employa pour tirer les câbles 900 ouvriers et 140 chevaux. Mais tu es généreuse, ma bonne petite sœur, je t'en sais gré, sois sûre que je t'en tiendrai compte.

MARIA. — Oui, jusqu'à la nouvelle occasion. Mon père, est-ce que l'obélisque de Rome pesait autant que celui-ci?

LE PÈRE. — A peu près. Le poids de notre monolithe est de 220,258 kil. ; avec les pièces de bois qui l'enveloppaient, il pesait 250,000 kil., équivalant à 250 tonneaux ou 5,000 quintaux.

EUGÈNE. — Veux-tu me prouver ton bon vouloir, Maria? dis-moi ce que c'est qu'un tonneau et ce qu'est un quintal.

MARIA. — Un quintal, c'est 100 livres ou 50 kil. Quant au tonneau, je comprends qu'il doit peser 1,000 kil. Mais je ne vois pas en quoi je te prouve ainsi mon bon vouloir.

EUGÈNE. — C'est que tu me réponds sans rancune.

LE PÈRE. — S'il n'avait fallu que traîner cette masse, la difficulté aurait été vaincue sans peine, mais il fallait la redresser, et l'appareil de M. Lebas est des plus simples. Jugez-en par les dessins que nous avons sous les yeux.

MARIA. — J'aurai recours à vous encore, mon bon père. Tout ce que je puis faire, c'est de lire l'inscription :

« L'obélisque, descendu de sa base, en Egypte, et embarqué pour la France, sur le navire *le Louqsor*, capitaine Verninac. »

LE PÈRE. — Volontiers. Tu sais déjà qu'il s'agit d'abattre et d'embarquer l'obélisque, et tu vois par les dessins inférieurs qu'on a scié le bâtiment pour l'y faire entrer.

MARIA. — Oui, mon père, car là, à droite, on voit la portion du bâtiment qui a été séparée et qu'on représente au-dessus du niveau du reste.

LE PÈRE. — C'est cela. Quand il fut embarqué, on assembla les deux parties du vaisseau de manière à pouvoir tenir la mer et on l'apporta en France.

EUGÈNE. — Si nous passions au sud, nous en verrions la suite.

MARIA. — Le voulez-vous, mon cher papa?

LE PÈRE. — Allons. (*Il conduit les enfants à la partie méridionale.*) Arrivé à Paris, *le Louqsor* (ou Luxor) fut coupé de nouveau, on en retira l'obélisque, qu'on amena par un plan incliné, jusqu'à la hauteur du piédestal.

EUGÈNE. — Tu vois bien, Maria, non pas la figure qui est en bas et qui indique comment on l'a retourné, mais la première en montant, où l'obélisque est traîné par des cordes.

MARIA. — Oui, oui, et même chaque cordage aboutit à une sorte de tourniquet.

LE PÈRE. — C'est cela. Ce tourniquet s'appelle un cabestan. La figure supérieure représente l'opération principale, et, si vous faites attention, vous verrez dès le premier coup d'œil que les mouvements de l'obélisque sont indiqués d'avance par des figures gravées moins profondément.

MARIA. — Je vois, je vois. L'obélisque est couché et des cordes viennent s'attacher à l'une des extrémités, tandis que l'autre est appuyée au piédestal. Quels sont maintenant ces bâtons placés obliquement?

LE PÈRE. — Ce sont des mâts reliés les uns aux autres par des câbles et tirés par des cabestans pour entraîner, en le soulevant par le bout, l'obélisque auquel ils faisaient opérer un mouvement de bascule; ce fut l'affaire de quelques heures.

LE PÈRE. — Regardez maintenant les trois colonnes de caractères gravés sur chacune des quatre faces de l'obélisque : celle du milieu, plus profondément sculptée que les deux autres, a été inscrite par l'ordre de Rhamsès II, frère aîné de Rhamsès III. On doit à celui-ci les deux colonnes latérales.

MARIA. — Ah! oui, c'est vrai. J'y vois aussi des signes qui ont entre eux des rapports sensibles. Ils sont entourés d'une ligne formant une circonférence allongée, et surmontée soit d'oiseaux, soit d'une sorte d'insecte ailé.

LE PÈRE. — Ces groupes de signes, qu'on appelle cartouches ou cartels, désignent, dans les inscriptions égyptiennes, les noms des rois et des reines. L'insecte ailé est une abeille, symbole de l'idée de *roi;* l'oiseau, ou plutôt l'oie, est un signe phonétique qui veut dire fils ; le disque placé au-dessus de l'oie est le signe figuratif du soleil. Cela veut donc dire fils du soleil.

MARIA. — Mais devant l'abeille se trouve un autre signe, semblable à une tige droite un peu recourbée.

LE PÈRE. — C'est le sceptre, symbole de la puissance, et sous le sceptre tu vois un hémisphère, aussi bien que sous l'abeille. C'est le signe symbolique d'une partie de la terre ou d'un royaume ; et comme il se trouve sous les pieds de l'abeille, il représente l'obéissance. On lira

cet hiéroglyphe : Roi puissant d'un peuple obéissant.

MARIA. — Oh ! que c'est curieux !

LE PÈRE. — Regarde toujours les mêmes cartouches, y distingues-tu une figure assise devant laquelle est une sorte de sceptre surmonté d'une tête de chacal ?

MARIA. — Je la vois, je vois même au haut des cartouches un disque.

LE PÈRE. — Eh bien, le disque est le soleil, le sceptre avec le chacal est le symbole de la vigilance et veut dire gardien ; la figure assise est *Saté*, déesse égyptienne de la Vérité ; on lira donc : Le soleil gardien de la vérité, l'un des titres que se donnaient les deux Rhamsès. Les vois-tu dans les trois cartouches placés sur la même ligne ?

MARIA. — Mais je vois aussi dans les deux cartouches latéraux une nouvelle figure du soleil.

LE PÈRE. — C'est *Phré*, le deuxième dieu d'Égypte, ou la lumière, dont le symbole est ici le soleil ; puis au-dessous tu y vois encore un serpent qui semble boire dans une auge, ce qui veut dire : approuvé par. C'est le prénom de Rhamsès III, le Sésostris des Grecs. On peut donc lire : « Le soleil gardien de la vérité approuvé par Phré. »

MARIA. — Le cartouche du milieu ne contient pas ces derniers signes.

LE PÈRE. — C'est que Rhamsès II n'avait pas ce prénom.

EUGÈNE. — Dans la deuxième rangée le cartouche du milieu manque.

LE PÈRE. — C'est vrai ; mais on le retrouve dans la ligne des cartels placée au bas de l'obélisque (Voy. la fig., p. 103). Cette ligne contient le nom du roi. Maria, peux-tu lire le signe qui surmonte ces derniers cartouches?

MARIA. — Oui, mon père, c'est : Fils du soleil.

LE PÈRE. — Très-bien. Tu vois dans ces cartels latéraux deux figures se faisant face?

MARIA. — Oui, toutes deux sont assises, et l'une d'elles a le disque du soleil sur la tête.

LE PÈRE. — La première à gauche est celle du Soleil correspondant à la syllabe RE ou à la lettre R (Rh, Phr) ; la deuxième, coiffée de deux plumes droites, c'est *Ammon-Rha*, le premier des dieux d'Egypte. Que vois-tu au-dessous?

MARIA. — Une sorte de carré formé de quatre lignes.

LE PÈRE. — C'est le mot égyptien *Maï*, chéri de. Les trois signes inférieurs représentent le premier un M, les deux autres chacun un S. Ces signes sont en partie phonétiques et se lisent R. M. S. S., chéri d'Ammon. Rétablis maintenant les voyelles qui manquent.

MARIA. — Rhamsès, chéri d'Ammon.

LE PÈRE. — Le sens du cartouche du milieu est textuellement le même ; voyez : A gauche, est une palme ; elle représente la lettre A, et dans les trois signes placés verticalement les uns sous les autres, le supérieur

est une autre forme de la lettre M; le deuxième est un N, le troisième veut dire Maï, chéri de. Au-dessous nous retrouvons R. M. S. S. On lira donc A. M. N., chéri de. R. M. S. S. Ou avec une inversion, termine Maria.

NARIA. — Encore: Rhamsès, chéri d'Ammon.

LE PÈRE. —Tu es maintenant aussi savante que Champollion. Car tu liras dans les cartouches des deux lignes : 1° Le roi d'un peuple obéissant, le soleil gardien de la vérité , approuvé de Phré ; 2° fils du soleil, Rhamsès, chéri d'Ammon.

MARIA. — Oh! quel bonheur !

LE PÈRE.—Ce soir, en rentrant, nous étudierons dans les excellents ouvrages de Champollion jeune , de son frère , M. Champollion-Figeac , et dans l'intéressant voyage du Luxor de M. Verninac les inscriptions de l'obélisque, dont je viens de vous donner quelques explications sommaires[1].

MARIA. — O mon bon père, lisez-nous-en une au moins !

LE PÈRE. — Volontiers. A la façade de l'est qui se trouve vis-à-vis des Tuileries et qui à Luxor était tournée au sud, la colonne de droite porte à peu près : Rhamsès III, le roi vivant et puissant, ami de la vérité, roi modérateur ; très-aimable comme Thmou (déesse ;

---

[1] Description de l'Egypte ; Panthéon égyptien ; Annales des Lagides. Histoire de l'Egypte ancienne ; Voyage du Luxor à Paris.

l'air ou le soleil du soir) est un chef né d'Ammon, et son nom est le plus puissant de tous.

EUGÈNE. — Cela est bien peu intéressant à savoir pour qu'on ait fait la dépense énorme de tailler, de sculpter, puis de transporter cette pierre jusqu'à l'entrée d'un temple.

LE PÈRE. — Te voilà comme les spectateurs qui ont vu dresser cet obélisque. Cependant, il y aurait du vrai dans ta réflexion, si les obélisques eussent séuls constitué le monument, mais ce n'étaient que des colonnes indiquant un temple, servant de dédicace ; les peintures intérieures avaient seules un véritable intérêt historique. — Allons déjeuner.

Cette partie un peu sérieuse de la promenade convient
à des jeunes gens plus avancés.

EUGÈNE. — Avant de nous retirer, voudriez-vous bien, mon père, m'expliquer le sens des sculptures supérieures de l'obélisque ?

LE PÈRE. — Très-volontiers. As-tu déjà fait une remarque ?

EUGÈNE. — Oui, mon père. Sur les quatre faces, je vois une figure assise et coiffée de deux plumes droites. Ce doit être Ammon, puis une autre figure est agenouillée, et tient dans chaque main quelque chose dont je ne distingue pas parfaitement la forme.

LE PÈRE. — Parce que les figures sont un peu loin de nous. Tu as trouvé pour Ammon-Rha, c'est lui qui reçoit de Rhamsès l'offrande du vin. Ce que tu ne distingues pas, ce sont des flacons. Mais ne vois-tu pas une différence encore ?

EUGÈNE. — Oui, mon père. Les rois de trois côtés sont

coiffés de même, et dans la sculpture faisant face au pont, le roi a une coiffure différente. (Voyez la figure, p. 107.)

LE PÈRE. — Ce dernier est Rhamsès III, les autres sont Rhamsès II.

EUGÈNE. — Il faut le deviner ; rien, excepté la coiffure, ne m'indique une différence.

LE PÈRE. — Sois donc patient. Tiens, regarde les cartels royaux de cette même face à la ligne supérieure. Ne vois-tu pas une différence avec ceux des autres faces, et placés à la même hauteur à peu près?

EUGÈNE. — Ah ! c'est vrai. Les trois cartouches de cette face-ci renferment le prénom de Rhamsès III, représenté par cette figure du serpent, qui signifie approuvé de Phré (Voy. p. 101), tandis que le cartouche médial des autres faces ne contient pas ce prénom.

LE PÈRE. — C'est cela : toute cette face a été sculptée par l'ordre de Rhamsès III, et était tournée à

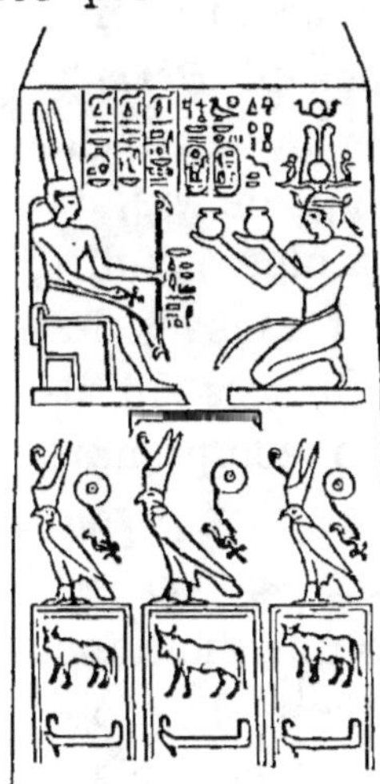

l'ouest : ici elle est tournée au sud. Rhamsès III a pour coiffure une sorte de tiare indiquant l'autorité royale, et que les Egyptiens appelaient le *Pschent*. La coiffure de Rhamsès II est celle du deuxième dieu d'Egypte , nommé *Phtha* , et au-dessus est le globe ailé du soleil. Retenez bien cela ; tout à l'heure nous allons en trouver le sens.

MARIA. — Un peu plus bas au-dessous de ces deux figures, je vois trois oiseaux coiffés comme Rhamsès III, du *Pschent*, ainsi que vous venez de nommer cette tiare tout à l'heure.

LE PÈRE. — Oui, c'est bien cela. Ces oiseaux sont des éperviers, et au-dessus est le disque du soleil. Que vois-tu plus bas encore ?

MARIA. — Trois bœufs, puis encore au-dessous, des bras bien mal faits.

LE PÈRE. — N'allons pas plus loin, mais remarquez encore qu'Ammon tient d'une main un sceptre et de l'autre un anneau surmonté d'une croix.

MARIA. — Ce que j'aurais pris pour une clef; mais je reconnais maintenant très-bien la forme d'une croix ayant une anse.

LE PÈRE. — Les deux grandes plumes d'Ammon sont la marque de la divinité ; le sceptre, c'est le pouvoir dominateur, la croix ansée la vie divine. Ce sont les attributs d'un dieu supérieur. En effet, Amoun, Amon ou Hammon est, suivant les anciens prêtres de l'Egypte, l'âme du monde, le créateur, la force vitale du monde, dont le dieu *Thoth*, que les Grecs appellent *Hermès*, est la force intellectuelle. — Phtha, le deuxième dieu d'Egypte, est le feu primitif, principe de vie, d'i-nitiative, le feu dans son acception la plus étendue, comme la lumière, l'électricité, la chaleur, tous les flui-des impondérables, appelés dans l'antiquité très-subtils. Sa coiffure est facile à reconnaître et à comprendre. Je veux vous laisser trouver de quoi elle se compose.

MARIA. — D'un globe placé entre deux palmes.

LE PÈRE. — Très-bien. Ces palmes ou plumes font tou-jours partie de la coiffure des dieux supérieurs. Le globe, c'est le soleil, centre palpable de lumière et de chaleur.

Et le soleil ailé, c'est Phré, le troisième dieu supérieur ;
il matérialise en quelque sorte ce feu suprême qui donne
à tout la vie active. Tous ces caractères distinguent
Rhamsès II, qui a conçu et exécuté la pensée de bâtir le
temple de Luxor. Rhamsès III, au contraire, est coiffé

du pschent qui caractérise sa disposition guerrière, l'amour des conquêtes. Le dieu qui portait cette tiare
était le Mars égyptien. Ces deux rois
sont donc parfaitement distingués
l'un de l'autre. On peut donc traduire
ces gravures : Rhamsès II, qui a commencé l'édifice,
offre le vin d'Egypte à Ammon-Rha, l'âme et le maître
du monde, et Rhamès III, le conquérant, offre le vin
d'Egypte à Ammon-Rha, etc.

EUGÈNE. — S'il a été possible de lire tout ainsi, quelles
découvertes magnifiques on doit à Champollion !

LE PÈRE. — Oui, mon ami, c'est là ce qui rend pré-
cieuse cette pierre d'un aspect si peu artistique. Mais
ce ne sont là que des interprétations ; la difficulté réelle
était la lecture des inscriptions qui vient confirmer le
sens donné à ces symboles.

MARIA. — Mon père, et les oiseaux ?

LE PÈRE. — Les éperviers ? C'étaient des oiseaux sa-
crés en Egypte. Comme ces animaux peuvent regarder
le soleil, ils sont en conséquence consacrés à Phré, dont
ils sont le symbole. Car Phré est le dieu-soleil. D'où nous
voyons que les Egyptiens avaient divinisé les premières opérations de Dieu : le pouvoir créateur, la création
de la lumière, celle du soleil. Les bœufs, les bras signifient les deux régions de l'Egypte, haute et basse. —

On pourra donc ajouter aux noms des deux rois : le fils divin du soleil , seigneur des régions d'en haut et des régions d'en bas. — Puis viennent des titres pompeux.

EUGÈNE. — Maria vous a interrompu au moment où vous alliez sans doute entrer dans des explications intéressantes sur la lecture des inscriptions.

LE PÈRE. — N'a-t-elle pas amené par sa question le complément de cette partie des sculptures ? Tu vas avoir ton tour. Champollion pensa que la connaissance de la langue copte devait lui offrir de grandes ressources. Effectivement, il fut amené à comprendre que les sons avaient été représentés par des figures d'animaux ou d'objets dont les noms correspondaient par leurs initiales à certaines articulations. Ainsi le mot aigle , en copte *Ahôm*, a formé la lettre A. Quelquefois l'altération a rapproché deux ou plusieurs lettres, comme T et D ; L et R. Aussi une main, qui se dit *Tot* a représenté T ou D ; *Laho*, qui veut dire lion couché, a fait L ou R. D'où vous tirerez cette conséquence que les caractères hiéroglyphiques sont 1° figuratifs, ce sont les plus anciens ; 2° symboliques ; 3° enfin phonétiques. Ammon-Rha, avec ses deux plumes et la couleur bleue de sa peau, est figuratif ; la croix ansée, le sceptre, sont symboliques.

MARIA. — Les symboles, je le comprends, ont dû être employés après ces signes figuratifs ; mais que veut dire phonétiques.

EUGÈNE. — Tu es toujours la même, et permets-moi de te le dire, pour une musicienne qui joue des symphonies, tu ne fais pas preuve d'habileté à trouver la signification des termes de l'art. Phonè veut dire son. Phonétique signifie donc : représentant le son, comme les lettres de l'alphabet.

MARIA. — Si je manque d'habileté, de quoi manquez-vous, monsieur le bachelier futur ? Mais, va, ton explication éclipse ton impatience, et je te pardonne.

EUGÈNE. — C'est noble et grand ! quel exemple magnifique à suivre !

LE PÈRE. — En comparaison des autres hiéroglyphes, les signes phonétiques sont peu nombreux, on en compte un peu moins de 120. Ce ne sont pas 120 sons, car plusieurs peuvent figurer la même lettre, mais 120 caractères. Ils peuvent même être figuratifs et symboliques. Ainsi dans le cartouche des noms-royaux, la petite figure qui a le soleil sur la tête est Phré, ou bien sera indifféremment, le soleil symbole de Phré, ou la syllabe Re, la lettre R, la lettre composée Phr, d'où l'on pourra lire Phré ou le Pharaon. Comprends-tu à présent, Maria ?

MARIA. — Oui, mon bon père, je vois que les hiéroglyphes étaient quelquefois une espèce d'écriture symbolique comme de nos jours le blason.

LE PÈRE. — C'est vrai, je suis content de ton observation.

MARIA. — Mon père, pourquoi dites-vous le Pharaon, et non pas Pharaon ?

LE PÈRE. — Parce que Pharaon n'est pas un nom propre, c'est le mot égyptien qui signifie le soleil, ou le roi-soleil, comme Brennus ou plutôt Brenn, chez les Gaulois, Suréna chez les Parthes, Vercingetorix, Peyntern, Bretwalda et beaucoup d'autres mots n'étaient que des titres correspondant à peu près à celui de général en chef.

EUGÈNE. — C'est une suite de l'ignorance des langues qui nous a transmis ces mots comme des noms propres.

MARIA.—Alors je vois pourquoi c'est un Brennus qui détruit Rome, c'est un autre Brennus qui pille long-temps après Delphes, pourquoi on dit que Crassus tomba entre les mains de Suréna, roi des Parthes, qui le tua, et que quelques lignes plus loin on lit qu'Orode, roi des Parthes, insulta au cadavre du triumvir. C'est une contradiction que je m'explique maintenant.

—

QUATRIÈME PROMENADE.

—

LE MINISTÈRE DE LA MARINE. — LA MADELEINE. — LE FAUBOURG SAINT-HONORÉ.

EUGÈNE. — Je tiens à mon idée; je veux savoir, Maria, si tu te souviens de l'ordre d'architecture de cette colonnade.

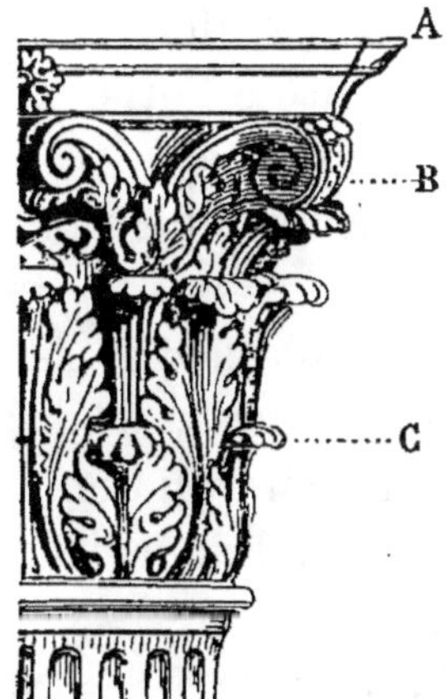

MARIA. — Plus que tu ne penses. Ces chapiteaux sont corinthiens. Voici la double rangée de feuilles d'acanthe, C, surmontées des spirales, B, qui soutiennent la tablette, A, ou abaque, dont les coins sont concaves et dont la partie rentrante est ornée d'un fleuron. Tu croyais m'embarrasser, tu as fait fausse route.

LE PÈRE. — Tant mieux. Veux-tu maintenant le réduire au silence? Dis-nous ce que tu découvriras dans ces frontons.

MARIA. — Qu'appelez-vous fronton, s'il vous plaît, mon père?

LE PÈRE.—Ces panneaux triangulaires qui composent la partie supérieure des pavillons latéraux.

MARIA. — J'aurais dû trouver cela toute seule : la place du fronton rappelle le haut du corps, le front. Aussi vais-je m'appliquer à deviner le reste. Celui-ci qui est au coin de la rue Saint-Florentin, où l'on voit à droite des trophées militaires, et à gauche des fleurs et des fruits, doit indiquer la Gloire, le Bonheur, et cette déesse qui s'appuie sur un médaillon présentait, sans doute, à la foule le portrait d'un roi.

LE PÈRE. — Ce n'est pas mal. Le roi dont le portrait ornait ce médaillon était Louis XV.

EUGÈNE. — Et la terreur l'a martelé sans doute.

LE PÈRE. — Vous en remarquerez bien d'autres. Mais si la tranquillité se maintient, les traces du vandalisme qui a tout détruit s'effaceront, car on exécute déjà une partie des anciens plans d'embellissement de Paris, et on répare de tous côtés ce qui doit être conservé.

MARIA. — A ton tour, Eugène. Je suis trop fière de mon succès pour le compromettre.

EUGÈNE. — Tu me laisses la tâche la plus facile; le deuxième bas-relief offre les attributs des Arts, de la Sculpture, de l'Architecture; le suivant, ceux du Commerce et de la Marine; et le dernier, au coin de la rue des Champs-Élysées, ceux de l'Agriculture.

LE PÈRE. — J'aurais bien voulu vous conduire dans le jardin des Tuileries, mais on y travaille, et il faut attendre que les dispositions nouvelles soient terminées. Nous allons visiter la Madeleine.

EUGÈNE. — Mon père, il vous reste cependant encore une obligation à remplir, si je pouvais me permettre de parler ainsi. Vous avez dit : Visitons d'abord la place telle qu'elle est, nous reviendrons ensuite sur les événements.

LE PÈRE.—Tu as raison. Malheureusement cette place n'a servi de théâtre qu'à des événements fatals. C'est ici, entre la statue de la liberté qui avait remplacé la statue équestre de Louis XV, et la grille des Tuileries que Louis XVI, Marie-Antoinette et des centaines de victimes de la terreur ont eu la tête tranchée.

MARIA. — Quoi! entre l'obélisque et le jardin royal?

LE PÈRE. — Oui, ma chère Maria.

EUGÈNE. — Malheureux souverain qui fut la victime expiatoire des règnes précédents!

LE PÈRE. — Il aurait pu peut-être, avec de la fermeté, accomplir les réformes indispensables qu'il avait comprises, et que nous devons à la révolution, et éviter les excès où se trouvent entraînées les masses livrées à elles-mêmes.

MARIA. — Mon père, j'ai souvent entendu parler des alliés qui campèrent aux Champs-Élysées en 1814, et dont les chevaux ont rongé nos arbres.

LE PÈRE. — Leurs bataillons ont traversé triomphalement cette place après la capitulation de Paris, en défilant sous les yeux d'Alexandre 1er, qui était alors chez le prince de Talleyrand, au coin de la rue Saint-Florentin.

EUGÈNE. — On a aussi célébré des fêtes publiques ici. On y a tiré des feux d'artifice.

LE PÈRE. — Et ils ont causé quelques accidents fort malheureux, même de nos jours. Malgré tous ses soins l'administration ne peut pas tout prévoir. Mais les précautions prises maintenant sont infiniment plus efficaces qu'autrefois.

MARIA. — J'ai vu dans mes livres qu'il est arrivé ici de graves malheurs en 1770.

LE PÈRE. — Hélas! oui. Lorsque le dauphin Louis, qui fut roi sous le nom de Louis XVI, épousa Marie-Antoinette d'Autriche, on y donna des fêtes publiques pour célébrer ces noces royales. La foule s'y pressait pour jouir du spectacle d'un feu d'artifice. Malheureusement les fossés dont parlait Eugène ce matin n'étaient pas tous entourés de parapets, et des échafaudages obstruaient la rue Royale, où l'on commençait à construire des maisons. La rue de Rivoli n'existait pas encore; la place n'avait donc d'autre issue que cette rue.

MARIA. — O mon père, je frémis en me figurant la foule encombrant cet étroit passage, pour se retirer après le feu d'artifice.

LE PÈRE.—Si tu y joins les tentatives des voleurs qui augmentent toujours les désordres pour en tirer avantage, tu compléteras cet affreux tableau. En un instant la rue ne présenta plus que l'aspect d'un champ de bataille. Les voitures arrivaient par le faubourg, car la police n'avait pas interdit la circulation dans ce sens, les chevaux se cabraient, des cris déchirants étaient poussés de toutes parts et par les gens foulés aux pieds des chevaux, et par ceux qui tombaient dans un fossé voisin resté béant, et par d'autres appelant avec angoisse les êtres qui leur étaient chers et qu'ils avaient perdus de vue; c'était une horrible mêlée déjà par elle-même.

MARIA. — Comment par elle-même, y a-t-il donc eu d'autres causes de tumulte?

LE PÈRE. — Eh ! sans doute. Les voleurs n'avaient-ils pas tendu des cordes qui barraient la rue? et la foule poussée dans tous les sens venait s'abîmer sur ces entraves; on tuait à coups de couteau les chevaux des voitures pour les empêcher d'avancer; quelques hommes se frayèrent même une route l'épée à la main, et égorgèrent sans pitié tout ce qui s'opposait à leur passage; enfin, pour achever la confusion, un échafaudage s'écroula, écrasant dans sa chute les malheureux qui semblaient cloués à la même place.

EUGÈNE. — Quel horrible tableau, et que de victimes ces malheurs ont dû faire !

LE PÈRE. — On n'en a jamais su le nombre; mais on trouva le lendemain 133 cadavres de gens qui n'avaient pas été reconnus.

EUGÈNE.—Alors, il faut le dire, tous les divertissements se concentraient sur un seul point, tandis qu'à présent ils sont répartis sur des points éloignés les uns des autres, et disséminent la foule.

MARIA. — Mon père, vous nous avez dit hier que la façade des bâtiments de la Marine portait le cachet des constructions du règne de Louis XV. Je vois bien qu'il y a quelque chose de moins sévère qu'à la Madeleine, mais je ne m'en rends pas compte.

LE PÈRE. — Examine les sculptures des fenêtres; qu'y remarques-tu ?

MARIA. — Des draperies en guirlandes ainsi qu'à ces huit médaillons placés au-dessus de niches vides aux quatre pavillons latéraux.

LE PÈRE.—Voilà ce qui caractérise ce règne. L'absence de sévérité ; la profusion des ornements mignards ; le mauvais goût enfin.

EUGÈNE. — Et comme la Madeleine est plus moderne, elle n'a pas cette coquetterie.

LE PÈRE. — Nous allons en juger.

MARIA. — Où était, s'il vous plaît, mon père, le Garde-Meuble ?

LE PÈRE. — Dans les bâtiments occupés aujourd'hui par le Ministère de la Marine. Les bâtiments parallèles à celui-ci étaient et sont encore des propriétés particulières.

MARIA. — Sans doute, il devait se trouver de bien belles choses dans ce bâtiment.

LE PÈRE. — On y avait entassé des armures qui, pour la plupart, sont déposées au Musée d'Artillerie, des canons, des armes, des tapisseries, un riche mobilier et des objets d'art du plus grand prix. On y gardait aussi les diamants de la couronne, entre autres le Sancy et le Régent qui doit son nom à Philippe d'Orléans, régent de Louis XV.

EUGÈNE. — Allons, Maria, ne laisse pas échapper l'occasion de nous dire comment le Sancy était déjà échu à Louis XIV.

MARIA. — Tu veux m'embarrasser, mais pour te punir, je te dirai ce que j'en sais ; tu seras forcé de m'écouter. Tant pis pour toi.

LE PÈRE. — Tu n'aperçois pas le piége où veut t'attirer Eugène. Si tu te hasardais, il aurait mille objections à te faire. On a tant débité d'histoires sur ces deux pierres ! Ainsi les uns disent que le baron de Sancy, ambassadeur à Constantinople, l'apporta en France ;

d'autres, que Nicolas Harlay de Sancy l'acheta en 1589 100,000 livres à Don Antonio de Portugal, surnommé le Prêtre-Roi pendant le séjour de ce prince en France. On ajoute à ce récit que le même Nicolas de Sancy, parce qu'il était dénué d'argent, engagea ce diamant à des juifs de Metz. Enfin, on a dit que Sancy le vendit pour solder les Suisses auxiliaires du roi Henri IV. Crois-moi, ne te risque pas.

MARIA. — Je lui aurais raconté ce dernier fait qui a sur les autres versions l'avantage de rappeler un trait de dévouement.

LE PÈRE. — Nous n'avons plus le Sancy qui a été acheté par M. Paul Demidoff, chambellan de l'empereur de Russie, Nicolas I⁰ʳ, et l'un de ces hommes dont la mort est toujours regrettable. On aurait pu le surnommer le Montyon russe, à cause de la fondation d'un prix qui, suivant les clauses de son testament, est encore décerné aux littérateurs russes, auteurs des ouvrages les plus importants et les plus utiles.

EUGÈNE. — Et le Régent, nous l'avons encore?

LE PÈRE. — Oui, Napoléon I⁰ʳ l'avait fait monter sur la garde de son épée; il est plus précieux que le Sancy, qui n'est estimé que 600,000 fr.; il vaut plus de 5 millions de francs. Il passe pour le plus beau du monde, mais il n'est pas le plus gros que l'on connaisse, bien qu'il pèse 136 carats 3/4.

MARIA. — Quel est le poids d'un carat, s'il vous plait, mon père?

LE PÈRE. — 4 grains, suivant les anciens poids et mesures, valant aujourd'hui un peu plus de 21 centigrammes. Ce qui donne au Régent un poids de 28 grammes

89 centigrammes. Le nombre des diamants ayant 100 carats est très-rare. Le plus gros qu'on ait vu jusqu'à présent appartient au radjah de Mattan, à Bornéo, et pèse 63 grammes.

EUGÈNE.—Quel poids! et si le Régent vaut 5 millions, que doit valoir ce diamant?

LE PÈRE.—Il faut ajouter que le Régent a sur celui-ci l'avantage d'être taillé, tandis que le diamant de Bornéo est brut, c'est une raison à mettre dans la balance, car, en taillant la pierre, on enlève nécessairement de la matière, et souvent on y découvre des défauts qui en abaissent le prix. Néanmoins, c'est le diamant le plus rare qu'on possède, si toutefois on exclut de la liste celui qui était dans le trésor du roi de Lahore et qu'on appelle le Kounihour, Montagne de lumière.

MARIA. — Mon cher papa, permettez-moi de vous demander s'il n'y a pas une île des Philippines qui se nomme Matan.

LE PÈRE. — Oui, mais ce nom n'a qu'un *t*, tandis que le Mattan de Bornéo en a deux. L'orthographe des noms est une importante remarque à faire pour éviter les erreurs où tombent les gens légers qui confondent tout.

MARIA.—C'est justement pour cette raison que je vous faisais ma question, car j'ai vu que Magellan, ce navigateur hardi qui entreprit le premier voyage autour du monde, a été tué en 1520 à Matan, en combattant les naturels des îles Philippines.

EUGÈNE. — A la bonne heure, ma chère Maria; voilà des observations merveilleuses; je vais être tout fier d'avoir une sœur si savante.

MARIA. — Moque-toi, prends-en à ton aise, mon tour

viendra peut-être, et je n'y manquerai pas , car tu n'as pas toujours autant de générosité pour moi.

LE PÈRE. — Puisque tu t'intéresses à ces pierres précieuses, te rappelles-tu ce qu'on dit du diamant du dernier duc de Bourgogne, Charles le Téméraire ?

MARIA.—Oui, mon père. Lorsque Charles fut défait près du lac de Neufchâtel, à Granson, en mars 1476, il battit si rapidement en retraite que toutes ses richesses tombèrent entre les mains des Suisses, et qu'on trouva par terre sa toque , ornée d'un diamant superbe. Les vainqueurs, qui en ignoraient la valeur, le vendirent un florin, ce qui le mettait au prix de 2 fr. 25 c.

LE PÈRE. — C'était, dit-on, le premier diamant taillé. Cependant la découverte de la taille du diamant date de la même année, et l'on peut douter de l'authenticité de ce fait, car Louis Van Berchem était tout jeune quand le hasard lui dévoila, en 1476, que deux diamants frottés l'un contre l'autre parvenaient à s'user réciproquement, et entre cette trouvaille et l'art de tailler le diamant, il y a un large espace à parcourir. Comme cette fameuse pierre a disparu après le règne de Philippe II d'Espagne, on ne peut savoir jusqu'à quel point de perfection ce diamant était poli.

EUGÈNE. — Louis Berchem [1] n'était-il pas de Bruges ?

LE PÈRE. — Oui, mon ami, il appartenait même à une famille noble, ce qui rend probable sa découverte, parce que des diamants n'auraient pas pu se trouver entre les mains d'un enfant pauvre, de manière à ce qu'il s'amusât à les user en les frottant l'un contre l'autre.— Avant de quitter la place, regardez bien la position de chacune

[1] Ou Berquen.

des statues des villes , et faites-moi là une petite découverte.

(*Les enfants cherchent pendant quelques instants.*)

MARIA. — J'ai trouvé quelque chose , mon père : c'est qu'elles sont bien orientées. Rouen est au nord-ouest de la place comme son département l'est pour la France , puis vient Brest s'avançant à l'ouest comme le Finis·tère, ensuite Nantes, enfin Bordeaux qui est au sud-ouest. De l'autre côté, Marseille est rapprochée de la Seine, qui pourrait bien figurer la Méditerranée, ensuite vient Lyon plus au nord, et nos deux villes frontières Strasbourg et Lille, ont l'air de s'apprêter à défendre la place de la Concorde contre les Parisiens de la rive droite, comme les villes gardent la France contre toute l'Europe du nord.

EUGÈNE. — Décidément, me voilà distancé.

MARIA. — Oh ! c'est que cela m'amuse tant !

LE PÈRE. — Allons, mes enfants, vous me causez une grande joie. Je vois que la peine n'est pas perdue avec vous. (*Ils quittent la place de la Concorde.*) — La rue Royale où nous entrons était monumentale quand elle a été bâtie, et peut encore aujourd'hui, comme vous le voyez, être mise au nombre des belles rues.

EUGÈNE. — D'autant plus qu'elle est large , et qu'elle reçoit, du soleil, des flots de lumière.

MARIA. — Il me semble qu'elle ne perdrait rien à être plus large, le nombre des voitures est si considérable que je ne sais comment, vers le soir, il est possible de la traverser sans risquer d'être écrasé.

LE PÈRE. — On l'aurait sans doute élargie sans les bâtiments qui la terminent du côté de la place et qui la rétrécissent de six mètres et demi, car elle a 29 mètres dans sa partie la plus large.

EUGÈNE. — Aussi a-t-on eu la précaution de dégager les abords de la Madeleine.

MARIA. — Tu dois être content, car on a planté des arbres dans cette partie de la rue.

EUGÈNE.— Oui, mon petit Aristarque.

MARIA. — Je m'attendais à une plus rude épithète ; sans doute, le nom de Zoïle ne t'est pas venu à l'esprit.

EUGÈNE. — Tu prends ta revanche ; mais j'ai eu meilleure intention que tu ne penses ; tes critiques sont assez justes pour que je te nomme Aristarque , et ne sont pas assez malveillantes pour que tu mérites le titre de Zoïle.

MARIA. — Allons, tu te convertis, mon cher frère ; les bassins de ta balance commencent à garder l'équilibre.

EUGÈNE. — Des figures de rhétorique ! Tout le monde s'en mêle. Tu empiètes sur mon domaine.

LE PÈRE. — Pendant que vous faites assaut d'esprit, vous perdez de vue que ces arbres rappellent l'ancien cours ou rempart de Paris qui se terminait au jardin des Tuileries, et que le point où le faubourg coupe la rue Royale est encore connu sous le nom de Porte-Saint-Honoré, à cause du dernier emplacement de cette entrée de Paris, reculée de plus en plus vers l'ouest, suivant l'extension de la ville.

MARIA. —Voici, à notre gauche, des maisons qui sont loin d'être monumentales.

LE PÈRE.—Aussi seront-elles probablement remplacées par de plus belles, à la mort de madame la duchesse de Riario-Sforza, sœur de notre célèbre orateur M. Berryer.

EUGÈNE. — Noms magnifiques ! M. Berryer est un des rois de la tribune et du barreau français, et le nom de Sforza est historique.

MARIA. — Est-ce que le duc de Riario-Sforza appartient à l'ancienne famille des ducs de Milan, dépossédés par Louis XII et François Ier ?

LE PÈRE. — Justement. Il est membre d'une illustre maison italienne ; M. le duc de Riario a perdu récemment ses deux frères, l'un le cardinal de Sforza, l'autre ambassadeur en Espagne.

EUGÈNE. — Et cet ignoble marché, fait-il aussi partie des mêmes immeubles ?

LE PÈRE. — Oui, tout cela a été construit sur des terrains appartenant à d'Aguesseau, conseiller honoraire du parlement sous Louis XV, qui, en 1745, autorisa la fondation d'un marché pour l'avantage des habitants, la décoration et la commodité de sa bonne ville de Paris.

EUGÈNE. — La décoration ! C'était une plaisanterie.

LE PÈRE. — Pas du tout. La génération actuelle ne se figure pas ce que nos ancêtres regardaient comme superbe. Lorsque nous visiterons les Halles, je te ferai voir par des gravures et le plan de Paris la différence qui existe entre les anciens cloaques pompeusement appelés marchés et les halles actuelles. C'est toute la distance qui sépare une sale chaumière d'un élégant hôtel.

MARIA. — Aussi sommes-nous beaucoup plus heureux qu'on ne l'était autrefois.

LE PÈRE. — Mes enfants, regardez ce superbe monument. Comme il est majestueux ! Jamais emplacement fut-il plus favorable ? Il fait face à la colonnade du palais du Corps législatif et formera l'angle de deux superbes boulevards [1].

EUGÈNE. — Ne trouvez-vous pas, mon père, que la Madeleine ressemble moins à une église qu'à un édifice profane? S'il n'y avait pas le bas-relief et l'inscription du fronton, on pourrait la prendre pour un temple quelconque.

LE PÈRE. — Tu as raison ; mais on étudie dans les bureaux le projet d'une croix à ériger au-dessus du fronton.

MARIA. — A la bonne heure, on saura au moins que c'est une église.

LE PÈRE. — L'église, dont Louis XV posa la première pierre en 1764, avait été commencée sur un autre plan et devait rappeler en partie l'église des Invalides, avec un dôme très-vaste et une façade majestueuse.

MARIA. — Pourquoi donc n'a-t-on pas suivi ce plan ?

LE PÈRE. — Parce que l'architecte, Pierre Contant d'Ivry, mourut en 1777, lorsque l'édifice n'était encore sorti que de cinq mètres au-dessus du sol. Guillaume Couture, qui lui avait été associé, fut désigné pour continuer les travaux, modifia les plans, démolit une grande partie des constructions et décora la façade de belles colonnes corinthiennes, qui étaient élevées jusqu'au chapiteau lorsqu'éclata la révolution.

EUGÈNE. — Et comme cette époque était peu favorable aux constructions religieuses, on abandonna sans doute l'édifice.

---

[1] Le boulevard Malesherbes sera prochainement percé pour faire pendant au boulevard de la Madeleine.

LE PÈRE. — Tu l'as dit. Couture mourut en 1799, découragé par l'inaction où l'avait laissé le Directoire, voyant son œuvre menacée de tomber en ruines, et avec les regrets sans doute d'avoir perdu le temps en abandonnant la pensée de son prédécesseur.

NARIA. — Que fit-on ensuite, s'il vous plaît, mon père?

LE PÈRE. — On proposa d'en faire une bibliothèque publique, puis un monument semblable au Panthéon de Rome, enfin, en 1806, Napoléon décida que cet édifice serait un temple de la Gloire destiné à la Grande-Armée, et rendit, le 2 décembre 1806, un décret dont l'art. 2 disait : « Dans l'intérieur du monument seront inscrits, « sur des tables de marbre, les noms de tous les hommes, « par corps d'armée et par régiment, qui ont assisté « aux batailles d'Ulm, d'Austerlitz et d'Iéna, et sur des « tables d'or massif les noms de tous ceux qui sont « morts sur les champs de bataille ; sur des tables d'ar- « gent sera gravée la récapitulation par département « des soldats que chaque département a fournis à la « Grande-Armée. » Le reste du décret fixait les ornements qui devaient décorer le temple, l'indication des fêtes militaires qu'on devait y donner, et accordait pour le terminer jusqu'à l'an 1809.

EUGÈNE. — Il n'a pas vu la réalisation de ses projets.

LE PÈRE. — Non. Les désastres de 1814 et de 1815 ont interrompu les travaux presque achevés. Les trophées destinés à orner l'intérieur de l'édifice furent enlevés par les alliés, et depuis lors jusqu'à l'ordonnance de Louis-Philippe en 1842, la Madeleine se termina lentement, d'abord sous la direction de M. Vignon, qui mourut en 1828, puis sous celle de M. Huvé, qui eut la gloire d'y mettre la dernière main.

MARIA. — Ainsi la construction de cet édifice a duré près de quatre-vingts ans, et Napoléon voulait qu'il fût fait en trois ans au plus!

LE PÈRE. — Oui, mon enfant. L'église n'a été consacrée qu'en mars 1842 à l'occasion du service funèbre de M. Humann, ministre des finances, et le premier carême y a été prêché en 1843 par M. l'abbé Deguerry, qui en est maintenant le curé.

MARIA. — Enfin, c'est une église aujourd'hui, et qui ne ressemble à aucune autre.

LE PÈRE. — Détaillons-en les beautés. La colonnade est magnifique. Cette façade de deux rangées de huit belles colonnes corinthiennes est grandiose et d'une richesse sévère, c'est d'un beau style. Voyez aussi ces belles rosaces du plafond.

EUGÈNE. — En comptant les colonnes qui forment les angles, chaque galerie latérale en a dix-huit. C'est plus considérable que la fameuse maison carrée de Nismes, dont j'ai vu une gravure, et qui a quelques rapports avec la Madeleine.

LE PÈRE. — C'est beaucoup plus somptueux. Le fronton est de M. Lemaire, célèbre architecte, qui n'est pas connu seulement en France, mais qui fut appelé en Russie pour la construction de l'église Saint-Isaac.

MARIA. — Il me paraît bien beau.

LE PÈRE. — Il l'est en effet. L'admirable figure si majestueuse du Christ debout est empreinte de miséricorde et de grandeur. C'est Dieu qui pardonne et qui juge. A ses pieds, la Madeleine reçoit la récompense de son repentir et de sa charité. La place qu'elle occupe dans ce superbe bas-relief et qui fait pendant à l'Innocence et aux Vertus chrétiennes, a été heureusement choisie par l'artiste pour isoler Notre-Seigneur des Vices et des Péchés capitaux, chassés par l'épée de l'ange des Vengeances. Le contraste entre ces deux parties opposées du tableau rend parfaitement la pensée du dernier jugement.

MARIA. — Mon cher Eugène, pourrais-tu me traduire cette inscription comme tu as bien voulu me dire la devise de Bordeaux ce matin?

EUGÈNE. — Avec un grand plaisir. C'est la première fois que tu fais appel à mon obligeance; c'est à la fois modeste et aimable.

MARIA. — Tu ne dis pas la traduction, avec tes belles phrases. Je ne te demande que le sens des trois lettres D. O. M., le reste se comprend.

EUGÈNE. — D. O. M. veut dire *Deo optimo, maximo,* A Dieu très-bon, très-grand, *sub invocatione sanctæ Mariæ Magdalenæ,* sous l'invocation de sainte Marie Madeleine.

MARIA. — Merci, mon bon frère.

LE PÈRE. — Vous distinguez bien la frise, qui est moins éloignée de nos yeux que celle de l'Arc-de-Triomphe. On y a remplacé des sujets profanes par des sculptures pieuses.

MARIA. — Oui, ce sont des anges reliés entre eux par des guirlandes.

EUGÈNE. — Voici de magnifiques portes de bronze; elles me rappellent une gravure des portes d'un baptistaire d'Italie.

LE PÈRE. — On ne peut mieux s'inspirer que dans cette patrie des arts, où tous les talents de la Grèce s'étaient donné rendez-vous.

MARIA. — Quel est, s'il vous plaît, mon père, le sculpteur auquel on doit ces charmants bas-reliefs?

LE PÈRE. — C'est M. de Triquety, dont le nom est au-dessus de tout éloge et qui est aussi excellent père qu'habile artiste. Il a une fille qu'il aime autant que je puis t'aimer, et il ne dédaignait pas, quand elle était enfant, de courir avec elle les bois des environs de Paris, pour lui aider à compléter une collection déjà très-riche de coléoptères qu'elle avait commencée.

MARIA. — Je vais alors examiner son œuvre avec plus d'attention. Mais je vous prierai, mon père, de m'en traduire les inscriptions.

LE PÈRE. — Ces huit bas-reliefs sont huit des dix commandements de Dieu. Ils commencent par celui qui est au haut de la porte à gauche et qui ordonne de sanctifier le jour du sabbat. Les deux premiers sont au-dessus de la porte.

EUGÈNE. — C'était en effet par ce commandement que l'Eglise devait commencer, puisque le premier de nos devoirs est d'adorer Dieu.

LE PÈRE. — Puis vient ce commandement qui n'a pas été fait pour vous, mes chers enfants.

MARIA. — Je le devine, mon père, c'est : « Tu honoreras ton père et ta mère. » Certainement nous serions des monstres si nous l'oubliions. Qu'avons-nous de plus précieux, de plus cher que vous et notre bonne mère?

LE PÈRE. — Il serait à souhaiter que tous les enfants eussent vos bons sentiments ; mais combien de fils causent le désespoir de leur père et traînent dans la fange le nom honorable qu'ils en ont reçu en s'abandonnant à l'oisiveté, au désordre!

EUGÈNE. — Mon père, ces fils-là n'ont pas de cœur; ils n'ont jamais aimé leurs parents, et la première cause c'est qu'ils n'ont jamais aimé Dieu.

LE PÈRE. — C'est vrai, la religion est la base de la probité et la mère de toutes les vertus.

UN VIEILLARD (*qui a entendu ces dernières paroles*).— Permettez-moi, monsieur, d'appuyer vos préceptes par un exemple.

LE PÈRE. — Je vous remercie, monsieur, de vouloir bien, par votre témoignage respectable, donner du poids à mes paroles.

LE VIEILLARD. — Oh! monsieur, je pourrais vous citer un grand nombre de ces misérables dont vous parliez tout à l'heure. Je ne vous en rapporterai qu'un exemple.

MARIA (*bas à son frère*). — Il a l'air bien affecté, je suis sûre qu'il est intéressé dans le fait.

LE VIEILLARD. — Un de mes amis d'enfance, le comte de V..., avait été pour ses parents aussi bon que le paraissent vos enfants, et quand il fut élevé, son père le maria convenablement, croyant avoir assuré son bonheur. La révolution éclata, mon ami fut obligé d'émigrer, parce qu'il appartenait à une famille où l'on compta plusieurs victimes de la terreur. Sa fortune fut compromise et son séjour à l'étranger en absorba le reste; mais, à son retour en France, il obtint du travail ce que lui refusait le sort.

EUGÈNE. — Avait-il des enfants, monsieur?

LE VIEILLARD. — Oui, mon jeune ami. Il avait un fils et

une fille. Malheureusement son fils fréquenta des jeunes gens de son âge, et, au lieu d'entrer dans la carrière que son père, à force de sacrifices, voulait lui tracer, il déserta l'étude, et se livra sans honte à la paresse et aux dérèglements.

MARIA. — Sa mère, sa sœur, n'avaient donc pas d'influence sur lui ?

LE VIEILLARD.—Des êtres semblables foulent aux pieds tous les sentiments nobles, ils ne subissent jamais que l'influence des méchants. Ils s'ennuient de tout et partout, pèsent de leur inaction sur les autres, et ne rougissent pas, pour secouer leur apathie, de se conduire plus mal que les gens les plus dégradés. Celui-ci gaspilla la belle intelligence que Dieu lui avait donnée, et, au lieu de devenir un homme, il compromit sa santé, son honneur, sa fortune, et déshonora le nom de son père, ce nom que portaient sa sœur et sa mère !

MARIA. — O monsieur, c'est affreux ! Que lui était-il donc arrivé?

LE VIEILLARD. — Après des actions coupables que le monde nomme des espiégleries, il a commis des fautes plus graves, il a suivi ses amis au club, il a joué, et comme sa fortune n'était pas assez considérable pour tenir contre les chances malheureuses, il eut d'abord recours à des usuriers, et enfin, il demanda des ressources à l'escroquerie ! Sa pauvre mère est morte de langueur après l'avoir vu traîner au tribunal, et sa sœur n'a pas voulu quitter son père que mine le chagrin de savoir un nom si noble inscrit sur les registres de la police correctionnelle.

EUGÈNE. — C'est un meurtrier, ce jeune homme sans principe...

LE VIEILLARD. — Vous avez raison, et s'il avait lu, médité et suivi les ordres inscrits sous le deuxième et le troisième bas-relief : « Tu honoreras ton père et ta mère; Tu ne tueras pas, » il serait aujourd'hui considéré au lieu d'avoir en partage le mépris général.

LE PÈRE. — Je vous remercie, monsieur, d'un avertissement qui engagera, je l'espère, mon fils à retenir sur le bord du précipice les jeunes gens qu'il pourrait connaître un jour.

EUGÈNE. — Je vous le promets, mon père, au nom de ma reconnaissance.

MARIA. — Mon père, pourquoi l'architecte a-t-il mis la statue du roi saint Louis en pendant de celle de saint Philippe l'apôtre ?

LE PÈRE. — C'est parce que Louis-Philippe qui a fait consacrer cette église a voulu perpétuer le souvenir de son nom, en plaçant de chaque côté de la porte ses deux patrons. Nous allons suivre la galerie de droite en faisant le tour sous le péristyle avant d'entrer dans l'église.

EUGÈNE. — Nous débutons par l'archange Gabriel [1].

---

[1] En faisant le tour par la droite à partir de la porte principale : saint Philippe, galerie de l'Est, saint Gabriel, saint Bernard, sainte Thérèse, saint Hilaire, sainte Cécile, saint Irénée, sainte Adelaïde, saint François de Sales, sainte Hélène, saint Martin de Tours, sainte Agathe, saint Grégoire, sainte Agnès, saint Raphaël. — Portique du Nord : saint Luc, saint Jean, saint Matthieu, saint Marc. — Galerie de l'Ouest : l'Ange gardien, sainte Marguerite d'Ecosse, saint Jean Chrysostôme, sainte Geneviève, saint Grégoire de Valois, sainte Jeanne de Valois, saint Jérôme, sainte Christine, saint Ferdinand, saint Charles Borromée, sainte Anne, saint Denis, saint Michel. — Portique du Sud : saint Louis.

MARIA. — L'ange de l'Annonciation.

LE PÈRE. — Dont le nom signifie l'Homme de Dieu ou Force de Dieu, en langue hébraïque ; puis viennent douze statues de saints, parmi lesquels se trouvent des patrons et des patronnes des princes d'Orléans : sainte Adelaïde, sainte Hélène ; et la quatorzième statue de cette galerie est celle de l'archange Raphaël.

MARIA. — Le guide du jeune Tobie, celui qui le délivra du poisson prêt à le dévorer, et qui lui conseilla d'en enlever le fiel pour rendre la vue à son vieux père resté à Ninive.

EUGÈNE. — Vieux ! il n'avait que soixante ans. Les patriarches à cet âge étaient encore jeunes. Ta commisération, sans doute, t'a poussée jusqu'à cette épithète. Tu as fait de Tobie un de nos contemporains.

MARIA. — Ta mémoire est en défaut, mon cher frère. Tu oublies cette fameuse période de Bossuet : « Près du déluge se rangent le décroissement de la vie humaine, le changement dans le vivre, » etc. Si tu avais, comme moi, fait l'analyse de cette phrase, on apostrophe aurait été moins rude. D'ailleurs, Tobie mourut à l'âge de 102 ans.

EUGÈNE. — C'est assez raisonnable ; trouve-moi des centaines de contemporains qui atteignent cet âge. Cela vient à l'appui de mon opinion. Tu as été dupe des peintres qui représentent Tobie comme un vieillard décrépit. Cela fait si bien une belle barbe blanche, dans un tableau, n'est-ce pas ?

MARIA. — Tu m'empêches de demander à notre bon père ce que signifie Raphaël.

LE PÈRE. — Guérison de Dieu, à cause de la manière miraculeuse dont Tobie le père cessa d'être aveugle.

EUGÈNE. — Nous voici maintenant sous le portique du Nord avec les quatre évangélistes, saint Luc, saint Jean, saint Matthieu et saint Marc.

MARIA. — Oui, et leurs attributs : le bœuf, l'aigle, l'ange, le lion.

EUGÈNE. — Quand on prend la parole on va jusqu'au bout. J'aurais voulu y joindre l'explication, moi.

MARIA. — Si cela peut te plaire, monsieur mon aîné, je vais t'obéir. Le bœuf symbolise la solidité; l'aigle, l'élévation ; l'ange, la science ; le lion, la force. Es-tu content ?

LE PÈRE. — Voilà de l'imagination, mais l'Eglise n'explique pas cela tout à fait ainsi. On lit dans le bréviaire de Paris à la date du 18 octobre : « Le prophète Ezéchiel « dit qu'il aperçut dans une vision quatre animaux. Le « premier ressemblait à un homme, le second à un « lion, le troisième à un bœuf, le quatrième à un « aigle. Le premier figurait saint Matthieu, qui com- « mence son évangile par la généalogie humaine de « Jésus-Christ ; le second est saint Marc, qui fait en- « tendre sa voix retentissante comme celle d'un lion « dans le désert, la voix de celui qui crie : Préparez les « voies du Seigneur ; le troisième est saint Luc, sem- « blable au bœuf victime ordinaire des sacrifices, parce « qu'il débute en racontant l'apparition que le prêtre « Zacharie eut dans le Temple ; saint Jean, le quatrième, « s'élève jusqu'à Dieu comme un aigle au vol rapide, « et pénètre au sein de la Divinité pour nous enseigner

« l'éternelle génération du Verbe. » Tu vois que tu avais presque deviné.

MARIA. — Mon père, j'ai vu une gravure représentant saint Luc peignant la Sainte-Vierge, est-ce que saint Luc était peintre ?

LE PÈRE. — Rien ne l'indique, cela ressemble à un conte, et les artistes ont fait confusion de noms en voyant un tableau de la Sainte-Vierge et de l'enfant Jésus, signé S.-Luca. Celui-ci était un moine très-pieux de Florence, connu sous le nom de santo Luca, vivant dans le ixᵉ siècle et qui était fort bon peintre.

MARIA. — Il faut être bien peu scrupuleux sur les dates pour faire de telles confusions.

LE PÈRE. — Nous voici sous la galerie occidentale qui commence par l'Ange gardien, et où se trouvent les statues rappelant la famille de Louis-Philippe, saint Ferdinand, saint Grégoire de Valois, que je ne connais pas, et sainte Jeanne, première femme de Louis XII.

MARIA. — Qui fonda le couvent de l'Annonciade, à Bourges.

EUGÈNE. — Ou des Annonciades, il me semble.

LE PÈRE. — On lui donne les deux noms. Mais, Maria ne s'est pas trompée en disant de l'Annonciade, fondé à Bourges en 1504, en l'honneur des dix Vertus dont la Sainte-Vierge fut le parfait modèle. Un autre couvent, dit des Annonciades, a été fondé à Gênes, un siècle plus tard, par une sainte veuve nommée Victoire Fornari. Aussi appelle-t-on le couvent de Bourges l'Annonciade, pour le distinguer de l'autre.

MARIA. — La dernière statue est celle de saint Michel archange, le vainqueur du démon.

LE PÈRE. — Dont le nom veut dire : Qui est comparable à Dieu? ou bien, Qui est-ce qui a tout?

EUGÈNE. — Nous avons vu trois archanges, mais ne dit-on pas qu'il y en a sept qui sont toujours en présence de Dieu?

LE PÈRE. — C'est vrai, mais les écritures ne citent pas les noms des quatre autres. — Entrons maintenant à l'église, et ne perdez rien des détails que vous examinerez, et dont nous parlerons quand nous serons dehors, parce qu'il faut toujours garder un respectueux silence dans le lieu saint. (*En sortant de l'église.*) Eh bien, qu'avez-vous vu? Parle la première, Maria.

MARIA. — Par où commencerai-je? C'est une somptueuse église, le marbre, la dorure, tout y abonde, mais ce qui est digne de remarque, c'est l'extrême propreté qui y règne.

LE PÈRE. — C'est vrai, tout y est nettoyé avec un soin minutieux; c'est déjà un hommage rendu à Dieu; tu sais les usages de l'antiquité à ce sujet?

MARIA. — Oh! oui, mon père, les Israélites ne se permettaient pas d'entrer dans le Temple sans s'être purifiés, et chez les païens on passait la veille des fêtes à laver les temples et les autels. L'eau lustrale des Romains où l'on plongeait les enfants nouveaux-nés prouve combien la propreté était entrée dans les mœurs.

EUGÈNE. — Et les Musulmans, les Hindous, que tu passes sous silence.

LE PÈRE. — Vous avez remarqué les chapelles; à droite en entrant est un groupe, représentant le mariage de la Sainte-Vierge, puis un superbe bénitier formé d'une vasque de marbre blanc du milieu de laquelle s'élève

un ange admirable, tenant l'encensoir, pour faire pendant à celui qui tient la boîte à l'encens.

MARIA. — Puis vient l'autel de Sainte-Amélie, patronne de la pieuse reine Marie-Amélie, dont la vie a
si rudement été éprouvée.

EUGÈNE. — Paul Delaroche n'avait-il pas fait un tableau où sainte Amélie était représentée à genoux devant un autel et entourée de fleurs? J'ai aperçu une
gravure rappelant ce sujet.

LE PÈRE. — Tu ne t'es pas trompé. Ce tableau a même
été copié sur verre pour décorer le fond de la chapelle
du château d'Eu, séjour de prédilection pendant l'été
de la famille de Louis-Philippe. — La chapelle du milieu
à droite est celle du Saint-Sauveur, et la troisième, celle
de Sainte-Clotilde.

MARIA. — L'épouse du roi Clovis Ier, qu'elle convertit
et qui obtint le titre de fils aîné de l'Eglise, parce qu'il
est le premier roi barbare qui ait embrassé le catholicisme.

EUGÈNE. — C'est la dernière chapelle de ce côté; vient
ensuite le maître-autel dont le groupe m'a paru bien
lourd, surtout à côté des anges placés aux deux bouts
de l'autel et qui m'ont semblé superbes.

LE PÈRE. — Tu as raison. On avait à rendre une idée
et non un fait matériel; non l'apothéose, mais les ravis-
sements de la Madeleine, ainsi que l'a écrit un des plus
savants prélats du temps de Charlemagne, le fameux
Raban Maur, archevêque de Mayence; il dit : « Retenue
« encore sur cette terre, elle allait *en esprit* au milieu
« des anges, et parcourait les chœurs célestes. » C'est

pourtant l'œuvre de M. Marochetti qui s'est distingué par de superbes statues, entre autres, par celle d'Emmanuel-Philippert de Savoie, remettant son épée au fourreau, après la bataille de Saint-Quentin. Les Anges sont de Feuchère.

MARIA.—Mais, en compensation, le devant d'autel qui représente le repas de Notre-Seigneur chez Simon le pharisien, au moment où la Madeleine répand sur lui le parfum, m'a fait une vive impression.

LE PÈRE. — En revenant sur nos pas, vous avez dû remarquer à gauche, faisant pendant aux trois chapelles de droite, les chapelles de Saint-Augustin, de la Sainte-Vierge et de Saint-Vincent-de-Paul, dont les statues ornent les autels.

MARIA. — Oui, mon père, pour nous trouver ensuite en présence du charmant bénitier semblable à celui qui est à droite, et voir dans la chapelle, près de la porte, le baptême de Notre-Seigneur par saint Jean, où j'ai admiré de délicieux fonts baptismaux.

LE PÈRE. — Vous avez bien observé, mes enfants, et vous n'avez pas oublié, sans doute, de regarder les six tableaux peints au-dessus des chapelles latérales, représentant en allant de la porte au chœur, à droite, la Prédication de Notre-Seigneur, qui convertit la Madeleine; Madeleine au Calvaire; Madeleine au désert visitée par des anges, et à gauche, Madeleine versant le parfum; Madeleine au tombeau, et la mort de Madeleine.

EUGÈNE. — C'est toute l'histoire de la patronne de l'église.

LE PÈRE. — Les artistes n'estiment guère que trois de ces six tableaux, la Madeleine au désert, d'Abel de Pujol; la Madeleine aux pieds du Christ, de Couder, et la mort de la Madeleine, de Signol.

MARIA. — Le culte de sainte Marie Madeleine est fort répandu, si j'en juge par tous les lieux qui portent son nom. Nous avons déjà, sans compter les villages, plus d'une demi-douzaine de communes en France appelées la Madeleine, et l'Amérique, l'Océanie, l'Espagne et beaucoup de contrées d'Europe ont de nombreuses Madeleine, Madelaine, Magdala, Magdalen, Magdalena.

LE PÈRE. — Sans compter la Sainte-Baume, montagne du département du Var, près de Saint-Maximin aux environs de Brignolles où la tradition du pays fait passer à sainte Madeleine les trente dernières années de sa vie. On a converti en chapelle la grotte ou caverne, *baoumo* en provençal, où la sainte a rendu son âme à Dieu. Le 22 juillet et le jour de la Pentecôte, d'innombrables pèlerins gravissent cette montagne, qui a près de 1,000 mètres, y compris le Saint-Pilon, rocher escarpé qui en forme la cime.

MARIA. — Voilà encore un mot très-répandu; combien d'endroits s'appellent la Baume, la Balme, soit dans l'ancienne Franche-Comté, soit en Savoie, soit en Italie!

EUGÈNE. — C'est tout simple, puisque la Provence et toutes les provinces des Alpes ont formé l'ancien royaume des Burghundes, la langue a dû se trouver la même.

MARIA. — Mon père, je n'ai pas compris le tableau du fond; j'y ai vu la Madeleine, des guerriers, des prélats, des prêtres grecs, et surtout Henri IV, Napoléon Ier avec le souverain pontife; j'avoue que j'ai vainement essayé de m'expliquer cette réunion.

LE PÈRE. — C'est l'histoire du christianisme. La Madeleine a été l'une des premières converties, et ce que tu as vu indique les progrès que fit la morale divine de Notre-Seigneur. Là, sont les chevaliers des croisades; Clovis, dont tu parlais tout à l'heure; Charlemagne, qui a été canonisé; saint Louis, dont la pragmatique sanction a préservé la France des guerres religieuses jusqu'à ce que Charles VII eût adopté les décisions du concile de Bâle; Henri IV, qui fit ouvrir les portes de Paris par son abjuration dans la cathédrale de Saint-Denis; et Napoléon Ier, qui rétablit le catholicisme en France par son concordat du 15 juillet 1801, signé avec le saint-Père, Pie VII.

MARIA. — Je n'aurais jamais deviné cela toute seule; mais maintenant tout s'explique.

EUGÈNE. — J'ai vu aussi de chaque côté du chœur de charmants reliquaires placés sur des consoles dorées. Quelle finesse de travail!

LE PÈRE. — Ce sont tout simplement des chefs-d'œuvre sortis des mains du fameux ciseleur moderne Froment-Meurice, et qui contiennent de précieuses reliques de la patronne de l'église, venues d'une manière authentique de Saint-Maximin.

MARIA. — Mon père, y en a-t-il dans les deux reliquaires?

LE PÈRE. — Non, l'autre contient des restes de saint Vincent-de-Paul; c'est la charité sous ses deux aspects.

EUGÈNE. — Froment-Meurice a été appelé le Benvenuto Cellini français, parce qu'il rappelait, n'est-il pas vrai, mon père, ce fameux ciseleur italien attiré en France par François Ier?

LE PÈRE. — Oui, mon ami, et si la mort ne l'avait pas

arrêté trop tôt, il aurait doté la France et l'Europe de nombreuses richesses artistiques.

EUGÈNE. — Maria, notre petit architecte, aura sans doute fait des remarques sur la construction intérieure de la Madeleine.

MARIA.— Moque-toi à ton aise, je n'ai rien laissé passer, ni les grandes colonnes corinthiennes à chapiteaux dorés, ni les colonnes ioniques qui accompagnent les autels, ni les beaux marbres concourant à orner cet intérieur déjà si beau, ni le magnifique jeu d'orgues placé au-dessus de la porte principale.

EUGÈNE. — Quelle mémoire ! C'est dommage que tu n'aies pas parlé des statues des apôtres placées dans les tympans des trois lanternes.

MARIA. — Fort heureusement tu te trouves à point pour me rappeler ce que ma pauvre cervelle laisse fuir, au moins mes notes seront complètes.

LE PÈRE. — L'église devait contenir, selon le désir de Louis XVIII, les restes de Louis XVI, de Marie-Antoinette et d'autres membres de la famille des Bourbons ; aussi les rues adjacentes rappellent-elles les hommes qui furent dévoués à Louis XVI et à la reine.

MARIA. — En effet, nous avons déjà vu le nom de Malesherbes au coin du boulevard, et ici sont les rues Tronchet, Desèze, Chauveau-Lagarde.

LE PÈRE. — Ce dernier fut nommé d'office, avec Tronçon-Ducoudray, pour défendre Marie-Antoinette; les trois autres ont été les avocats et les conseils de Louis XVI.

EUGÈNE. — M. de Malesherbes est celui de tous qui montra le plus de courage en prenant l'initiative. Ce fut le seul qui offrit de défendre *son maitre*, ainsi qu'il appelait Louis XVI; les autres ne firent qu'accepter la tâche, périlleuse il est vrai, de plaider pour lui.

LE PÈRE. — Aussi, des cinq avocats, M. de Malesherbes seul paya de sa tête l'accomplissement de son devoir.

EUGÈNE. — Je trouve cette mort tout aussi honorable que celle du guerrier.

LE PÈRE. — C'est un exemple du courage civil, qui pourrait s'enorgueillir d'une foule d'autres.

MARIA. — Mais M. de Malesherbes n'a pas péri seul de sa famille?

LE PÈRE. — Non, mon enfant. On avait arrêté avant lui sa fille aînée, son gendre, le président Peletier de Rosanbo, et sa petite-fille avec son mari, le comte de Chateaubriand, frère aîné du fameux vicomte de Châteaubriand. Il les rejoignit en prison.

MARIA. — Et les autres défenseurs?

LE PÈRE. — Ils eurent le bonheur d'échapper à l'échafaud, mais Desèze, qui avait porté la parole dans ce pénible procès, fut arrêté et dut son salut à la révolution du 9 thermidor; Tronchet, qui avait été désigné par la Convention pour remplacer Target après son refus, s'était retiré à Palaiseau après la mort de Louis XVI, et parvint à se dérober aux recherches de la Convention jusqu'à la chute de Robespierre; Chauveau-Lagarde, fut sauvé par la même cause que Desèze; Tronçon-Ducoudray, décrété également d'accusation, fut rendu à la liberté par un décret de la Convention, après avoir subi un interrogatoire dont il se tira heureusement.

MARIA.—Ont-ils vécu longtemps après les événements de la révolution?

LE PÈRE. — Tronçon-Ducoudray fut compris dans la proscription du 18 fructidor et déporté à Cayenne, où il mourut le 22 juin 1798 ; Tronchet mourut sénateur en 1806 et fut enseveli au Panthéon ; Desèze avait succédé à Ducis à l'Académie française et mourut en 1828. Celui dont la vie s'est le plus prolongée est Chauveau-Lagarde, qui fut nommé conseiller à la Cour de cassation et garda ses fonctions jusqu'à sa mort arrivée en 1842.

EUGÈNE. — M. de Malesherbes portait, je crois, le nom de Lamoignon.

LE PÈRE. — Oui, c'est une très-ancienne famille du Nivernais, et l'une des plus vénérées dans la magistrature. Fléchier, dans l'oraison funèbre du président Guillaume de Lamoignon, grand-père de M. de Malesherbes, dit de cette famille : « Une de celles où l'on ne semble « né que pour exercer la justice et la bienfaisance, où la « vertu se communique avec le sang, s'entretient par « les bons conseils, s'excite par les grands exemples. »

EUGÈNE. — Après un tel éloge, les descendants doivent certainement se redire et s'appliquer : Noblesse oblige.

LE PÈRE. — Aussi ont-ils conservé intact cet honorable héritage. L'un des nombreux membres de cette famille, le marquis de Rosanbo, est mort il y a peu de temps emportant avec lui l'admiration générale pour sa conduite politique, et les bénédictions des pauvres dont il s'était fait le père.

EUGÈNE. — Vous nous avez dit une famille du Nivernais, et je croyais avoir lu que M. de Malesherbes était Parisien.

MARIA. — Je ne suis pas bien forte en logique, mais j'aurais tiré une meilleure conséquence que celle-là.

C'est comme si tu me reniais pour ta sœur parce que je suis blonde et que tu as les cheveux noirs.

LE PÈRE. — Tu te venges, n'est-ce pas? Il est vrai que ton frère aurait dû réfléchir, mais ce n'est pas ce qu'il voulait demander, j'en suis sûr.

EUGÈNE. — Certainement non. J'allais revendiquer pour Paris l'honneur d'être la patrie de M. de Malesherbes; ne suis-je pas moi-même Parisien quoique notre famille habite la province? Mais tu m'as coupé la parole.

MARIA. — Oui, oui; nous connaissons ces retours-là.

EUGÈNE. — As-tu épuisé ton carquois? — Je voulais aussi prier mon père de nous dire si Mme de Rosanbo n'avait pas vu mademoiselle de Sombreuil en prison.

LE PÈRE. — Oui, mon ami; elle lui dit même ces paroles si touchantes : « Mademoiselle, vous avez eu le bonheur de sauver la vie de votre père, j'aurai au moins la consolation de mourir avec le mien! »

MARIA. — Ce sont en effet des mots qui remuent profondément, et la mort doit s'adoucir pour ceux qu'on aime ainsi.

LE PÈRE. — Oh! oui, sans doute. Mais M. de Malesherbes avait une âme fortement trempée qui devait faire naître la sympathie des nobles cœurs. Un mot le peindra. Pendant le trajet pour aller prendre sa place dans la fatale charrette, son pied heurta contre une pierre, il eut le sang-froid de dire en plaisantant. « Voilà un mauvais présage, un Romain à ma place serait rentré chez lui. »

EUGÈNE. — Vous l'avez bien caractérisé, mon père,

c'était une âme forte, auquel on aurait bien dû accorder plus de pouvoir.

LE PÈRE.—Cependant, malgré les plus puissantes oppositions, il put conquérir la liberté religieuse, la liberté individuelle, la liberté de la presse, et la législation des impôts.

MARIA. — Nous voici rue de la Ville-l'Evêque.

LE PÈRE. — Qui doit son nom à une maison de campagne, ou villa des évêques de Paris. Tu n'as pas oublié, sans doute, qu'après le règne de Louis XIV les remparts de Paris ont été convertis en boulevards et que la partie où nous sommes était autrefois hors des murs.

MARIA. — Je m'en souviens bien, vous nous l'avez dit à l'occasion de la rue Royale.

LE PÈRE. — C'est bien. Le séjour de l'évêque aux environs de Paris fit naître le désir de, se fixer dans les environs, et bientôt le village qui en résulta devint assez populeux pour qu'on y fit bâtir une église dédiée, dans la suite, à sainte Marie-Madeleine.

MARIA. — Comme la belle église que nous venons de voir.

LE PÈRE. — Oui, et la rue de la Madeleine tire son nom de l'église que fondèrent Charles VIII et Anne de Bretagne, vers la fin du quinzième siècle, sur l'emplacement de l'ancienne petite paroisse portant le nom de la Madeleine de la Ville-l'Évêque pour la distinguer d'une autre église de la Madeleine bâtie dans l'île de la Cité.

EUGÈNE. — Où était placée cette ancienne église ?

LE PÈRE. — Ici, où nous sommes, au coin de la rue

de la Madeleine et de la rue de la Ville-l'Evêque, où commence le boulevard Malesherbes.

MARIA. — Sous Charles VIII, la Renaissance n'avait pas encore amené le style dont vous nous avez parlé hier, alors cette église devait ressembler aux anciens édifices de Paris.

LE PÉRE. — Il nous reste peu de chose de cette époque, mais l'hôtel de Cluny, que nous visiterons un jour, a quelques parties qui datent de là. Cette petite chapelle ressemblait un peu à une église de village, avec son clocher surmonté d'un coq, et deux portes d'entrées séparées par un pilier en pierre où était adossée une statue, mutilée dans le temps des guerres religieuses.

EUGÈNE. — Cette rue de la Ville-l'Evêque, aussi bien que toutes ses voisines, a dû changer complétement d'aspect depuis cette époque ; quelque temps encore et il ne restera plus de vestiges de l'ancien Paris.

LE PÈRE. — Tu as raison. La rue de l'Arcade qui n'était qu'une ruelle boueuse il y a quarante ans à peine, n'est plus reconnaissable, et s'il n'y avait pas encore des bicoques dans cette rue de Surène, devant laquelle nous passons et qui aboutit sur cette place, on ne se douterait plus que c'était une rue de village.

EUGÈNE. — La rue du Faubourg-Saint-Honoré offre plusieurs riches hôtels, dont les jardins, je crois, s'étendent jusqu'aux Champs-Elysées.

LE PÈRE. — Oui, au nº 35, demeure l'ambassadeur de Russie; au 37, nous voyons un hôtel tout neuf dont les ornements manquent peut-être un peu de légèreté, mais dont les portes sont admirables.

MARIA. — C'est vrai, et l'on a poussé le soin jusqu'à isoler du bois de la porte les boutons de fer au moyen de disques de marbre.

EUGÈNE. — J'en devine la raison, c'est que l'homme qui nettoiera les boutons, n'endommagera pas le bois de la porte comme on le remarque à la plupart des autres maisons.

LE PÈRE. — Au nº 39 est l'ambassade d'Angleterre, et à côté est l'hôtel de la comtesse de Pontalba. Justement la porte est ouverte, ce qui est fort rare, et nous pourrons jeter un coup d'œil sur cette magnifique résidence qui figurerait avec honneur parmi les édifices d'une ville.

MARIA. — Je ne connais pas encore les ordres d'architecture de ces colonnes.

LE PÈRE. — C'est vrai, tu ne les a pas encore rencontrés. L'entrée qui a quelque apparence d'arc-de-triomphe a des colonnes d'ordre dorique, le portique placé devant les portes du rez-de-chaussée est du même ordre, et le premier étage d'ordre composite.

MARIA. — Quel dommage, on ferme déjà la porte.

LE PÈRE. — C'est le droit du propriétaire. Nous aurons l'occasion de retrouver dans Paris des modèles de cette architecture. Regarde bien ces quatre colonnes cannelées, elles sont riches d'ornementation.

MARIA. — Elles me semblent très-belles, et je vois dans le chapiteau des moulures que je n'ai remarquées que dans des colonnes ioniques.

LE PÈRE. — Dans cette sorte de rouleau placé sous l'abaque ou tailloir, n'est-ce pas? Ce sont des oves, nom tiré du latin et qui veut dire œufs. Cet ornement se nomme aussi échine, d'un mot grec qui signifie châtaigne et se retrouve dans l'ordre composite. Nous verrons peu de maisons dignes d'entrer en parallèle avec celle-ci.

EUGÈNE. — C'est sans doute un habile architecte qui l'a élevée.

LE PÈRE. — C'est Visconti, fils d'un célèbre architecte, dont il suivit les traces honorables. Nous sommes en face de la rue d'Aguesseau, qui doit son nom au conseiller dont nous avons déjà parlé en quittant la rue Royale, et où se trouve, au n° 5, un temple protestant d'un style qui nous occupera plus tard.

EUGÈNE. — Vous nous avez déjà cité d'Aguesseau et vous l'appelez conseiller, je le croyais chancelier.

LE PÈRE. — C'était son frère qui était chancelier et qui lui survécut. Le conseiller d'Aguesseau se nommait Joseph Antoine, le chancelier Henri Antoine.

EUGÈNE. — Mais le plus célèbre des deux est le chancelier, c'est celui dont on parle dans l'histoire de Louis XV.

LE PÈRE. — C'est vrai. La rue d'Aguessau et celle du Marché-d'Aguesseau, où le marché devait être placé originairement, tirent leur nom du conseiller et furent ouvertes de son vivant, mais le marché ne fut placé à l'endroit où il est qu'après la mort du conseiller.

MARIA. — Rue de Duras ; elle est loin d'être fastueuse, on voit que plus on s'éloigne des Tuileries, plus la splendeur diminue.

LE PÈRE. — Il en est ainsi de tout : le centre de toute perfection est Dieu, qui a créé l'homme à son image pour en faire le centre de la création. Plus les animaux s'éloignent de l'homme, moins ils sont parfaits. Le corps de l'homme même nous en offre un exemple. Le centre de ses sensations est le cerveau; plus les sens s'éloignent du cerveau, moins ils sont subtils.

MARIA. — C'est vrai, le toucher ne peut être comparé à la vue ni à l'ouïe; et si je ne craignais pas la censure de mon philosophe de frère, je dirais que le cerveau est le siége matériel de la pensée, tandis que la main ne pense pas.

EUGÈNE. — Oh ! oh ! prends garde au sort d'Icare, ne fais pas fondre la cire de tes ailes aux rayons du soleil.

LE PÈRE. — Vous voilà lancés, et vous abandonnez ce

nom de Duras, d'une illustre maison de Guyenne qui a fourni à la France des maréchaux, des généraux distingués, et à la royauté de fidèles appuis.

MARIA. — Est-ce que cette famille tire son nom de Duras, commune du département de Lot-et-Garonne, à quelques lieues de Marmande ?

LE PÈRE. — Tu es véritablement géographe; c'était une terre qui entra dans les biens de la famille de Durfort, lorsqu'une nièce du pape Clément VI en épousa un membre. Cette terre devint un duché-pairie, en 1757.

EUGÈNE. — Y a-t-il encore des Duras ?

LE PÈRE. — Non. La fille du dernier duc, mort en 1838, et de la duchesse Duras, Claire de Kersaint, célèbre par ses écrits, a épousé le comte de Chastellux, devenu duc de Rauzan.

MARIA. — Comment se fait-il qu'il ait nommé cette rue ?

LE PÈRE. — C'est que l'hôtel de Duras était là, et qu'on a percé cette rue pour arriver au marché d'Aguesseau. Nous voici revenus à l'Elysée dont nous avons déjà dit deux mots, mais sans en avoir vu la façade.

MARIA. — Quelle charmante grille, comme elle est légère et gracieuse, et comme ces colonnes ioniques sont richement ornées !

LE PÈRE. — Elles ont le chapiteau garni de guirlandes, le fût cannelé et sont ornées d'oves sous l'abaque.

MARIA. — Mon père, pourriez-vous me dire d'où vient le mot fût ?

LE PÈRE. — Je te l'ai déjà dit, étourdie, du mot latin *fustis*, qui signifie bâton, et d'où dérivent les mots futaille, futaie, fustiger, affût et beaucoup d'autres.

MARIA. — Le mot futaine, qui est le nom d'une étoffe de coton, dérive-t-il aussi de la même racine?

LE PÈRE. — Non. Il vient de l'ancien nom de Memphis qu'on appelait Fustat, et où l'on inventa ce genre d'étoffe. Les Arabes appellent encore alfustah une chambre tapissée de futaine.

MARIA. — Quelle intéressante étude que celle de la formation des langues!

LE PÈRE. — Rien n'ouvre plus l'intelligence que de chercher le sens des mots; c'est d'ailleurs le seul moyen d'en trouver l'emploi judicieux.

EUGÈNE. — Voici la rue des Saussayes, qui certainement viendra à l'appui de ce que nous dit notre bon père.

LE PÈRE. — Voyons si vous aurez l'habileté d'en profiter. Maria, que trouves-tu dans la terminaison?

MARIA. — C'est qu'à peu de chose près elle ressemble à futaie, que vous disiez tout-à-l'heure.

LE PÈRE. — C'est très-bien. Cette terminaison *aie* signifie un lieu planté de.

MARIA.—Alors je devine. Futaie, lieu planté de fûts, de bâtons, ou de troncs, mais saussaie?

LE PÈRE. — Lieu planté de saules, parce qu'autrefois il y avait ici un ruisseau prenant sa source à Belleville et se rendant à la Seine. Aujourd'hui il forme le grand égout de ceinture qui traverse tout le nord de Paris.

MARIA. — Oh! maintenant, je m'explique les oseraies, les châtaigneraies, les coudraies et bien d'autres mots.

EUGÈNE.—La place Beauvau doit aussi tirer son nom d'une famille illustre.

LE PÈRE.—C'est une des plus anciennes familles d'Aujou, dont le premier, Geoffroy sire de Beauvau, vivait en 1060 ; c'est encore aujourd'hui une de nos communes située à 18 kilom. N.-E. d'Angers.

MARIA. — Je croyais avoir entendu dire que c'était une famille lorraine.

LE PÈRE. — Le prince de Beauvau habite en effet la Lorraine, où l'un de ses fils a dans la Meurthe une terre appelée Croismare ou Craon, érigée en principauté de l'empire d'Allemagne en 1723, et se nomme le prince de Craon.

EUGÈNE. — J'aurais cru que Craon était en Bretagne, car un sire de Craon trouva protection chez le duc Jean IV de Montfort, après avoir tenté d'assassiner Clisson, connétable de Charles VI.

LE PÈRE. — Il y a en effet un Craon près de Château-Gontier dans la Mayenne, et il y en a un autre aux environs de Moncontour près de Loudun, dans le département de la Vienne.

MARIA. — Ainsi on trouve trois Craon ; l'un en Anjou, province d'où sont sortis les Beauvau ; un second dans le Maine et le troisième en Lorraine.

LE PÈRE. — C'est cela. Mais ils sont distincts les uns des autres. Les Craon de notre époque sont des Craon lorrains.

EUGÈNE. — Comment ces seigneurs sont-ils allés se fixer en Lorraine ?

LE PÈRE. — Tu n'as pas réfléchi à ta question. Les ducs d'Anjou n'ont-ils pas été possesseurs de la Provence, lorsque Charles d'Anjou, frère de saint Louis, eut épousé Béatrix de Provence, sœur de la reine Marguerite ?

EUGÈNE. — Oui, mon père, mais cela ne me dit encore rien.

LE PÈRE. — Attends donc un peu. Charles d'Anjou conquit Naples sur les derniers princes de la maison de Souabe et fut la tige des rois de Naples de la première maison d'Anjou, qui se termina par deux reines, Jeanne Ire et Jeanne II.

EUGÈNE. — Je sais bien cela. Jeanne Ire fit un testament en faveur de Louis Ier de la deuxième maison d'Anjou qui fut expulsé d'Italie, et Jeanne II appela aussi au trône de Naples Louis III d'Anjou, qui échoua également.

LE PÈRE. — Eh bien, la Provence resta aux fils de Louis III, dont la petite-fille Yolande épousa Ferry de Vaudemont, son cousin, héritier du duché de Lorraine, et fraya ainsi le chemin de cette province à son fils René II de Provence, qui battit Charles le Téméraire sous les murs de Nancy.

MARIA. — Comprends-tu maintenant que la famille de Beauvau a suivi les ducs d'Anjou, en Provence, à Naples et en Lorraine? C'est bien clair.

EUGÈNE. — Te voilà bien, toi, avec ta science après coup. Pourquoi n'as-tu pas pris la parole tout de suite?

LE PÈRE. — Ce qui confirme la conclusion tirée par Maria, c'est qu'on voit un Beauvau gouverneur de Tarente, un autre sénéchal de Lorraine et Chambellan de René II de Provence et de Sicile, un troisième Chambellan du duc de Lorraine ; enfin, après la réunion de la Lorraine à la France, un Beauvau, gouverneur de Provence, fut commandant du Languedoc, et maréchal de France en 1763. Le prince Charles de Beauvau qui vit aujourd'hui a fait la campagne de Russie et a reçu une grave blessure au combat du Woronowo, près de Moscou, dès le commencement de la retraite ; il dut la vie au dévouement du marquis de Caulaincourt, duc de Vicence.

MARIA. — Mon père, ces colonnes formant la façade de l'hôtel qui fait face à l'avenue de Marigny, ne sont-elles pas semblables à celles qui décorent la porte de l'hôtel de Pontalba ?

LE PÈRE. — Tu aurais bien pu t'en rappeler le nom, puisque tu en as la forme si présente à la mémoire.

MARIA. — Je m'en souviens ; c'est de l'ordre dorique.

LE PÈRE. — C'est un des ordres le plus simples ; tu dois remarquer que l'architrave, c'est-à-dire la partie qui pose sur les colonnes, est surmontée d'une corniche ornée de moulures verticales réunies trois par trois, et qu'on nomme à cause de cela triglyphes, c'est-à-dire trois gravures.

MARIA. — Merci, mon bon père ; mais hier vous nous avez déjà parlé de l'architrave à l'Arc-de-Triomphe, et vous nous avez cité tant de noms que j'ai négligé de vous prier de m'en dire la signification.

LE PÈRE. — Et tu désires la savoir, n'est-ce pas ? Je ne te refuserai jamais une réponse, et tu n'auras pas besoin dorénavant de t'excuser. Architrave vient du mot latin *trabs*, qui signifie poutre, et la racine *arch*, qui vient du grec, exprime la suprématie, la supériorité, l'élévation. Ce mot veut donc dire la poutre supérieure.

MARIA. — Puisque la syllabe *trave* veut dire poutre, probablement une travée signifie l'espace compris entre deux poutres ; ainsi les chapelles latérales que nous avons vues dans l'église de la Madeleine sont placées dans des travées marquées à la voûte par des saillies transversales.

LE PÈRE. — C'est très-bien. Avant de quitter la place Beauvau, regardez cette rue.

MARIA. — La rue de Miroménil; a-t-elle quelques particularités?

LE PÈRE. — Peu de chose. Elle a été percée à quatre reprises différentes, la dernière prolongation est de de 1826. Elle conduit ainsi en ligne droite jusqu'à la barrière de Monceaux.

MARIA.—La rue tire-t-elle son nom de M. de Miroménil qui a été garde des sceaux au commencement du règne de Louis XVI?

LE PÈRE. — Justement. Il était auparavant président au parlement de Rouen et fut enveloppé dans la disgrâce de ces cours sous le ministère Maupeou; aussi, par réaction, a-t-on donné son nom en 1778 à la nouvelle rue, en souvenir de sa résistance au ministre. C'est aussi pour cela que cette dénomination fut conservée par une décision ministérielle datée du 15 messidor an XII (2 juillet 1803).

EUGÈNE. — Le chancelier Miroménil a-t-il marqué autrement?

LE PÈRE. — Très-peu. Il avait besoin d'appui pour conserver de l'importance : son crédit avait faibli à la mort de M. de Maurepas auquel il devait sa nouvelle position. Il se releva plus tard; c'était un homme aimable, gai, spirituel, et qui ne haïssait pas les fêtes du monde. Il avait même joué la comédie bourgeoise et avait rempli le rôle du médecin dans la farce de *Crispin mé-*

decin. Aussi une dame très-spirituelle l'avait-elle conduit à M. de Maurepas en le prenant par le bras et en disant au ministre, « Monseigneur, je vous présente M. de Miro.. bolan. » C'était le nom du médecin dans la pièce où il avait fait ce personnage.

MARIA. — Quelle est cette maison au n° 112, s'il-vous-plaît, mon père ? Est-ce un magasin de sculptures ?

LE PÈRE.—Non, mon enfant. C'est l'hôtel de Castellane, dont le propriétaire est un parfait gentilhomme, grand protecteur des artistes. Il a décoré ainsi son hôtel, parce qu'il fait souvent jouer la comédie chez lui.

MARIA. — J'aurais pu vous épargner cette peine, mon père, car le nom est au-dessus de la porte. Mais je me permettrai une autre critique, c'est qu'une maison si richement décorée ne devrait pas être déparée par une cheminée si laide.

LE PÈRE. — Elle est peu monumentale, en effet. Allons maintenant terminer notre promenade par Saint-Philippe-du-Roule.

EUGÈNE. — Voici encore des colonnes doriques, mais très-simples.

LE PÈRE. — C'est l'œuvre de Chalgrin. On dit beaucoup de bien de cette façade. Cependant la majesté de l'Arc-de-Triomphe est de beaucoup supérieure à cet édifice. Le fronton est de Duret ; il représente la religion catholique avec ses attributs. L'intérieur, où les bas-côtés sont séparés de la nef par deux rangées de six colonnes ioniques chacune, répond à la simplicité du portique.

MARIA. — Nous finissons bien notre promenade ; nous

allons entrer dans l'église pour rendre grâce à Dieu des merveilles qu'il nous a révélées aujourd'hui, n'est-ce pas, mon père?

LE PÈRE. — Oui, ma chère fille. C'est toujours ce que nous devons faire après avoir goûté quelque joie ou éprouvé quelque peine, car l'une et l'autre sont, dans les mains de Dieu, des moyens de nous élever vers lui.

—

CINQUIÈME PROMENADE.

—

DU PARC DE MONCEAUX AU CHEMIN DE FER DE L'OUEST.

LE PÈRE. — Aujourd'hui nous parlerons plutôt d'industrie que de monuments. Le haut du faubourg n'offre rien de bien curieux. Allons, avant qu'on les fasse disparaître, visiter les restes du parc de Mousseau, ou mieux de Monceaux, en montant la rue de Courcelles qui tire son nom du village où elle aboutit.

MARIA. — Nous retrouvons Saint-Philippe-du-Roule du côté de la chapelle des catéchismes, qui est placée derrière le chœur.

EUGÈNE. — Cette partie extrême d'une église s'appelle le chevet ou l'abside.

MARIA. — Comme dans une église régulièrement construite on doit retrouver la forme de la croix, et que le chœur représente la tête de Notre Seigneur, je m'explique le mot chevet qui rappelle la place où se pose la tête, mais le mot abside est trop savant pour moi. Tu vois que je n'ai pas d'amour-propre, explique-le-moi, veux-tu ?

EUGÈNE. — Certainement. C'est un mot grec signifiant voûte, courbure ; tu vois que cela indique la forme que doit avoir le fond d'une église.

LE PÈRE. — Vous remarquerez que cette église réunit dans son voisinage tout ce qui convient à une cure : deux écoles, l'une de filles, l'autre de garçons, et l'habitation du curé.

MARIA. — Est-ce que dans les autres églises ces avantages-là ne se rencontrent pas ?

LE PÈRE. — Pas dans toutes, et cela cependant serait de première nécessité. N'est-il pas indispensable que le curé soit près de son église où son devoir peut l'appeler aussi bien la nuit que le jour ?

EUGÈNE. — Ces maisons me paraissent fort gentilles, quelques-unes même sont belles ; on voit que c'est une toute nouvelle rue. Cependant voici un hôtel qui offre une apparence plus somptueuse que les habitations voisines.

MARIA. — Il y a un factionnaire à la porte.

LE PÈRE. — C'est la demeure de la princesse Mathilde, cousine germaine de l'Empereur, fille du roi Jérôme Bonaparte.

MARIA. — Et nièce du roi Guillaume Ier de Wurtemberg, car sa mère Frédérica était fille de Frédéric Ier, premier roi de ce pays.

EUGÈNE. — Quelle généalogiste ! Tu devrais demander la survivance du président d'Hozier.

MARIA. — En veux-tu savoir davantage ? Elle est nièce à la mode de Bretagne de la reine Victoria et du roi de Hanovre, Georges V ; et si tu me pousses plus loin, je te prouverai qu'elle descend de Charlemagne par les

rois d'Angleterre et les comtes de Flandre; en as-tu
assez ?

EUGÈNE. — Là! là! comme tu y vas! quelle science!

MARIA. — Tu m'accables avec ton grec et ton latin. Il
faut bien que je trouve une arme qui rétablisse l'équilibre.

LE PÈRE. — Mes enfants, nous voici au parc. On y
jouit du calme sous de charmants ombrages dans un
jardin admirablement dessiné. C'était une résidence
délicieuse et tranquille qui n'a pas étendu sa douce influence sur le duc d'Orléans, son fondateur.

EUGÈNE. — Le père de Louis-Philippe, celui qui, espérant se faire pardonner sa naissance par le parti de la
terreur, avait pris le nom de Philippe-Egalité.

MARIA. — Et que les terroristes ont mis à mort aussi
bien qu'ils ont tué Danton et Robespierre. Mais je m'é-
tonne de trouver un prince du sang au nombre des
ennemis personnels de la royauté.

LE PÈRE. — Son éloignement datait de loin. Dans sa
jeunesse, le duc de Chartres, c'était le nom qu'il portait
et qui était héréditaire dans la famille d'Orléans, le
duc de Chartres, dis-je, avait ambitionné le titre d'a-
miral de France que son beau-père, le duc de Penthiè-
vre, consentait à lui céder; mais, après le combat naval
d'Ouessant où il commandait une division, la reine se
chargea de lui donner le brevet de colonel-général des
hussards, au lieu de celui de grand-amiral.

EUGÈNE. — C'était un affront impardonnable.

LE PÈRE. — Sans doute, mais le duc de Chartres, qui
avait alors trente ans, avait mené une vie peu exemplaire dans sa jeunesse; il affichait des goûts excen-

triques, il avait souvent manifesté une opposition systématique et s'était laissé louer outre mesure pour sa conduite à Ouessant, où il ne combattait qu'en sous-ordre, tout cela lui avait valu l'antipathie de la cour.

MARIA. — Mais n'alla-t-il pas jusqu'à faire dans la suite cause commune avec les montagnards?

LE PÈRE. — C'est malheureusement vrai. Dans le procès de Louis XVI, son vote prononcé à haute voix est resté comme une tache historique à son nom, et a soulevé contre lui l'indignation des partis les plus violents; les montagnards eux-mêmes lui témoignèrent leur désapprobation par des cris, et il se trouva répudié par tous.

EUGÈNE. — Mon père, ne nous avez-vous pas parlé de la veuve du duc d'Orléans qui échappa au sort de son mari et que vous avez vue à Paris?

LE PÈRE. — Oui, mon ami; la duchesse douairière d'Orléans habitait en 1815 l'hôtel où sont aujourd'hui les gardes de Paris, rue de Tournon. Elle était en prison le 18 fructidor et dut à sa captivité d'avoir conservé les biens considérables dont Louis-Philippe hérita en 1821.

MARIA. — Vous avez eu raison, mon père, de nous dire que ce parc est admirablement planté. On le dirait sans bornes du côté des boulevards extérieurs dont il n'est séparé que par un fossé.

LE PÈRE. — La rue s'étend par là jusqu'au village de Villiers, qui se confond avec les Ternes, l'ancien village de Courcelles, Monceaux et même les Batignolles.—Nous sommes entrés dans ce parc par la portion de la rue de Courcelles qui portait autrefois le nom de rue de

Chartres, nous en sortirons par la rue de Valois. Toutes les deux furent débaptisées à la Révolution pour s'appeler, la première, rue de Mantoue ; la seconde, rue Cisalpine, en souvenir de la prise de Mantoue sur les Autrichiens par les Français, le 14 pluviôse an v (2 février 1797), et de la campagne d'Italie, à la suite de laquelle l'ancienne Lombardie et le Piémont devinrent la république cisalpine. (*Ils sortent du parc.*)

MARIA. — Ces rues sont encore inhabitées dans la plus grande partie ; celles qui ont des inscriptions portent des noms de villes : Hambourg, Francfort, Lisbonne, Messine.

EUGÈNE. — Et ton intelligence supérieure ne va pas jusqu'à en trouver la cause.

MARIA. — Je ne crois pas que ce soient des victoires qui aient été leurs marraines. — Ah ! j'y suis. C'est le voisinage de la gare du chemin de fer qui leur vaut cet honneur. Par la vapeur on semble être en même temps dans toutes ces localités.

LE PÈRE. — C'est bien, ma chère Maria. Tu en as trouvé la véritable raison. Toute cette portion de Paris appelée autrefois la plaine de Monceaux, appartenait jusqu'à la rue de Clichy à MM. Hagerman et Mignon, qui ont reçu, par ordonnance royale du 3 février 1826, l'autorisation d'y percer des rues.

EUGÈNE. — Il reste encore beaucoup de terrains à employer, et dans les constructions déjà faites, je n'en vois pas un grand nombre indiquant des établissements définitifs.

LE PÈRE. — Tu as presque rencontré la vérité. Rien n'est définitif ; il a été question de faire près d'ici une seconde gare du Nord. L'avenue de Munich, même, qui passe devant les abattoirs du Roule et que nous allons voir tout à l'heure, sera prolongée jusqu'à la barrière pour former un des rayons de l'Étoile d'où cette place tire son nom.

EUGÈNE. — Cependant, je vois au n° 5 de la rue de Messine, une jolie petite chapelle gothique et au coin de la rue de Lisbonne deux établissements pieux : l'asile Sainte-Anne et l'asile Mathilde.

LE PÈRE. — La chapelle est celle d'une communauté de religieuses carmélites ; l'asile Sainte-Anne a été fondé par M. l'abbé Deguerry, curé de la Madeleine, avec ses propres ressources, pour servir de retraite à la vieillesse, qui y trouve les soins les plus minutieux et un dévouement de tous les instants, et l'asile Mathilde est l'institution la plus charitable qu'on puisse rencontrer.

MARIA. — Je lis en effet sur la porte que c'est un hospice pour les enfants incurables. Pauvres petits êtres qui sont déjà condamnés à la souffrance dès leurs premiers pas dans cette vie !

LE PÈRE. — Mais Dieu leur a ménagé une mère pleine de sollicitude et de bonté dans la princesse Mathilde. Rien ne l'arrête dans l'accomplissement de ce devoir volontaire. Ces malheureux enfants, dont les plaies seraient pour tout autre la cause d'un invincible dégoût, elle les comble de soins et de caresses ; elle les prend sur ses genoux, les embrasse, les encourage. On ne ferait pas plus pour les siens.

MARIA. — C'est la marque d'un grand et généreux cœur. Elle sera comblée des bénédictions du ciel, j'en suis sûre. Le bienfait, dit-on toujours, reçoit sa récompense ici-bas et là-haut.

LE PÈRE. — Oui, ma bonne Maria ; il faut un noble cœur pour se dévouer ainsi ; mais il faut aussi avoir souffert pour sentir la peine d'autrui : le malheur rend ordinairement l'âme bonne quand le naturel y prête déjà.

MARIA. — Oh ! quelle mauvaise odeur on sent en s'approchant des abattoirs ! Je comprends qu'on ne se hâte pas de bâtir par ici, ce doit être un voisinage bien désagréable.

LE PÈRE. — Ce n'est plus rien en comparaison de ce qu'étaient autrefois les boucheries pour les rues de Paris. On lit à ce sujet dans le *Tableau de Paris*, de Mercier, publié en 1783 : « Le sang ruisselle dans ces « rues ; il se caille sous vos pieds, et vos souliers en sont « rougis. » Et plus loin : « Quelquefois le bœuf étourdi « du coup et non terrassé, brise ses liens, et, furieux, « s'échappe de l'antre du trépas ; il fuit ses bourreaux, « il répand la terreur ; des femmes, des enfants qui se « trouvent sur son passage, sont blessés. » C'était un hideux spectacle dont les habitants sont délivrés. Cette mauvaise odeur dont tu te plains, est produite par la fonte du suif et se répandait jadis dans le voisinage de chaque tuerie particulière. Figure-toi, en outre, le passage des bœufs conduits jusqu'au centre de Paris, et juge s'il serait possible de le faire aujourd'hui que les voitures se sont prodigieusement multipliées.

MARIA. — Je comprends que ce serait impossible, puisqu'il est déjà si difficile aux piétons de traverser certaines rues.

LE PÈRE. — Hâtons-nous de gagner l'avenue Percier, pour quitter l'abattoir ; nous en visiterons un dans un autre quartier de Paris, en choisissant un jour où la fonte des graisses n'aura pas lieu.

EUGÈNE. — Est-ce que Percier n'était pas un architecte distingué ?

LE PÈRE. — C'est lui qui en 1806 éleva sur le Carrousel, avec la collaboration de Fontaine, l'arc-de-triomphe destiné à rappeler la gloire de la Grande-Armée.

MARIA. — C'est alors un des hommes célèbres de notre siècle.

LE PÈRE. — Il mourut à 74 ans en 1838, et Fontaine, en 1853, à 91 ans.

MARIA. — Si je sais bien calculer, ils étaient nés à deux ans l'un de l'autre.

LE PÈRE. — C'est vrai ; Fontaine en 1762, et Percier en 1764.

EUGÈNE. — Ils ont dû marquer leur passage par des ouvrages nombreux.

LE PÈRE. — Nous en visiterons un tout à l'heure, c'est la chapelle expiatoire, construite rue d'Anjou. Charles Percier, né à Paris, obtint à 22 ans le grand prix d'architecture et s'est distingué par de nombreuses publications fort estimées. Ses élèves firent frapper, en 1840, une médaille qui résume sa vie. Elle porte au revers :
« A Charles Percier, membre de l'Institut, ses élèves,
« ses amis et les admirateurs de son grand talent et de
« son noble caractère. »

MARIA. — Et son collègue Fontaine ?

LE PÈRE. — Quoiqu'il soit regardé aussi comme un excellent architecte, il a mérité un reproche fondé sur la condescendance avec laquelle il a consenti à détruire, à la façade du château des Tuileries, sur le jardin, l'aspect des charmantes galeries à jour de Philibert Delorme, qu'il a remplacées par une lourde construction.

MARIA. — Ah ! voici de nouveau la rue de Miro... Ménil.

LE PÈRE. — Et plus loin nous allons trouver la suite de la rue de la Ville-l'Évêque, appelée aujourd'hui rue Berthollet.

EUGÈNE. — L'un de nos grands savants.

LE PÈRE. — C'est à la science que Berthollet dut sa fortune et ses honneurs. Simple docteur en médecine d'abord, il sut par son mérite arriver à l'Institut, et fit partie de l'expédition d'Égypte. Il était sénateur en 1814, et fut un de ceux qui votèrent la déchéance de Napoléon.

EUGÈNE. — Quelle ingratitude !

LE PÈRE. — On en peut dire autant de beaucoup d'autres. Ce vote lui valut son admission à la Chambre des Pairs, et il tâcha d'y faire triompher les principes des libertés publiques.

EUGÈNE. — J'aime mieux le considérer dans sa carrière scientifique, car on lui doit de belles découvertes.

LE PÈRE. — De très-nombreuses et très-importantes que tu étudieras lorsque tu te présenteras aux examens de bachelier ès-sciences. Celles qui ont pour but l'utilité usuelle sont : d'abord le procédé de carboniser les parois des tonneaux pour conserver potable l'eau douce sur les navires, puis les grands travaux par lesquels il a fait de l'art de la teinturerie une science. C'est à sa maison de campagne, près de lui et sous son patronage

que se forma cette réunion de chimistes et de savants
tant français qu'étrangers, qui prit le nom de Société
d'Arcueil.

MARIA. — Voici la rue d'Astorg ; ce n'est pas un nom
de savant, je crois.

LE PÈRE. — C'est celui d'un lieutenant-général sur les
propriétés duquel on a percé, en 1776, deux rues, rappelant ses noms Louis d'Astorg d'Aubarède, marquis de
Roquépine.

EUGÈNE. — S'est-il distingué dans quelque guerre?

LE PÈRE. — Pas d'une façon particulière. Les lieute-
nant-généraux du règne de Louis XV n'étaient pas
tous tenus d'être des héros. Au n° 10 de cette rue,
demeure la famille de Noailles, dont l'origine se perd
dans les antiquités du Limousin.

EUGÈNE. — Allons, Maria, dictionnaire vivant de géographie, distingue-toi.

MARIA.—C'est bien ; tu voudrais me prendre en défaut,
ce ne sera pas encore pour cette fois. Noailles est une
ville du département de la Corrèze, près de Brives, avec
un vieux château qui sans doute a été le berceau de
cette antique famille.

LE PÈRE. — C'est vrai. Ce château était bâti dans un
fief érigé en duché-pairie pendant l'année 1663, en
faveur d'Anne de Noailles, premier capitaine des gardes
du roi Louis XIV, et père du maréchal Jules de Noailles.

EUGÈNE. — Au moins celui-ci aurait été digne de
nommer cette rue. C'était un officier brave et actif,
n'est-ce pas, mon père?

LE PÈRE. — On pourrait joindre à ces qualités qu'il
était plein de modération et d'humanité. Il fut nommé,

comme tu le sais, gouverneur du Languedoc, où Louis XIV voulait détruire le protestantisme, et jamais il ne consentit à punir que les fanatiques dont l'esprit remuant et les projets criminels méritaient des châtiments.

EUGÈNE. — Il a été aussi chargé d'expéditions importantes.

LE PÈRE. — La campagne qu'il fit dans la Catalogne, fut plus brillante qu'heureuse, à cause du manque de munitions et de l'influence du climat.

MARIA. — Le cardinal-archevêque de Paris qui se prononça contre Fénelon, était-il son proche parent ?

LE PÈRE. — C'était son frère, qui avait un cœur rempli de charité, mais auquel le cardinal de Bausset reproche le défaut de rectitude et d'étendue dans les idées tout en rendant hommage à ses vertus. En 1709, il fit fondre son argenterie pour venir en aide aux pauvres pendant la désastreuse famine de cette année. Il avait rebâti à à ses frais le palais de l'archevêché qui a été dévasté le 15 février 1831 pendant une émeute, et il répara Notre-Dame. Le cardinal de Noailles, dont le château de la Faye était situé près de celui de son frère, est mort pauvre, après avoir dépensé son bien en aumônes et en bienfaits.

EUGÈNE. — Ce nom de Noailles n'est pas le seul, je crois, qu'aient porté les membres de cette famille.

LE PÈRE. — On y cite encore les ducs d'Ayen, les ducs de Mouchy, les princes de Poix. Les Grammont étaient aussi alliés des Noailles. Les gardes-du-corps de nos rois avaient deux compagnies qui portaient les noms de Noailles et de Grammont.

MARIA. — Mon père, j'ai lu, dans mon Histoire de France, que, dans la fameuse séance du 4 août 1789 de l'Assemblée nationale, le vicomte de Noailles avait donné l'exemple du sacrifice des prérogatives féodales ; qui était celui-ci ?

LE PÈRE. — C'est le deuxième fils du quatrième maréchal de France qu'ait fourni cette illustre famille et qui s'appelait le duc de Mouchy. Le fils aîné du maréchal s'appelait le prince de Poix.

MARIA. — Le quatrième maréchal de France de cette amille ?

LE PÈRE. — Oui, en trois générations, Anne-Jules ; Adrien-Maurice, son fils , et les deux fils de ce dernier, Louis de Noailles et Philippe de Mouchy. C'est très-beau.

MARIA. — Mon père , quand nous irons voir le Musée de Versailles , je serai très-heureuse, si vous voulez bien me conduire à la galerie des Maréchaux , afin que je voie les statues de ces trois générations d'officiers si distingués.

LE PÈRE. — Je te le promets. Les Noailles ont encore donné des ambassadeurs, des ministres, des évêques de Dax , et aujourd'hui encore des bienfaiteurs des pauvres.

MARIA. — Il est heureux de voir l'arrondissement de Brives-la-Gaillarde donner des familles si respectables , après avoir vu naître le cardinal Dubois, l'infâme ministre du régent Philippe II d'Orléans.

LE PÈRE. — Aussi ce misérable eut à lutter pendant sa faveur contre l'indignation du maréchal Adrien-Maurice, qui lui dit en face un jour, lorsque Dubois ,

nouvellement nommé cardinal, fut appelé au ministère : « Cette journée sera fameuse dans l'histoire, mon-
« sieur ; on n'oubliera pas que votre entrée dans le con-
« seil en a fait déserter tous les grands du royaume. »
L'exil fut la punition de cette franchise, qualité qui
semble héréditaire dans la famille.

MARIA. — O mon père, encore quelques traits, je
vous en prie !

LE PÈRE. — Oui, ma chère fille. Le fils aîné du maréchal Adrien-Maurice, Louis de Noailles , était cité pour
son esprit quelquefois un peu piquant. Un jour, il combattait l'opinion de Louis XV sur les fermiers généraux,
le roi lui dit vivement : « Les fermiers généraux soutiennent l'Etat. — Oui, sire, répondit-il, comme la corde sou-
tient le pendu. » Une autre fois, on jouait la tragédie du
Siége de Calais, de Pierre de Belloy. Les critiques et les
éloges n'avaient pas de mesure ; Louis XV lui-même
s'était engoué de cette pièce pour laquelle le duc de
Noailles montrait peu d'enthousiasme. « Je vous croyais
« meilleur Français, lui dit le roi. — Sire, repartit le
« duc, je voudrais que les vers de la pièce fussent aussi
« français que moi. » Cet homme, si rude dans son indépendance , réunissait au même point les qualités du
cœur à celles de l'esprit. Il mourut en 1793, léguant
aux pauvres de Saint-Germain-en-Laye trente-six mille
francs, générosité qui n'empêcha pas sa veuve de porter sa tête sur l'échafaud le 22 juillet 1794, avec sa
belle-fille, la duchesse d'Ayen et sa petite-fille, âgée
de trente-quatre ans, femme de ce vicomte de Noailles,
dont tu nous parlais tout à l'heure.

MARIA. — Quelle abomination !

LE PÈRE. — Ce qu'il y eut de plus inique dans leur condamnation, c'est que la duchesse d'Ayen était sourde et qu'elle alléguait pour sa défense l'impossibilité où elle s'était trouvée de prendre part aux complots tramés dans la maison d'arrêt du Luxembourg, puisqu'elle n'avait pas pu les entendre. On répondit : « Eh bien, la citoyenne mérite la mort pour avoir conspiré sourdement. »

LES ENFANTS. — Oh ! quelle horreur !

LE PÈRE. — Je ne veux pas vous laisser sous cette impression pénible , et je vous citerai du prince de Poix un trait plaisant qu'il racontait lui-même. Il était capitaine des gardes de Louis XVIII. Un jour, il voulait entrer aux Tuileries malgré la consigne, et pour vaincre la résistance du factionnaire qui ne le connaissait pas, il lui dit : « Je suis le prince de Poix. — Quand vous seriez le prince des haricots, vous ne passeriez pas davantage, » lui répondit le soldat.

EUGÈNE. — J'en reviens à la réflexion de Maria. On aurait dû donner le nom de Noailles à cette rue.

LE PÈRE. — Ils ne l'habitaient pas quand on l'a percée, ils ont longtemps demeuré dans l'hôtel de Beauvau.

EUGÈNE. — Nous retrouvons enfin le nom de Lavoisier, cet homme de bien dont vous nous avez entretenu avant-hier , et celui de Rumfort, qui a épousé sa veuve.

MARIA. — Je vois que mon père a l'intention de nous faire visiter la chapelle expiatoire, n'est-ce pas ?

LE PÈRE. — C'est vrai , et nous y sommes arrivés tout en causant.

EUGÈNE. —Nous savons déjà que c'est Percier et Fontaine qui en ont été les architectes.

LE PÈRE.— Mais ce que vous ignorez, c'est qu'ils avaient sous leurs ordres M. Lebas pour inspecteur.

MARIA. — Réunion d'hommes du plus grand mérite (construction de phrase que j'emprunte à mon honorable frère).

EUGÈNE. — Tu veux donc me déclarer la guerre ?

MARIA.—Au contraire, puisque je marche sur tes traces.

EUGÈNE. — Avec une si grande bienveillance.

LE PÈRE. — Ne perdons pas de temps et admirons ce monument pour lequel l'antiquité n'offre pas de modèle. Voyez, tout s'harmonise avec sa destination, c'est d'une élégante sévérité. Les galeries latérales, percées de neuf arcades séparées par des flambeaux funèbres et surmontées d'une guirlande de pavots, rappellent les cloîtres des anciens monastères ; les sabliers indiquent un lieu de sépulture.

MARIA.— Pourquoi, mon père, avait-on enseveli le roi Louis XVI et la reine dans cet endroit?

LE PÈRE. — Parce que c'était l'ancien cimetière de la Madeleine, cette petite église dont nous avons vu l'emplacement hier. On y déposa également le corps de madame Elisabeth, sœur du roi.

EUGÈNE. — La porte en bronze, à laquelle on arrive par sept marches, respire déjà la tristesse.

LE PÈRE. — Elle est si bien isolée au milieu de cette façade unie que terminent deux cippes placées de chaque côté, et n'ayant qu'un grand sablier pour ornement.

EUGÈNE. — Elles sont graves et tristes comme le monument dont elles forment les angles.

LE PÈRE. — Pénétrons dans l'intérieur, où nous arriverons par cette rampe de neuf degrés; nous voici dans le parvis.

MARIA. — Il est simple et noble, pas d'arbres, seulement deux plates-bandes de gazon entourées de pieds de rosiers, disposent au recueillement.

LE PÈRE. — Nous foulons les ossements des victimes de la Révolution ; tout autour de ce parvis, sous les dalles formant l'allée circulaire , sont déposés les restes des gardes-du-corps tués le 10 août 1792 aux Tuileries. Chaque voûte de l'arcade est voisine d'une tombe. (*Ils entrent dans la chapelle et prient.*)

MARIA *en sortant.* — O mon père ! quelle émotion j'ai éprouvée en me rappelant le martyre de cette noble famille.

EUGÈNE. — Il est vrai que les souvenirs abondent et que la vue de ces deux groupes qui se font face à droite et à gauche de la chapelle ranime les regrets. Quelle grandeur d'âme ! quelle résignation dans le testament du roi !

MARIA. — Et dans la lettre de la reine ! Ils ne se plaignent pas de leurs meurtriers, ils invoquent la miséricorde divine pour eux, ils pensent à leurs pauvres orphelins. C'est bien touchant !

LE PÈRE.—Vous avez dû remarquer aussi que les deux artistes ont été bien inspirés, M. Cortot pour le groupe de la reine implorant l'appui de la religion, et M. Bosio dans celui du roi soutenu par un ange. C'est bien senti.

MARIA. — L'abattement de la reine, la ferveur qui anime son visage, le calme divin qui respire sur celui de la Religion émeuvent profondément. Il en est de même du roi auquel l'ange montre le ciel.

LE PÈRE. — Si je te disais maintenant que la Religion est le portrait de madame Élisabeth et que l'ange est l'abbé Edgeworth, confesseur du roi, n'aurais-tu pas des sensations plus vives encore ?

MARIA. — C'est vrai. Les deux sculpteurs sont bien entrés dans l'esprit du sujet, la lettre de la reine est adressée à madame Élisabeth, pour la prier de veiller sur le dauphin et sur la princesse sa fille, et la statue se confie à la Religion avec un abandon tout maternel, et l'ange qui lève le doigt semble redire les mots du courageux confesseur de Louis XVI : « Fils de saint Louis, montez au ciel. »

LE PÈRE. — Nous reviendrons un de ces matins ici pour y entendre la messe, car, vous le savez, on a fait une fondation pour que le service divin fût célébré chaque jour à l'autel de la chapelle supérieure, et les jours anniversaires de leur mort dans la crypte, dont l'autel a été élevé à l'endroit où furent retrouvés les restes de Louis XVI.

MARIA. — Cette chapelle basse où nous sommes descendus par l'escalier pratiqué derrière le groupe du roi.

EUGÈNE. — Tu le sais bien ; le mot crypte veut dire caché, et est appliqué à toutes les chapelles souterraines.

MARIA. — Ne te fâche pas ; je ne sais que le français et un peu d'anglais. Il n'est pas donné à tous d'aller à Corinthe.

LE PÈRE. — Vous avez vu qu'une lanterne placée sous la coupole éclaire le tout d'une manière heureuse et forme quatre voûtes se faisant face de deux en deux. Les groupes, l'autel et la porte en occupent chacun une; et les pendentifs de la coupole sont ornés de sculptures représentant les mystères de la Sainte-Trinité et de l'Eucharistie. Vous en avez lu les inscriptions : *O Salutaris hostia*, *Agnus Dei*, *etc.*, *etc.*; au-dessus de l'entrée, vous avez dû remarquer un bas-relief.

EUGÈNE.—Oui, mon père, je me le rappelle; on transporte un cercueil avec un pieux recueillement.

LE PÈRE. — C'est la translation des dépouilles mortelles du roi et de la reine à Saint-Denis, car les ossements seuls des victimes de la terreur sont déposés dans ce monument, et si tu te souviens de deux ouvertures vitrées placées à droite et à gauche de l'autel de la crypte, tu sauras qu'elles ont été pratiquées pour aérer les voûtes intérieurs des murs où l'on a rassemblé tous les restes.

MARIA. — Comment, les os de ces malheureux sont dans les murs mêmes de la chapelle basse?

LE PÈRE.—Oui, c'est pour cela que ces murailles ont dû te sembler très-épaisses. Avant de nous retirer, jetons un dernier regard sur le portique de la chapelle pour nous en rappeler tous les détails. Tu dois retrouver cet ordre, Maria ?

MARIA. — Oui, ce sont les mêmes colonnes qu'à la place Beauvau ; elles sont d'ordre dorique. Je commence à me familiariser avec les termes techniques, n'est-ce pas, Eugène ?

EUGÈNE. — Techniques, comme tu le dis, ma petite helléniste. Mon père, comment est-on certain d'avoir retrouvé ces précieuses reliques, s'il vous-plaît ? car les cimetières ont été, je le crois, supprimés dans Paris et les ossements en furent transférés dans de nouveaux champs de repos.

LE PÈRE. — Cela se fit pour les grands cimetières et pour celui des Innocents en particulier. Quant aux restes déposés ici, il ne peut s'élever aucun doute sur leur identité, parce que, dans tous les temps, les suppliciés avaient une place réservée dans certains cimetières, et celui-ci se trouvait près de la place de la Concorde, où l'échafaud était en permanence. On fit tant d'exécutions qu'on transporta les corps au cimetière le plus rapproché, et c'était ici.

MARIA. — Permettez moi, mon père, de m'arrêter un instant pour lire l'inscription gravée sur le fronton de la façade.

Le roi Louis XVIII a élevé ce monument pour consacrer le lieu
où les dépouilles mortelles du roi Louis XVI et de la reine Marie-Antoinette,
transférées le 21 janvier 1815 dans la chapelle royale de Saint-Denis,
ont reposé pendant 21 ans.
Il a été achevé la deuxième année du règne de Charles X,
l'an de grâce MDCCCXXVI.

LE PÈRE. — La première messe y a été célébrée le 21 janvier 1825 avant le complet achèvement de la chapelle. Allons maintenant à l'embarcadère de l'Ouest. Il y a là matière à conversation.

MARIA. — Je crois bien, et les machines à vapeur, et le télégraphe électrique ! Quelle joie !

LE PÈRE. — C'est un peu difficile pour toi.

MARIA. — Je ferai bien attention.

LE PÈRE. — En auras-tu la force?

MARIA. — J'en aurai au moins le courage.

EUGÈNE. — Si je ne vous avais pas entendu dire il y a quelque temps, mon père, que les abords de l'embarcadère doivent être dégagés, j'aurais placé mon mot de critique sur l'exiguïté des rues qui y aboutissent.

MARIA. — Et tu as la générosité de te taire; c'est magnifique! Un Romain à ma place aurait marqué cette journée avec une pierre blanche.

EUGÈNE. — Parle donc à ton tour, petite plagiaire. Pourquoi ne demandes-tu pas l'origine de la rue de l'Isly?

MARIA. — Parce que je sais qu'elle tire son nom de la victoire remportée le 14 août 1844 par le maréchal Bugeaud sur les troupes de l'empereur de Maroc, Muley-Abd-el-Rhaman, allié du fameux Abd-el-Kader, et que depuis lors la France a pu considérer la conquête de l'Algérie comme certaine.

LE PÈRE. — Voici la gare des chemins de fer de Versailles, de Saint-Germain, d'Auteuil, qui sont des têtes de grandes lignes.

MARIA.—Elles vont à Dieppe, au Havre, à Cherbourg, par les rails de Saint-Germain ou plutôt de Maisons-Laffitte, et devaient rejoindre ceux de Rennes et de la Bretagne par Versailles.

LE PÈRE. — J'ai ici un ami qui nous fera facilement obtenir la permission de visiter quelques-unes des machines. (*Ils se rendent aux bureaux de l'administration, et reçoivent une autorisation.*)

MARIA. — Quelle belle invention que celle d'avoir appliqué la force de la vapeur au mouvement d'un chariot!

EUGÈNE. — Tu as bien dit : invention; car la découverte de la puissance de la vapeur est beaucoup plus belle encore.

MARIA. — Merci de ton approbation, monsieur le puriste ; mais j'aurais pu m'adresser moi-même ce compliment. J'avais parfaitement compris la valeur de mon expression.

LE PÈRE. — Vous remarquerez que les explications d'avant-hier s'appliquent tout à fait au mécanisme d'une locomotive. Te souviens-tu, Maria, de ce que nous avons dit?

MARIA. — Parfaitement, mon père, la vapeur pousse dans un tube un piston qui monte et descend, qui va et vient au moyen de certains mécanismes.

LE PÈRE. — C'est cela. La locomotive, qui n'est qu'une machine à vapeur appliquée au changement de place comme l'indique son nom, se compose d'un foyer où se place le feu, d'une chaudière où l'eau se réduit en vapeur et d'un tube où fonctionne un piston.

EUGÈNE. — Ce n'est là que le point de départ.

MARIA. — Attends donc, tu coupes la parole au moment où l'explication commence.

LE PÈRE. — A l'arbre du piston s'attache une pièce de fer, qui se nomme bielle. Si tu suis bien la description en regardant le jeu de cette pièce, tu verras qu'une de ses extrémités tient lieu d'une main qui tournerait une manivelle quelconque. Vois-tu le bout opposé qui est joint à l'arbre du piston?

MARIA. — Oui, mon père, il y est attaché par une sorte de gros clou qui lui permettrait de tourner en tous sens. Ce qu'on pourrait comparer, il me semble, au mouvement du bras joint à l'avant-bras par le coude.

LE PÈRE. — C'est cela. L'autre extrémité de la bielle est fixée au moyeu de la grande roue de la locomotive en prenant, dans un trou qu'on nomme œil, une plaque circulaire ou disque qui y peut tourner facilement.

MARIA. — Je vois bien tout cela. Mais cette plaque circulaire tourne autour d'un point qui n'est pas placé au centre.

LE PÈRE. — Voici une excellente remarque. Ce point est l'essieu de la roue, et tu dois te rendre compte maintenant que lorsque le piston tire la bielle en arrière, celle-ci tire la partie la plus développée du disque; cela fait tourner la roue jusqu'à ce que la bielle, repoussée en avant par le mouvement de va-et-vient, repousse à son tour cette partie du disque pour le ramener au point d'où il était parti.

MARIA. — Je comprends très·bien ; mais, est-ce que la bielle, au lieu de continuer à faire tourner le moyeu, ne pourrait pas ramener ce disque par le même chemin ?

LE PÈRE. — Cela serait possible, et, pour y remédier, on en a mis deux à chacune des deux grandes roues de la locomotive; ce second cylindre ou, si tu veux, ce second tube, fait jouer un second piston et, par conséquent, une seconde bielle et donne l'impulsion avant que l'effet de l'autre soit terminé. De cette façon le mouvement est toujours entretenu.

MARIA. — C'est admirable! Qui a trouvé à appliquer ainsi cette force à la marche des voitures ?

LE PÈRE. — On en parlait déjà en 1769, car on lit dans les Mémoires de Bachaumont, à la date du 23 octobre, qu'une machine singulière, adaptée à un chariot, devait lui faire parcourir l'espace de deux lieues dans une heure, sans chevaux. L'expérience ne réussit pas. Une deuxième épreuve, faite le 1er décembre, amena des résultats peu importants; enfin, une troisième expérience, faite dans la cour de l'Arsenal, le 20 novembre 1770, prouvait des progrès tels que cette machine à feu, c'est ainsi qu'on l'appelait, avait traîné une masse de cinq milliers et avait parcouru, en une heure, un espace évalué à cinq quarts de lieue. Cette machine était de M. de Gribeauval, lieutenant général d'artillerie.

EUGÈNE. — Pourquoi n'a-t-on pas persévéré?

MARIA. — Décidément tu baisses. N'as-tu pas entendu qu'après une troisième épreuve on n'était arrivé qu'à faire cinq quarts de lieue?

EUGÈNE. — Maria, tu ne pratiques pas ce que tu prêches; une fois déjà tu m'as condamné trop vite, et ce qui prouve qu'on a persévéré, c'est que nous avons devant les yeux une locomotive. Je voulais parler de M. de Gribeauval.

LE PÈRE. — Les dépenses d'une entreprise sont telles que l'inventeur en profite rarement, quand il ne reste pas en route. L'affaire ne reparut, avec quelque probabilité de réussite, que plus tard, quand un Lorrain, Nicolas Cugnot, né à Void, près de Commercy, présenta au gouvernement français un fardier à vapeur que l'Institut fit examiner par Coulomb, Perrier, Bonaparte et Prony, en leur demandant de faire un rapport sur cette machine. Il fut assez favorable, mais on déposa le fardier au Conservatoire des Arts-et-Métiers et on n'en parla plus.

EUGÈNE. — Voilà ce que j'appelle ne pas persévérer; comprends-tu, Maria?

MARIA. — Tu es trop sensible à un badinage, et tu me clôras la bouche, si tu relèves ainsi la moindre plaisanterie.

EUGÈNE. — Ce serait bien difficile ; aussi je m'en tourmente peu.

MARIA. — Mon père, ces commissaires étaient pourtant des hommes fort distingués, et si nous n'avions pas notre temps fixé, j'aurais bien des questions à vous faire. J'espère que l'occasion nous les présentera de nouveau.

LE PÈRE. — Sans aucun doute. Ce pauvre Cugnot obtint sur l'Etat 600 livres de rentes qui lui furent ensuite enlevées ; il reçut alors les bienfaits d'une dame de Bruxelles qui le soutint tant qu'elle vécut, mais sa mort laissa le malheureux mécanicien dans le plus grand dénûment. Enfin Mercier, l'auteur du *Tableau de Paris*, lui fit obtenir du Premier Consul une pension de 1,000 livres.

MARIA. — Pauvre homme ! Que dirait-il aujourd'hui ?

LE PÈRE. — Cependant les Américains essayèrent d'appliquer cette invention à la navigation, aux moulins, et y parvinrent plus tôt que les Français, malgré la présentation de diverses machines très-ingénieuses, notamment celle du comte de Jouffroy et celle de l'Américain Fulton qu'on peut regarder comme l'invention des bateaux à vapeur, mais que les savants commissaires chargés de les examiner, ne jugèrent pas capables d'atteindre le but indiqué par les inventeurs.

EUGÈNE. — Comment l'empereur Napoléon Ier, si savant lui-même, n'a-t-il pas utilisé cette découverte ?

LE PÈRE. — Ce n'est pas sa faute. Le chef d'un Etat

comme la France ne peut pas tout voir, surtout lorsque son temps est absorbé par des guerres continuelles où il commande en personne. Il avait adressé, du camp de Boulogne, en date du 21 juillet 1804, à M. de Champagny, depuis duc de Cadore, une lettre où l'on trouve cette phrase : « Je viens de lire le projet du citoyen « Fulton, ingénieur, que vous m'avez adressé *beaucoup* « *trop tard*, en CE QU'IL PEUT CHANGER LA FACE DU « MONDE. » Puis il ordonne qu'on lui en fasse un rapport sous huit jours. Il ne s'agissait de rien moins que d'appliquer la vapeur à la direction des navires portant des troupes pour aborder en Angleterre.

EUGÈNE. — Eh bien ! qu'a-t-on fait ?

LE PÈRE. — On n'a rien su de certain, mais le projet de Fulton fut repoussé, et ce grand génie retourna en Amérique où il fit marcher, en 1807, le premier bateau à vapeur, en faisant le voyage de New-York à Albany du 16 au 17 août, et d'Albany à New-York du 20 au 21 du même mois.

EUGÈNE. — Quel malheur ! Qu'aurait fait Napoléon avec ce moyen nouveau et puissant !

LE PÈRE. — On a souvent répété ce que tu dis là. Mais déjà deux ingénieurs avaient fait fonctionner une locomotive en 1802 sur un chemin de fer, à Merthyr-Tydwill, en Angleterre.

MARIA. — Cette ville du comté de Glamorgan dans l'ancien pays de Galles; c'est là que se trouvent les plus riches mines de fer de l'Angleterre.

LE PÈRE. — Oui, mon enfant, et ce qui peut nous surprendre encore plus que notre aveuglement, c'est que les Anglais n'aient pas employé ces moyens-là contre

nous dans les guerres des coalitions. Quant au jeu des
principales pièces d'une locomotive, vous l'avez compris sans doute. Il nous reste à connaître les moyens
d'éviter les accidents. Les plus importants sont le manomètre et les soupapes. L'instrument appelé manomètre indique l'intensité avec laquelle la vapeur presse
sur les parois de la chaudière; pression qui ne doit jamais excéder trois atmosphères et demie, c'est-à-dire
3 kilog. 615 gr. par centimètre carré, et qui pourrait
être sans danger beaucoup plus forte.

MARIA. — Permettez-moi, mon père, de vous demander l'explication du mot manomètre.

LE PÈRE. — Manomètre ou manoscope vient de *ma-
nos*, qui veut dire rare, parce que la vapeur est la raré-
faction ou la dilatation de l'eau. Ce mot veut donc dire,
je mesure, ou je vois la dilatation. L'autre moyen important sont les soupapes de sûreté. Chaque locomotive
en doit avoir deux, et l'une d'elles est hors de la portée
du mécanicien. Ces soupapes, dont la pression est cal-
culée scrupuleusement, ont pour but de laisser échapper la vapeur lorsqu'elle dépasse les trois atmosphères
et demie.

EUGÈNE. — Les explosions devraient être impossibles
avec de pareils moyens préservatifs.

LE PÈRE. — C'est vrai, mais les accidents arrivent malgré les plus minutieuses précautions, et s'il était possible de les éviter complétement, personne plus que les
mécaniciens n'y serait intéressé.

MARIA. — Mais il y a une autre cause de danger,
c'est la rencontre de deux trains.

LE PÈRE. —Oui; heureusement ces accidents deviennent de plus en plus rares, chaque jour ajoute à l'expérience et rend sages et habiles les hommes employés dans les diverses branches de ces établissements; ainsi les cantonniers, les aiguilleurs sont plus attentifs.

MARIA. —Je comprends bien ce qu'est un cantonnier, mais l'aiguilleur?

LE PÈRE. — Il est ainsi nommé parce qu'il est chargé de la manœuvre d'une barre de fer appelée aiguille, destinée à donner aux rails une direction différente. Par ce mouvement, un train est transporté sur une autre voie que celle où il était. L'opération de l'aiguilleur, comme au reste celle de tous les employés, est très-simple, mais exige une attention et une surveillance des plus minutieuses, puisque la vie de tous les voyageurs d'un train se trouve entre ses mains.

MARIA. — Que doit-il faire?

LE PÈRE. — Avant que je te réponde, regarde les rails, n'en vois-tu pas qui croisent obliquement les voies directes et qui se rendent parallèlement entre eux sur diverses lignes?

MARIA. — Je le vois parfaitement.

LE PÈRE. — Eh bien, la portion du rail direct qui se trouve près d'un de ces croisements est mobile, et peut se porter légèrement soit à droite soit à gauche. Si elle quitte le rail direct pour s'aligner avec un des rails obliques, elle lancera la locomotive, et par suite, tout le train sur cette ligne nouvelle, qui, par son obliquité transportera le convoi tout entier sur une autre voie. Au moyen de sa barre de fer qui opère un mouvement de bascule pour tirer ou repousser l'extrémité des deux raïls directs, l'aiguilleur, suivant les ordres reçus, donne la direction nécessaire aux trains.

MARIA. — Comment reçoit-il ces ordres?

LE PÈRE. — Il a d'abord les ordres généraux, c'est-à-dire ceux qu'il a dû recevoir d'avance, concernant l'heure du passage des convois, la direction que doivent prendre les divers trains, puis, comme il est toujours près des embarcadères, les avertissements lui sont transmis par le moyen du télégraphe.

MARIA. — Voilà encore une découverte magnifique!

LE PÈRE.—Elle doit contribuer aussi à changer la face du monde. Si le 30 mars 1814 Napoléon avait pu être averti par le télégraphe électrique de la marche de Blücher sur Paris, il serait accouru quelques heures plus tôt et peut-être aurait-il fait prisonniers les souverains des trois puissances qui nous assiégeaient. Et ceci n'est qu'un fait.

EUGÈNE. — La télégraphie électrique a été bien perfectionnée.

LE PÈRE. — Chaque instant, on pourrait le dire, y apporte des modifications. On est parvenu aujourd'hui à faire tracer sur une bande de papier des lignes et des points remplaçant les lettres de l'alphabet. Il en résulte que celui qui reçoit la dépêche n'a plus à s'occuper de la transcrire au fur et à mesure qu'on expédiait les caractères. Il n'y a plus d'erreur possible, excepté de la part de l'expéditeur.

MARIA. — N'est-ce pas Franklin qui, le premier, constata la présence du fluide électrique dans l'atmosphère?

EUGÈNE.—C'est un nom que nous n'avons pas encore

rencontré jusqu'ici, et je suis bien content, ma petite sœur, que tu l'aies prononcé, parce qu'il a sa place parmi les hommes de génie que nous devons inscrire dans notre journal.

LE PÈRE. — On avait connaissance des effets de l'électricité dans les temps les plus anciens, mais on n'avait pas pu comme aujourd'hui utiliser ce fluide et le diriger. Nous n'entrerons cependant pas dans de longs détails, il nous suffira des généralités pour nous rendre compte des résultats. Je n'userai pas votre temps à vous dire que l'électricité est un fluide impondérable, vous savez cela ; vous n'ignorez pas non plus qu'on a remarqué deux espèces d'électricités, l'électricité positive ou qui est fournie par le frottement sur du verre et l'électricité négative qui est fournie par la résine.

MARIA. — Vous êtes bien bon, mon père, de nous dire *vous n'ignorez pas*, vous auriez pu adresser votre phrase à Eugène le savant, mais votre pauvre Maria ignore tout cela.

LE PÈRE. — Suppose que j'ai tourné autrement ma phrase. On a donc observé que tous les corps contiennent un fluide appelé dans l'antiquité *électron*, et de plus que ce fluide est de deux espèces : l'une produite par le frottement d'un morceau de verre, l'autre par celui d'un bâton de résine. Ces deux électricités, qu'on appelait vitrée et résineuse, s'attirent réciproquement. Par conséquent, deux objets ou deux corps, ainsi qu'on les appelle en physique, chargés l'un d'électricité vitrée, l'autre d'électricité résineuse sont attirés l'un vers l'autre, et au contraire se repoussent s'ils sont chargés d'électricité de même nature.

MARIA. — Puisque l'électricité ne peut pas tomber sous nos sens, comment peut-on savoir de quelle électricité les corps sont chargés ?

LE PÈRE. — C'est très-facile. Tu connais le sureau, sans doute, car tu as dû voir des enfants se servir d'un bâton de cet arbre pour faire des canonnières. Ils en retirent la moelle qui en remplit presque entièrement l'intérieur, et ils ont tout de suite un canon.

MARIA. — Il ne faudrait pas avoir de frère pour n'avoir pas vu de ces canonnières. Ces messieurs sont si belliqueux !

LE PÈRE. — La moelle de sureau est très-légère ; si l'on en taille une petite balle, elle pèsera peu, n'est-ce pas ?

MARIA. — Certainement.

LE PÈRE. — Suspendue à un fil de soie, elle suivrait sans y opposer d'obstacle la moindre impulsion qu'on lui donnerait. Rien qu'en soufflant on la ferait osciller.

MARIA. — Oui, mon père, mais je ne vois pas comment on arrivera ainsi jusqu'à l'électricité.

LE PÈRE. — Vous êtes, ton frère et toi, également dépourvus de patience. Attends, et suis mon explication sans en rien perdre, puisque nous n'avons pas dans la rue d'instruments qui, par la démonstration, permettent d'abréger.

MARIA. — Pardon, mon père, j'écoute avec attention.

EUGÈNE. — J'ai dans cette circonstance, au moins, fait preuve de grandeur d'âme.

MARIA. — Tu es un héros stoïcien.

LE PÈRE. — Si, tenant le fil de soie entre les doigts, on approche cette petite balle de moelle de sureau d'un bâton de résine ou de cire à cacheter qu'on aura frotté sur un objet de laine, comme une manche d'habit, par exemple, elle se chargera d'électricité résineuse qui prend aussi le nom de négative. Ainsi disposée, elle sera repoussée par les corps chargés d'électricité négative et attirée par l'électricité contraire. Tu vois qu'il sera facile en faisant l'expérience, d'arriver à connaître de quelle électricité est chargée un corps.

MARIA. — Je comprends très-bien. Je saurai donc qu'il y a dans la nature deux espèces d'électricité : l'électricité positive ou vitrée et l'électricité négative ou résineuse, et que ces deux sortes de fluides s'attirent réciproquement.

LE PÈRE. — Très-bien. Une autre remarque que tu aurais pu faire, c'est qu'un corps cède une portion de son électricité au corps qui le touche. Ainsi la balle de sureau s'est chargée d'électricité négative par le contact du bâton de résine ou de cire à cacheter, mais si ensuite on la mettait en rapport avec un corps chargé d'électricité vitrée ou positive, elle céderait à ce corps une partie de son électricité négative pour la remplacer par de l'électricité positive.

MARIA. — Ainsi les corps sont donc chargés des deux électricités ?

LE PÈRE. — Toujours ; c'est là ce qu'on appelle le fluide naturel ou neutre.

MARIA. — Mais pourquoi l'électricité qui est sur le bâton de résine y reste-t-elle, puisque les corps qui sont en contact se cèdent mutuellement de l'électricité ? Il me semble que la main qui tient ce bâton devrait prendre de son électricité.

LE PÈRE. — Vois, ma chère enfant, ce que l'habitude d'observer peut produire. Les questions que tu me fais aujourd'hui sont beaucoup plus élevées, beaucoup plus judicieuses que celles d'avant-hier. Ce que tu me dis est parfaitement juste, et a dû frapper l'esprit de ceux qui, les premiers, se sont occupés de ce fluide. En effet, l'électricité qui se fixe soit sur le bâton de résine, soit sur le bâton de verre, devrait s'échapper, mais ces deux substances la retiennent, et, de plus, ne se chargent que de l'une ou de l'autre électricité. C'est ce qui a fait partager les corps en deux classes, les corps bons conducteurs de l'électricité, et les corps mauvais conducteurs ou isolants.

MARIA. — Le sureau est alors mauvais conducteur.

LE PÈRE. — Non, mais c'est le fil de soie auquel la petite balle est suspendue qui est un corps isolant. C'est pourquoi la balle reste électrisée, elle ne perd pas son fluide, qui y est retenu par le fil de soie.

MARIA. — Y a-t-il un grand nombre de ces corps mauvais conducteurs ?

LE PÈRE. — On en compte plus dans la classe contraire. Les corps mauvais conducteurs sont : le verre, la résine, la fourrure animale, le bois, le papier, la soie, l'air sec ; voilà les principaux. L'eau, les métaux surtout, sont très-bons conducteurs, à l'exception du plomb. Aussi, quand la chaleur de l'atmosphère produit de l'évaporation, l'électricité s'élève de la terre avec les vapeurs, et charge les nuages qui restent dans cet état jusqu'à ce qu'ils s'approchent les uns des autres, ou de la terre pour se décharger du superflu de ce fluide. L'échange que font entre eux les nuages des électricités différentes pour établir l'équilibre, produit ce qu'on nomme la foudre, manifestée par une étincelle et une détonation.

EUGÈNE. — Tu comprends bien, Maria, que c'est là le tonnerre.

MARIA. — Pour qui donc me prends-tu ? N'est-ce pas clair ? Mais je vous ai fait faire une longue digression, mon bon père, au moment où vous alliez m'expliquer ce télégraphe.

LE PÈRE. — Tes remarques vont te servir. Tu as regardé sans doute ces poteaux placés le long des voies ferrées, et supportant des fils de fer accrochés à des espèces de godets blancs ?

MARIA. — Oui, mon père.

LE PÈRE. — Les fils de fer, très-bons conducteurs de l'électricité, ont pour but de la transmettre aussi loin qu'ils se prolongent, et, comme le bois n'est pas un corps suffisamment isolant, on a fait supporter ces fils par des poulies ou des godets en porcelaine ou en verre fondu qui, ne se chargeant pas de l'électricité pour la transmettre, n'en déchargent point ces fils de fer où elle glisse sans interruption et instantanément d'un bout à l'autre.

MARIA. — Je vous suis parfaitement, mon père, et je comprends que le fluide arrive sans obstacle à l'autre extrémité du fil de fer qui est suspendu aux poteaux, et isolé par du verre au milieu de l'air, tous deux mauvais conducteurs.

LE PÈRE. — C'est très-bien. Ce fil de fer, à l'extrémité opposée au point de départ, se joint à un autre en s'enroulant sur un morceau de fer doux qui s'aimante tant que l'électricité se transmet d'un fil de fer à l'autre. Tu as bien vu l'effet de l'aimant ?

MARIA. — Oh ! oui, mon père. Je me suis souvent amusée à enlever des aiguilles, à les faire voyager sur un papier au moyen d'un aimant que je promenais sous la feuille.

LE PÈRE. — Tu comprends alors que cet aimant accidentel en fer doux, pourrait attirer un objet d'acier, comme un coin, une palette, par exemple, et le changer de place. Si, dans sa position première, cet objet entrave les dents d'une roue, que tendrait à faire mouvoir un mécanisme régulier, un ressort, par exemple, cette roue tournera dès que ses dents ne seront plus arrêtées par la palette d'acier.

MARIA. — Cela est parfaitement clair pour moi, quoique les lèvres d'Eugène semblent vouloir me lancer quelque trait.

EUGÈNE. — Tu te trompes, je souris d'approbation ; j'applaudis à tes succès.

MARIA. — Modèle des frères ! Pourquoi faut-il que nous n'ayons pas vécu au temps de Castor et Pollux, nous les aurions détrônés ; c'est toi qui aurais été Pollux, l'immortel, car ton amour fraternel aurait certainement voulu que je te dusse l'immortalité. Mon père, nous avons laissé notre roue en mouvement.

LE PÈRE. — Il ne te sera pas difficile d'imaginer une aiguille fixée à cette roue, et tournant sur un cadran où elle indiquerait successivement des lettres, en suivant le mouvement même de la roue. Il suffira d'entretenir ou d'arrêter le courant électrique, pour que le coin d'acier laisse tourner ou arrête la roue à l'endroit où l'on veut indiquer une lettre.

MARIA. — C'est vrai, mais ce courant peut donc être produit par un effet de la volonté.

LE PÈRE. — Certainement, on a, par des moyens faciles, un siége d'électricité continuelle, et d'abord, il faut te souvenir de ce que je t'ai dit de la décharge des nuages.

MARIA. — Je me le rappelle parfaitement. Vous m'avez dit que les nuages restent chargés d'électricité jusqu'à ce qu'ils s'approchent les uns des autres ou de la terre.

LE PÈRE. — Très-bien. C'est la terre qui est le réservoir commun du fluide, dont l'air mauvais conducteur ne lui permet pas de se débarrasser ; et si l'atmosphère en contient, ce n'est que par son humidité, mais cette électricité émane de la terre, où elle tend toujours à revenir par le moyen des corps bons conducteurs.

EUGÈNE. — Ainsi, nous comprendrons que les montagnes, les arbres, les édifices élevés, se trouvant rapprochés des nuages, doivent les premiers servir de trait d'union, pour ainsi dire, entre ces nuages et la terre.

MARIA. — Ta comparaison me fait saisir encore plus l'explication de notre bon père. C'est alors pour cela qu'on a dit : les corps élevés sont les premiers frappés de la foudre.

LE PÈRE. — Justement. Eh bien, l'homme est parvenu, en appliquant la connaissance qu'il a des deux électricités, à se composer un courant électrique si puissant, qu'il pourrait foudroyer un bœuf. Pour cela, on place les unes au-dessus des autres, deux à deux, des plaques de métal, toujours dans le même ordre, de cuivre et de zinc, par exemple, en séparant chaque couple par des rondelles de drap imbibées d'un acide. Le disque de zinc dégage de l'électricité positive, l'autre de l'électricité négative, qui passent successivement d'un couple à l'autre et arrivent aux deux extrémités de la pile, appelées les pôles, en suivant toujours la même route. Comme ces plaques sont empilées, et que c'est le fameux Volta, et après lui Galvani, qui ont fait cette découverte, on appelle cela la pile de Volta, ou la pile galvanique.

MARIA. — Voilà pourquoi l'électricité glisse sur les fils de fer de la route ; ils touchent probablement à cette pile.

LE PÈRE.—Quand on le veut. Cette pile, dont les deux pôles sont réunis par un corps bon conducteur, afin d'obtenir un courant électrique, est en communication avec une roue dentée, dont les dents touchent à l'une des extrémités du fil de la route. Dès qu'en tournant la roue, on interrompt ce contact, le fil cesse d'être électrisé, et, par suite, le fer doux cesse d'être aimant, la palette d'acier n'étant plus attirée, s'éloigne du fer doux et arrêtant la roue placée auprès d'elle, présente la lettre que l'expéditeur a l'intention de montrer.

MARIA. — Vous nous avez nommé deux fois le fer doux, est-ce une espèce particulière ?

LE PÈRE. — Non, mon enfant. C'est du fer pur, du fer qu'on a débarrassé, par des moyens chimiques, de tout corps étranger auquel il aurait pu s'allier dans la terre. Car aucun métal tiré de la mine n'est pur ; ainsi, le fer s'allie très-souvent au soufre et à d'autres substances.

EUGÈNE. — Vous nous avez dit que le télégraphe écrit maintenant, c'est celui que nous avons sous les yeux, n'est-il pas vrai, mon père ?

LE PÈRE. — C'est le télégraphe de Morse, dont la roue, placée à l'extrémité du fil opposée à la pile déroule une bande de papier sans fin, et y fait tracer par un crayon des lignes remplaçant les lettres [1], c'est la même cause qui agit et qui produit un effet perfectionné.

MARIA. — Les gens qui ignorent cela croyaient que le télégraphe pouvait transmettre les dépêches, comme le ferait la poste, et le jardinier de la pension disait un jour qu'il ne s'expliquait pas bien comment une lettre pouvait parvenir en Crimée, de manière à ce que le télégraphe en rapportât la réponse le même jour.

LE PÈRE. — Un journal a poussé la plaisanterie plus loin ; il raconte qu'un homme dont le fils était au service voulait lui envoyer une paire de souliers neufs, et qu'il trouva tout naturel de les suspendre à l'un des fils de fer de la voie. Un passant qui manquait de bonne chaussure les décrocha et mit à la place ses vieux souliers. Le bonhomme en voyant cela le lendemain matin s'écria : Voyez-vous, mon fils a reçu les souliers neufs, car il me renvoie ses vieux !

MARIA. — Quelle bonne mystification !

LE PÈRE. — On a débité une foule de contes là-dessus ; nous avons en France la disposition de plaisanter sur tout, et, il faut l'avouer, on s'en acquitte souvent avec beaucoup de finesse et d'esprit.

EUGÈNE. — Maria, vois-tu cette horloge placée près des bureaux du départ ?

MARIA. — Oui, eh bien !

EUGÈNE. — Quelle heure est-il ?

[1] Voir à la fin du volume l'alphabet Morse.

MARIA. — Il est midi moins dix minutes; après?

EUGÈNE. — Tu ne remarques pas qu'elle n'est pas faite comme les autres?

MARIA. — A vrai dire, je n'ai jamais examiné d'horloges ni de pendules.

LE PÈRE. — Voyons, ne la fais donc pas languir ainsi. Ton frère veut te prouver sa science en te disant que c'est une horloge électrique, mise en rapports avec toutes celles de la route, et que d'un bout à l'autre l'heure est indiquée à l'instant même semblable à celle du cadran de Paris. On a fait pour le mouvement des aiguilles ce qu'on fait pour le cadran des lettres du télégraphe.

MARIA. — Ah! c'est très-curieux. On peut ainsi, en prenant l'heure de la station du chemin de fer, connaître par la différence avec les heures de la localité, la longitude des lieux où l'on se trouve.

LE PÈRE. — Bien! bien! Je suis très-satisfait de toi. Voici bientôt midi, dis-moi quelle serait la ville où l'on dîne maintenant, et dont le cadran électrique marquerait ici environ six heures du soir.

MARIA. — O mon père, vous me prenez à l'improviste, cependant je crois que ce serait à Calcutta, qui est de 86 à 87° à l'est du méridien de Paris.

LE PÈRE. — Bravo! Pour ta récompense c'est toi qui vas commander notre déjeuner, je te donne carte blanche, mais je veux auparavant te venger de la taquinerie de ton frère en lui demandant quelle heure devrait indiquer cette horloge à présent si elle avait été réglée sur le soleil.

EUGÈNE. — Je ne pourrais pas le dire; mais ce que je

sais, c'est que le temps vrai ou l'heure du soleil, et le temps moyen ou l'heure d'une montre bien réglée, ne concordent que quatre fois par an : le 24 décembre, le 14 avril, le 15 juin et le 31 août.

LE PÈRE. — Tu t'embarrasses de peu. Nous sommes aujourd'hui le 14 août, la différence ne peut être énorme; en effet, elle n'est que de 4^m 28^s d'avance sur le soleil. Le cadran marque midi moins 5^m, il doit donc être midi à nos montres.

MARIA.—Voyez, mon père, ma montre est juste à midi.

EUGÈNE. — Tu avances d'une demi-minute.

MARIA. — C'est la flèche du Parthe que tu me lances; mais tu fuis comme lui, tu es battu.

—

SIXIÈME PROMENADE.

—

LA CHAUSSÉE-D'ANTIN, LES BOULEVARDS DU PREMIER ARRONDISSEMENT.

LE PÈRE. — Nous sommes ici rue du Havre ou plutôt place du Havre, continuons à suivre la rue Saint-Lazare.

MARIA. — Pourquoi ce nom, mon père, s'il vous plaît ?

LE PÈRE. — Saint Lazare, tu t'en souviens, est le pauvre de l'Évangile qui ramassait les miettes tombées de la table du mauvais riche, et auquel celui-ci, dans l'autre vie, demande en grâce une goutte d'eau. Ce pauvre devint le patron des lépreux, de ces malheureux que repoussait la société et dont la vie devenait un véritable supplice.

MARIA. — Je me rappelle les imprécations qu'on prononçait sur eux, les défenses qu'on leur faisait, l'espèce de service funèbre qui précédait leur entrée dans la léproserie, mais je croyais que ces hospices étaient loin des villes, tandis que la rue Saint-Lazare est tout près de la Madeleine.

EUGÈNE. — A mon tour. Je t'y prends, tu ne te souviens pas que la Madeleine actuelle a été bâtie près de l'ancienne église, et que toutes les deux étaient hors de Paris.

MARIA. — Ah ! c'est vrai, mais ce quartier a l'air d'avoir été bâti depuis longtemps et j'avais oublié où j'étais.

LE PÈRE.—Il n'y a pas vingt ans que cette place du Havre était un chantier de bois à brûler, et dans l'antiquité tous ces terrains, jusqu'au delà du faubourg Saint-Martin, n'étaient que des marais. Il y a un siècle à peine que cette rue, nommée indifféremment rue des Porcherons et rue d'Argenteuil, n'était bordée que de rares maisons.

MARIA. — Il n'y avait donc pas de léproserie ici ?

LE PÈRE. — Non, elle était plus loin, mais cette rue y conduisait et elle en a pris le nom. L'hospice de Saint Lazare, que nous verrons dans le troisième arrondissement, est aujourd'hui une maison de correction et de détention pour les femmes ; nous en parlerons alors.

EUGÈNE. — Les rues continuent à prendre des noms de villes ; voici à gauche la rue d'Amsterdam, le passage du Havre à droite.

MARIA. — Oui, mais voici la rue Caumartin, ce n'est pas une ville celle-là, je n'en connais pas de ce nom.

EUGÈNE. — Tu n'es pas un dictionnaire géographique infaillible. Quelle mémoire il y aurait dans cette petite cervelle !

LE PÈRE. — Les Lefèvre de Caumartin sortaient d'une famille picarde, ou plutôt du Ponthieu. Le premier magistrat qu'on cite dans cette famille était bègue, ce qui n'arrêta pas Louis XIII pour le nommer ambassadeur ; car, selon le jugement de Brantôme, quoique bègue, il n'avait pas la langue empêchée. Cependant le roi avait dit : « Caumartin est bègue et moi aussi : il aurait besoin d'un autre qui parlât pour lui, et il devrait aider à ma parole. » Son petit-fils, dont on avait confié l'éducation à Fléchier, était un magistrat plein d'esprit et de probité. Il reçut à la fois les louanges de Boileau et celles de Voltaire. Ce dernier en disait :

« Homme sage, esprit juste et fin. »

L'autre :

« Chacun de l'équité ne fait pas son flambeau,
« Tout n'est pas Caumartin, Bignon, ni d'Aguesseau. »

EUGÈNE. — Ces mots valent une oraison funèbre !

MARIA. — Est-ce celui-là qui a nommé cette rue?

LE PÈRE. — Non, c'est l'abbé, son frère ! membre de l'Académie française, filleul du cardinal de Retz, et qui encourut la défaveur de Louis XIV pour avoir fait, malgré la présence du roi, un discours finement satirique, où l'ironie se cachait sous l'éloge à la réception de l'évêque de Noyon, Mgr de Clermont-Tonnerre. Jamais il n'obtint d'avancement tant que vécut ce roi aux volontés duquel on ne résistait jamais impunément ; mais, après la mort du monarque, il devint, en 1717, évêque de Vannes, où il accomplit saintement ses devoirs épiscopaux ainsi qu'à Blois, où il fut ensuite promu.

MARIA. — Que pouvait-il donc dire contre le prélat ?

LE PÈRE. — On pouvait lui reprocher quelques travers ; mais ses ennemis, qui lui ont fait tout le mal qu'ils ont pu, même après sa mort, n'ont pu détruire le bien qu'on lui doit. Monseigneur de Clermont-Tonnerre passait dans le monde et à la cour pour être rempli de vanité. Il devint à cette occasion le jouet de tous. Louis XIV lui-même le plaisantait. Eh bien ! un homme *plein de lui* n'aurait pas reçu les sarcasmes avec douceur et même avec bienveillance : rien n'est plus impitoyable que la vanité blessée.

MARIA. — Pourquoi donc l'abbé de Caumartin s'est-li amusé à ses dépens ?

LE PÈRE. — Probablement parce que c'était devenu à la mode. Mais l'évêque de Noyon, loin de lui garder rancune, vint trouver l'orateur, l'assurant qu'il ne lui en voulait pas, et fut un des premiers à solliciter pour l'abbé un siége épiscopal.

EUGÈNE. — Tu vas passer, Maria, devant les bains de Tivoli sans y prendre garde.

MARIA. — Tu as sans doute quelque particularité à me citer.

EUGÈNE. — Aucune, si ce n'est le nom de l'établissement que je m'explique peu au milieu de Paris.

LE PÈRE. — C'est le nom d'un ancien jardin public appelé Tivoli et qui fut fort en vogue il y a cinquante ans. On y admirait des arbres magnifiques, et les promeneurs y trouvaient toutes sortes d'amusements.

MARIA. — Mais pourquoi lui donner un nom italien ?

LE PÈRE. — Parce qu'il existe, tu le sais bien, aux environs de Rome une petite ville placée dans une des situations les plus pittoresques et qu'on appelle Tivoli, où les Romains riches ont leurs villas.

EUGÈNE. — L'ancien Tibur, séjour d'Adrien, de Mécène, de Varron et d'autres.

MARIA. — Ajoute donc à tout cela que les Gaulois l'ont

conservé pendant plus de vingt ans après avoir été
chassés de Rome par Camille, cela sera cause que nous
ne saurons pas la raison qui vaut à cet établissement
le nom de Tivoli.

LE PÈRE. — Allons, ma bonne Maria, j'y vais venir.
Comme la population riche s'est fixée à Tivoli, on y
fonda un jardin de plaisir où l'on construisit des montagnes russes. Ce jardin fut très-fréquenté, et aussitôt à Naples, à Vienne, à Paris, on fit des Tivoli.

EUGÈNE. — Et moi qui croyais que les montagnes
russes du jardin Beaujon étaient une invention parisienne, quelle illusion vous me faites perdre !

LE PÈRE. — Il faut rendre à chacun ce qui lui appartient, et le Tivoli romain l'emportera toujours sur ce
qu'on inventera dans d'autres contrées. Il faudrait le
ciel pur de l'Italie, les jolies cascades que les Italiens
appellent gracieusement les cascatelles ; il faudrait les
pins d'Italie, la pureté du climat de cette habitation
charmante, et ses pittoresques environs pour rivaliser
avec l'antique Tibur.

MARIA. — C'est l'Anio, qu'on appelle aujourd'hui Te-
verone qui alimente ces séduisantes cascatelles.

LE PÈRE. — Oui, mon enfant, à dix-huit kilomètres
E. de Rome.

EUGÈNE. — Je conçois qu'on a dû s'emparer de ce
nom-là pour un jardin public, et quand j'avais lu passage de Tivoli, je croyais y voir une suite à la nomenclature des villes inscrites au coin des rues. Cependant je ne m'expliquais pas pourquoi le nom d'un lieu
si peu important figurait à côté des capitales.

LE PÈRE. — Le passage de Tivoli n'a été percé qu'en

1826 et se construisit lentement. En souvenir de la brillante victoire navale remportée sur la flotte turco-égyptienne le 20 octobre 1827 par les escadres française, anglaise et russe, ce passage avait été appelé passage Navarin, mais les maisons bâties dans ce quartier perdu à cette époque ne purent se vendre, se louèrent difficilement et les constructeurs firent faillite. Alors les Parisiens, qui ne laissent passer aucune occasion de plaisanterie ou de satire, le nommèrent passage Mandrin, rappelant ainsi un célèbre contre-bandier qui mourut sur la roue en 1775.

EUGÈNE. — Voici à droite de belles maisons toutes neuves, mais qui sont loin de l'alignement des autres.

LE PÈRE. — C'est l'alignement de ces maisons nou-velles qui sera dorénavant celui de cette portion de la rue Saint-Lazare. En 1855 il y avait encore à leur place un hôtel très-ancien dont vous voyez la porte d'entrée au n° 99. On l'appelait le château du Coq.

MARIA. — Un château! avec cette hideuse et sale entrée !

LE PÈRE. — Oui, un château, qui s'appelait aussi le château des Porcherons, à cause du village placé dans ses environs. Quand il prit le nom de château du Coq, la rue de Clichy que nous avons à gauche portait le nom de rue du Coq. On lisait sur la porte de cette habitation : Hôtel du Coq, 1320.

EUGÈNE. — Les Porcherons tiraient sans doute leur nom du genre d'animaux qu'on élevait dans ce vil-lage ?

LE PÈRE. — Cela fournissait en partie à l'alimenta-tion de Paris, et ce village avait sa chapelle des Porcheron̄s, où nous verrons Notre-Dame-de-Lorette. Les Porcherons furent le rendez-vous des buveurs et des amis de la bonne chère dans la classe peu élevée de la population parisienne. Le château du Coq, détruit aujourd'hui, et que tu as tant méprisé, a pourtant son illustration historique, Maria.

MARIA. — Laquelle donc? est-ce d'avoir enrichi les seigneurs porchers qui l'habitaient?

LE PÈRE. — Non, du tout, s'il vous plaît. Mais en 1461, le 31 août, le roi Louis XI, revenant de son sacre à Reims, s'arrêta à l'hôtel des Porcherons et y séjourna jusqu'à ce que les autorités parisiennes fussent venues lui offrir les clefs de la porte Saint-Denis. On y donna même une fête magnifique.

MARIA. — Je souhaite bien du plaisir au roi Louis XI.

EUGÈNE. — Tu ne te reportes pas au temps de la splendeur d'un château dont nous apercevons des débris, mais lorsque les maisons bâties aujourd'hui en face n'étaient pas encore faites, on devait y jouir d'une belle perspective.

LE PÈRE. — Dans les temps modernes, le marquis de Barthélemy, l'un des cinq Directeurs, en était le propriétaire. C'était le neveu de l'abbé Barthélemy, auteur du *Voyage du jeune Anacharsis en Grèce*. Le marquis de Barthélemy fut arrêté le 18 fructidor an VI (4 septembre 1797) et déporté à la Guiane avec Ramel et Pichegru. Les portes de la France lui furent ouvertes par le premier consul après le 18 brumaire (9 novembre 1799). Il devint sénateur le 15 février 1800.

MARIA. — Nous arrivons ainsi jusqu'à la rue de la Chaussée-d'Antin, tirant son nom du ministre de

Louis XIV, dont vous nous avez dit deux mots dans les Champs-Élysées.

LE PÈRE. — C'est celui-là même, qui prit une route différente de celle où était entrée l'abbé de Caumartin. Ce fut un flatteur, mais il flatta en action, tandis que les autres flattent en paroles. Il était fils du marquis de Montespan, et s'appelait Louis Antoine de Pardaillan, de Gondrin, de Montespan, d'Antin.

EUGÈNE.—Quelle liste de noms ! on se croirait en Espagne, où chaque grand seigneur en porte cinq ou six.

LE PÈRE. — Et tous ces noms viennent de localités méridionales : Pardaillan est dans le département du Lot-et-Garonne, près de Marmande ; Gondrin, dans le département du Gers, près de Condom ; Montespan, dans le département de la Haute-Garonne, près de Saint-Gaudens, et Antin, près de Tarbes, dans le département des Hautes-Pyrénées.

MARIA. — Comment peut-on flatter en action ?

LE PÈRE.—Tu vas le voir. Le duc d'Antin possédait aux environs de Paris le château de Petit-Bourg, qui avait été transformé, en 1843, par M. Allier, en asile appelé colonie, où l'on recueillait les jeunes garçons pauvres pour les élever dans de bons sentiments de morale et de travail, et qui maintenant est une maison correctionnelle pour de jeunes détenus. Louis XIV et Mme de Maintenon lui firent l'honneur de visiter sa résidence et y passèrent quelque temps. Quelle ne fut pas la surprise de Mme de Maintenon lorsqu'elle entra dans la chambre qu'on lui avait préparée, d'y rencontrer la même disposition, les mêmes tentures, les mêmes meubles que dans sa chambre du château de Versailles !

Le duc d'Antin avait poussé la prévenance jusqu'à la minutie, car, en s'approchant d'une table, Mme de Maintenon y trouva les livres qu'elle avait feuilletés la veille arrangés de la même manière et marqués au même endroit. Ces détails, fournis par Saint-Simon, sont d'une exactitude certaine.

MARIA. — Quelle recherche! et comme madame de Maintenon a dû être flattée de se voir dire ainsi : Madame, vous êtes ici chez vous! C'est très délicat.

LE PÈRE. — Le roi eut aussi sa part. En se promenant dans le parc, il critiqua une allée de marronniers qui voilait la vue du côté de la Seine. A son réveil, le lendemain, l'allée avait disparu, et le duc d'Antin dit au roi qui s'étonnait : « Sire, c'est parce que Votre Majesté les a condamnés qu'elle ne les voit plus. »

EUGÈNE. — Quelle recherche d'adulation !

LE PÈRE. — Une scène à peu près semblable se passa à Fontainebleau. Un petit bois déplaisait au roi qui en avait témoigné son mécontentement. Le lendemain, Louis XIV, adroitement amené au même endroit par son courtisan, exprime le même déplaisir : « Dès que Votre Majesté l'ordonnera, Sire, ce bois tombera.— En vérité, dit Louis XIV, je voudrais bien voir cela. » Le duc d'Antin donne aussitôt un coup de sifflet, et tous les arbres tombent. Il les avait fait scier au bas du tronc, et avait aposté à chaque arbre un homme tout prêt à le pousser au premier signal. La duchesse de Bourgogne, femme du petit-fils du roi, s'écria, dans sa surprise : « Ah! mesdames, prenez garde que le roi ne demande nos têtes, M. d'Antin est capable de les faire abattre à l'instant! »

EUGÈNE. — Le nom de chaussée n'est pas celui d'une rue et fait supposer une étendue d'eau.

MARIA. — Tu sais bien que notre père nous a dit que cette portion de Paris était autrefois un marais. Sans doute on aura coupé ce marais par une chaussée.

LE PÈRE. — C'est vrai. C'était la route par laquelle passaient les gens qui voulaient aller s'enivrer aux Porcherons, et ce n'étaient pas toujours des gens du peuple. De jeunes seigneurs ne rougissaient pas d'y aller faire des orgies dégoûtantes ou de s'y battre en duel. Cette rue s'est appelée successivement chemin de l'Egout-de-Gaillon, des Porcherons, de la chaussée de Gaillon, rue de l'Hôtel-Dieu, de la Chaussée-d'Antin, de Mirabeau, du Montblanc, pour revenir au nom qu'elle porte aujourd'hui.

MARIA. — Le duc d'Antin demeurait-il dans cette rue ?

LE PÈRE. — Non pas précisément, mais la chaussée commençait à la porte de Paris, appelée Porte-Gaillon, près de son hôtel, détruit aujourd'hui, et sur l'emplacement duquel on a percé la rue d'Antin dans le deuxième arrondissement.

EUGÈNE. — Mirabeau y a-t-il habité, pour qu'on lui ait donné son nom ?

LE PÈRE. — Il y est mort dans l'hôtel qui porte le n° 42, et où la municipalité avait fait inscrire en lettres d'or sur une table de marbre noir les deux vers composés à cette occasion par Chénier :

> L'âme de Mirabeau s'exhala dans ces lieux.
> Hommes libres, pleurez ! tyrans, baissez les yeux.

MARIA. — Avez-vous vu cette sorte d'épitaphe, mon père ?

LE PÈRE. — Non, elle fut enlevée en 1793, époque à laquelle on aurait porté le fougueux Mirabeau sur la liste des modérés ; on donna le nom de Montblanc à la rue à cause de la réunion à la France de cette partie des Etats de la Sardaigne en 1792.

EUGÈNE. — C'est dans cette rue que demeurait le général Foy dont la conduite militaire fut si glorieuse en Espagne, et l'éloquence si redoutable à la tribune des députés.

MARIA. — Quelle belle phrase ! rien n'y manque, ni le fond, ni la forme.

LE PÈRE. — Il n'y eut pas que cet homme célèbre qui illustra cette rue. MM. Campenon, l'académicien ; Necker ; le banquier Récamier ; Mlle Guimard, la danseuse, ont demeuré dans les premières maisons de la rue, du côté du boulevard, où se trouvent aujourd'hui les bureaux du chemin de fer. L'hôtel habité par l'impératrice Joséphine avant son mariage avec Napoléon était au n° 62, c'est là qu'est mort le général Foy, le 26 novembre 1825, et que ses fils ont fait bâtir la maison qu'on y voit aujourd'hui. Le cardinal Fesch, archevêque de Lyon, oncle de Napoléon, habitait l'une des dernières maisons de la rue, au n° 70.

MARIA. — Que de gens illustres ! Ils sont presque tous de ce siècle.

LE PÈRE. — Le plus ancien nom de ceux-ci est celui de Mlle Guimard, à laquelle le prince de Soubise fit construire une sorte de palais au milieu des joncs et de la vase des marais.

EUGÈNE. — Est-ce celui que le grand Frédéric de Prusse battit à Rosbach ?

LE PÈRE. — C'est lui ; ce général inhabile et malheureux dut ses grades à son caractère de courtisan. On ne peut cependant pas lui refuser de grandes qualités. Il était brave, généreux, bienfaisant, et n'eut de revers militaires que lorsqu'il commanda en chef, car à Fontenoi il conduisit les gendarmes de la garde et contribua au gain de la bataille. Voltaire a dit, dans un poëme sur cette victoire :

> Maison du roi, marchez, assurez la victoire,
> Soubise et Pecquigny vous mènent à la gloire.

EUGÈNE. — C'est qu'il y a une grande distance entre le talent d'un capitaine et celui d'un général.

LE PÈRE. — Le premier peut s'acquérir, mais le second est comme le génie, il naît avec l'homme.

MARIA. — Nous coupons en deux la rue de la Victoire.

LE PÈRE. — Oui, elle s'appela successivement ruellette aux Marais-des Porcherons, ruelle des Postes et rue Chantereine. Ce ne fut qu'après la paix de Campo-Formio qu'elle prit le nom de rue de la Victoire. Nous parlerons de cette circonstance dans une de nos promenades du deuxième arrondissement, car la portion de droite appartient au premier arrondissement, c'est la plus moderne ; celle de gauche au second.

EUGÈNE. — Rue de Joubert. C'était le nom d'un général de la République.

LE PÈRE. — Qui fut blessé mortellement à Novi, le 15 août 1799, âgé seulement de 30 ans. Il était général depuis 1795. Son premier exploit avait été de défendre, en 1793, avec le grade de lieutenant, à la tête de trente grenadiers, une redoute du col de Tende contre 500 Piémontais. Il dut céder au nombre et fut amené prisonnier au roi de Sardaigne qui le traita durement. Pendant la brillante campagne d'Italie, il fit dire de lui par le général Bonaparte : « Il est tout à la fois grenadier par son courage et général par ses talents et ses connaissances militaires. » Il est peu de batailles où il ne se soit distingué.

MARIA. — Cette rue fut percée en son honneur sans doute ?

LE PÈRE. — Non, elle est de 1780, mais elle reçut son nom lorsque Bonaparte, premier consul, fit rendre aux restes de Joubert les plus grands honneurs militaires.

MARIA. — C'est nous dire qu'il était Parisien.

LE PÈRE. — Joubert était né en 1769 dans le département de l'Ain, à Pont-de-Vaux, et son corps fut déposé, par l'ordre du premier consul, près de Toulon, dans l'ancien fort Lamalgue, aujourd'hui fort Joubert.

EUGÈNE. — Et dans son pays qu'a-t-on fait ?

LE PÈRE. — On lui a élevé une statue. Voyez-vous au bout de la rue le lycée Bonaparte ?

EUGÈNE. — Oui, mon père, je le connais.

LE PÈRE. — Sais-tu qu'il est bâti sur les terrains des anciens Capucins, auxquels on avait donné la chapelle de Saint-Eustache, qui est aujourd'hui l'église de Saint-Louis d'Antin ?

EUGÈNE. — Non, mon père, j'ignorais cela.

LE PÈRE.— Cette église ne manque pas d'élégance et avait été construite par l'architecte Brongniart.

MARIA. — J'aurais bien voulu la visiter.

LE PÈRE. — Nous y reviendrons, et vous remarquerez qu'on y conserve le cœur du comte de Choiseul-Gouffier. Nous arrivons à la rue Saint-Nicolas-d'Antin, qui portait le nom de ruelle de l'Egout.

MARIA. — Quel vilain nom !

LE PÈRE. — Il vient en effet d'un égout qui existe encore, mais qui est caché par la chaussée de la rue, tandis qu'alors il coulait à ciel ouvert et était traversé à l'endroit où la rue de la Chaussée-d'Antin sépare la rue de Provence de celle-ci, par un petit pont ou ponceau. Nous avons déjà parlé de ce ruisseau qui venait de Belleville.

MARIA. — Je m'en souviens bien, mon père, à propos du nom de la rue des Saussaies.

LE PÈRE. — La rue qui est à notre gauche est la rue de Provence qui est dans le deuxième arrondissement et que nous ne ferons que mentionner. Avant d'arriver au boulevard, nous allons rencontrer à droite, la rue Neuve-des-Mathurins, qui était jadis une ruelle et qui longeait le couvent des religieux de cet ordre.

EUGÈNE. — Quel était cet ordre de religieux, s'il vous plaît, mon père ?

LE PÈRE. — C'étaient de pieux missionnaires qui se nommèrent d'abord religieux de la Sainte-Trinité, et qui, à la fin du XIIᵉ siècle, s'étaient fixé comme devoir de racheter aux musulmans les captifs chrétiens. Ils y parvenaient plus facilement en échangeant les prisonniers musulmans contre des prisonniers chrétiens.

MARIA. — Il n'y a que le christianisme qui ait de ces pensées sublimes; dans l'antiquité le rachat ou l'échange se faisait par les États eux-mêmes, ou bien les prisonniers appartenant aux vainqueurs se rachetaient eux-mêmes.

EUGÈNE. — Et ceux qui ne pouvaient payer leur rançon étaient vendus comme esclaves.

LE PÈRE. — Aussi les noms de ces pieuses fondations doivent-ils trouver place dans la mémoire de tous. Les deux hommes qui se mirent à la tête de cette troupe religieuse sont saint Jean de Matha, docteur à Paris, et saint Félix de Valois.

EUGÈNE. — Je n'en ai jamais entendu parler.

LE PÈRE. — Cela n'est pas surprenant. On nomme dans l'histoire les conquérants qui détruisent les empires, étouffent les nationalités, lancent les uns sur les autres les peuples qui s'entre-détruisent, mais la gloire pacifique, les vertus trouvent à peine une ligne dans de gros volumes. Saint Jean de Matha est né en Provence, à Faucon, en 1169, et mourut à Rome le 21 décembre 1213.

MARIA. — Si je ne connais pas le saint, ce dont je rougis, j'ai entendu nommer Faucon et même trois Faucon dans les provinces méridionales; je sais qu'il y en a deux en Provence, mais je ne me rappelle pas dans quels départements ils sont placés.

LE PÈRE. — L'un est près d'Orange dans la Vaucluse, les deux autres dans les Basses-Alpes, un près de Barcelonnette, un près de Sisteron.

MARIA. — Je vous remercie, mon père; je crois même

que celui des environs de Sisteron s'appelle Faucon-du-Caire.

EUGÈNE. — Si jamais nous voyageons, je ne veux pas avoir d'autre guide que toi, ma bonne petite sœur. Tu n'es jamais à court, soit en France, soit à l'étranger !

LE PÈRE. — Saint Jean de Matha fut ordonné prêtre à Paris, et, à peine âgé de trente ans, conçut avec saint Félix de Valois le projet de sa fondation. Le pape Innocent III l'approuva et la plaça sous l'invocation de la Sainte-Trinité.

MARIA. — Est-ce que saint Félix était de la maison de Valois ?

LE PÈRE. — On le dit, mais je crois plutôt qu'il tire son nom du pays où il est né. La première maison de Valois s'éteignit en 1082 à la mort de Simon, fils de Raoul III. La sœur de Simon le porta dans la maison de Vermandois en épousant Herbert IV, et ce ne fut qu'en 1214 que Philippe-Auguste le réunit à la couronne en l'achetant à Éléonore de Vermandois, et en le conquérant sur Philippe d'Alsace, époux d'Isabelle et beau-frère d'Éléonore, à laquelle il disputait cet héritage. Il ne se trouve pas dans cette liste de saint Félix.

EUGÈNE. — Quel était le plus âgé des deux saints ?

LE PÈRE. — C'était saint Félix, qui est né en 1127 et qui mourut un an seulement avant saint Jean. C'est lui qui vint s'établir à Paris, sous le règne de Philippe-Auguste et qui reçut en don une chapelle dédiée à saint Mathurin. Dès lors l'ordre adopta le nom de religieux mathurins.

MARIA. — C'était probablement près d'ici qu'était cette chapelle.

LE PÈRE. — Non, mon enfant, les Mathurins n'avaient par ici que des terrains dépendant d'une ferme qui leur appartenait. L'église des Mathurins avait remplacé une aumônerie de saint Benoît aux environs du palais des Thermes dans le onzième arrondissement.

EUGÈNE. — Saint Félix est-il aussi allé mourir à Rome?

LE PÈRE. — Non, il se retira dans la solitude de Cerfroid près de la Ferté-Milon, dans le département de l'Aisne, où fut établi le chef-lieu de l'ordre et le siége des chapitres généraux.

MARIA. — Leur propriété s'étendait loin si elle atteignait la chapelle expiatoire.

LE PÈRE. — Cela comprenait presque tout ce territoire, à l'exception de l'extrémité de la rue Neuve-des-Mathurins, entre les rues de l'Arcade et de la Madeleine; cette portion-là faisait partie d'un couvent de Bénédictines de la Ville-l'Evêque, situé à côté de la Ferme-des-Mathurins.

EUGÈNE. — Je vois qu'une grande partie de la surface de Paris appartenait autrefois aux communautés religieuses.

LE PÈRE. — Elles étaient fort riches.

MARIA. — Ces religieux Mathurins devaient avoir un costume distinctif.

LE PÈRE. — Ils étaient vêtus d'un habit blanc, avec une croix rouge et bleue sur la poitrine. Leur règle était très-sévère, et il ne leur était pas permis d'avoir pour faire leurs quêtes d'autre monture que des ânes, ce qui les fit appeler par les gens du peuple les *Frères-aux-ânes ;* on les nommait aussi les Trinitaires.

EUGÈNE. — Cette longue et belle rue de la Chaussée-d'Antin m'a semblé bien courte tant nous y avons accru notre bagage. As-tu remarqué, Maria, que le dernier étage des maisons neuves forme un attique précédé d'une terrasse ?

MARIA. — J'y avais déjà fait attention au faubourg Saint-Honoré.

LE PÈRE. — C'est encore bien plus visible sur le boulevard où les architectes ne se contentent pas de mettre le cinquième étage en retraite, mais où ils construisent encore un étage rentrant au-dessus du cinquième.

EUGÈNE. — Voici un nom qui rappelle aussi un couvent de femme, boulevard des Capucines.

LE PÈRE. — Il y avait en effet un couvent de religieuses de cet ordre longeant le boulevard à notre gauche, et sur l'emplacement duquel s'ouvrit la rue de la Paix.

MARIA. — Y avait-il longtemps que les religieuses Capucines étaient à Paris quand on a pris leur couvent pour percer cette rue ?

LE PÈRE. — Elles n'ont paru à Paris qu'en 1608, soixante-dix ans après la fondation de leur ordre. Avant cela elles portèrent le nom de *Filles de la Passion*, et suivaient une règle très-sévère, portaient un costume presque semblable à celui des Capucins.

MARIA. — C'est une robe d'étoffe grossière de laine, marron clair, avec une capuce ou un capuchon très-pointu, n'est-ce pas, mon père ? Mais j'ignore la différence qui existe entre les Capucins et les Franciscains.

LE PÈRE. — Les Franciscains sont les plus anciens ; la fondation de leur ordre remonte à l'an 1208, alors que saint François obtint du pape Innocent III l'autorisation de réunir autour de lui des hommes consentant à vivre dans une profonde misère, et même à aller mendier leur nourriture. Les Capucins ont été organisés trois siècles plus tard, en 1528, par Mathieu de Baschi ou de Baci, pour relever la rigidité de la règle de saint François. Charles IX les attira en France en 1572, à l'instigation de Catherine de Médicis, sa mère. A l'exception du capuchon arrondi des Franciscains, et du capuchon pointu des Capucins, c'est le même ordre.

MARIA. — Et les Capucines ?

LE PÈRE. — Elles devaient aussi leur origine à l'Italie. Sainte Claire, jeune sainte très-fervente, était contemporaine de saint François-d'Assise, qu'elle alla consulter, à l'âge de dix-huit ans, sur sa vocation pour la vie solitaire. Cela se passait en 1213. Saint François la reçut avec beaucoup d'honneur, la conduisit à l'autel, où sainte Claire se dépouilla de ses riches vêtements pour se couvrir d'un sac serré par une corde. Malgré la colère de son père, qui voulait l'arracher du couvent de Bénédictines, chez lesquelles on l'avait placée, sainte Claire persévéra et finit par triompher de l'opposition de son père. Sainte Agnès, sa jeune sœur de quatorze ans, vint la rejoindre, et bientôt l'ordre des Clarisses compta seize personnes. Il s'accrut rapidement. L'Italie, l'Allemagne, la Bohême, se couvrirent de couvents de Clarisses, professant la pauvreté évangélique, pendant que les autres couvents se faisaient autoriser à posséder des biens. Après une vie pieuse et rigoureusement austère, sainte Claire mourut dans la soixantième année de son âge.

MARIA. — Est-ce que ces vertus se sont oubliées plus tard ?

LE PÈRE. — Non. Les Clarisses sont toujours pauvres aujourd'hui, mais il s'est fait des réformes dans leur ordre. Les premières religieuses clarisses qui reçurent d'Urbain IV la permission d'avoir des rentes, prirent le nom d'Urbanistes. Les Capucines, fondées à Bourges après la mort de Louise de Vaudémont, veuve de Henri III, étaient aussi l'une de ces ramifications, parmi lesquelles on compte les Annonciades, les Cordelières ou Sœurs grises, les Récollettes, les religieuses de l'Ave-Maria et celles de la Conception. Quand nous en trouverons l'occasion, nous parlerons de ces ordres, qui sont en partie perdus aujourd'hui en France, mais dont on trouve encore quelques débris.

MARIA. — Alors, les Capucines qui étaient ici étaient une maison de l'ordre de Bourges ?

LE PÈRE. — C'est la même maison, parce que Louise de Vaudémont avait chargé sa belle-sœur, Marie de Luxembourg, qui avait épousé le duc de Mercœur, d'employer 60 mille livres à l'établissement des Capucines de Bourges. Marie ajouta une somme d'argent au legs de sa belle-sœur, et au lieu de les établir à Bourges, elle acheta le terrain qui s'étend d'ici à la place Vendôme et tout le long de ce boulevard, et les installa dans Paris. Louis XIV y apporta quelques modifications, quand il ordonna la construction de la place Vendôme, et fit bâtir leur église en correspondance avec l'axe de la place.

EUGÈNE. — Quand les supprima-t-on, s'il vous plaît, mon père?

LE PÈRE. — En 1790. Il ne restait plus que seize religieuses, qui furent traitées avec les plus grands égards.

MARIA. — Vous n'avez pas besoin, mon bon père, de nous redire que nous sommes ici sur les anciens remparts de Paris, la rue qui est à notre droite et qui suit le trottoir nous le rappellerait d'ailleurs.

LE PÈRE. — Elle se nomme la rue Basse-du-Rempart, parce qu'elle a été construite au-dessous de la chaussée plantée d'arbres, qu'on appelait le Cours. Les bâtiments ne devaient s'élever qu'à une distance de 60 mètres, laissant cet espace libre pour le passage des voitures et des charrettes, suivant une ordonnance royale de 1635; défenses qui furent renouvelées en 1714 et en 1720.

MARIA. — Sous les trois règnes de Louis XIII, Louis XIV et Louis XV. Quel dommage qu'on n'ait pas persisté dans cette décision, il ne serait pas si dangereux de passer d'un côté du boulevard à l'autre, car, dans ce moment, je défie à quelqu'un d'étourdi, comme moi, par exemple, de ne pas risquer d'être écrasé, tant l'affluence des voitures est considérable.

LE PÈRE. — Il en est ainsi tous les jours, à l'heure de la promenade jusqu'à celle du dîner. Quelques voitures passent encore dans la rue Basse-du-Rempart, mais bientôt l'alignement des maisons viendra jusqu'au boulevard, et cette rue sera supprimée; vous voyez bien qu'on a déjà commencé les démolitions.

L'hôtel qui vient d'être abattu appartenait à la famille d'Osmont, et était un bijou d'architecture.

EUGÈNE. — Puisque vous nous parlez des maisons qui tombent, je puis bien dire mon mot sur celles qui sont encore debout, et je ne m'apitoierai pas sur leur compte comme la sensible Maria. Elles sont bizarrement élevées, l'une fait face à la promenade, l'autre n'y présente qu'un angle; la maison qui est au coin de la rue de la Chaussée-d'Antin, est bâtie avec soin, ornée de caryatides qui sont d'un bon effet, et qui sont signées Toussaint; d'autres ressemblent aux bicoques de la rue de Chaillot, et n'offrent au coup d'œil que des enseignes de professions peu aristocratiques.

MARIA. — O mon cher Eugène, que tu deviens éloquent! Et ce qui n'arrive pas toujours aux avocats, tu me sembles avoir le sens commun.

EUGÈNE. — Le compliment est court, mais il porte.

LE PÈRE. — Ton frère a raison, et sa remarque peut s'appliquer à toutes les rues qui ont été percées à diverses époques. Dans l'origine, les terrains où l'on commence à bâtir ne se vendent pas cher; ils sont ordinairement loin du centre des villes, et rarement l'on se décide à venir habiter sur les limites de la campagne et de la cité, parce qu'on y réunit les désagréments des deux résidences sans y trouver les avantages de l'une et de l'autre. Ainsi, l'air y ressemble à celui de la ville, la vie s'y trouve aussi chère, et l'on n'y jouit pas du mouvement qui anime les rues du centre. Il en résulte que les habitations sont élevées sans projet, et que les maisons construites plus tard font disparate avec leurs voisines.

MARIA. — Je n'ai pas eu l'intention de critiquer sa remarque, j'ai pris seulement ma revanche... Mon père, voudriez-vous nous permettre de traverser le boulevard, pour aller du côté de la rue de la Paix; j'aime assez à voir les beaux étalages des magasins, et par ici il n'y en a guère.

LE PÈRE. — Volontiers, mais nous continuerons notre excursion jusqu'à la rue Duphot, ne regardant la rue de la Paix qu'en passant.

MARIA. — Voyez-vous, voyez-vous, quelles jolies choses dans les montres de Tahan !

EUGÈNE. — Si tu as la bourse garnie, voilà le moment de faire des emplettes ; il est vrai que ces nécessaires et ces mille riens si élégants donneraient des tentations à quelqu'un de plus raisonnable.

LE PÈRE. — C'est que Tahan n'est pas seulement un marchand, c'est un véritable artiste, un amateur plein de goût, et qui chérit ses productions.

MARIA. — On voit cela dès le premier coup d'œil. Il n'y a pas de ville en province, ni à l'étranger, qui offre une si grande et si élégante variété, n'est-ce pas, mon père ?

LE PÈRE. — Sans doute, Paris a une réputation acquise ; mais Londres, et d'autres villes encore, tentent de rivaliser avec nous.

MARIA. — Quel regret de ne pas entrer dans la rue de la Paix !

LE PÈRE. — Allons-y, puisque tu le souhaites, mais nous reviendrons au boulevard par l'autre côté de la rue, parce que je désire ne vous montrer la place Vendôme que demain.

13

MARIA. — Merci, mon excellent père.

EUGÈNE. — Que vois-tu de nouveau dans cette rue ?

MARIA. — Des magasins superbes : nouveautés, papeteries, librairies, horlogeries, bijouteries, jusqu'à des pompiers.

EUGÈNE. — La chute est jolie ; est-ce que tu voudrais par hasard acheter la caserne ?

MARIA. — Méchant ! C'est bon pour toi, qui ne rêves que tambours et clairons. J'ai voulu dire qu'on a réuni même la possibilité d'avoir de prompts secours à portée de tant de belles choses.

LE PÈRE. — Il est vrai que le corps des pompiers de Paris peut aussi être mis au nombre des perfectionnements de cette ville. Dans aucun pays on ne trouve des hommes plus alertes, plus disciplinés, plus hardis et plus calmes. C'est un corps des plus utiles dans une capitale comme celle-ci. Il y a longtemps que des quartiers entiers auraient été consumés sans eux.

MARIA. — Tu vois bien, Eugène, que je n'avais pas tort de citer nos amis les pompiers.

EUGÈNE. — Je croyais avoir vu, dans l'une des maisons des numéros impairs, l'administration du *timbre*; a-t-elle disparu par un coup de baguette de fée ?

LE PÈRE. — Tu as raison, l'ancien bâtiment a fait place si rapidement à de nouveaux hôtels, qu'on croirait à un enchantement, si l'on ne savait aujourd'hui que les maisons s'élèvent sans causer autant d'embarras que jadis. Nous en verrons un exemple dans le Louvre et la rue de Rivoli.

MARIA. — D'où résulte donc cette promptitude ?

LE PÈRE. — De ce que tous les matériaux se disposent,

se préparent hors de Paris, et sur les dessins des architectes. Les poutres, les pierres arrivent toutes taillées
et toutes prêtes à être mises en place. Les grands ate-
liers, souvent en plein air, où se font ces préparatifs, se
nomment des chantiers. Il n'est pas étonnant de voir
abattre une maison, et reconstruire un hôtel dans l'espace d'une année.

MARIA. — C'est le sort de l'administration du timbre,
sans doute. N'est-ce pas encore un de ces impôts forcés
qu'on devrait supprimer ?

EUGÈNE. — Tu veux donc renouveler la guerre de
l'indépendance américaine ?

MARIA. — Qu'à Dieu ne plaise ! Les coups de fusil
me font trop peur ; j'aime l'armée, mais quand les mu-
siques des régiments jouent des marches, c'est là que
je trouve le martial à mon goût.

LE PÈRE. — Je ne laisserai cependant pas tomber ta
parole. Tu parlais de supprimer le timbre, et tu n'a-
vais pas réfléchi avant de formuler ton jugement. Il
en est de cet impôt comme des octrois. Le timbre ap-
posé sur les papiers importants est la promesse par
le gouvernement de protéger les actes qu'ils contiennent. La justice, la force armée même, se trouvent
derrière le papier timbré. A-t-on cette protection, en
Amérique ? A chaque instant on lit dans les journaux
des relations d'actes coupables, de manque de foi, de
tentatives hardies. Si l'impôt du timbre contribuait à
fournir de l'argent pour solder une police et une armée, ces actions auraient-elles lieu ?

MARIA. — C'est vrai, mon père ; je n'avais pas réfléchi, comme vous l'avez dit. Ah ! nous voici de retour

aux boulevards. Je croyais que ces arbres avaient été plantés sous Louis XV; est-ce que par basard les scolytes auraient fait ici les mêmes ravages qu'aux Champs-Élysées ?

LE PÈRE. — Ils ont contribué à faire tomber quelques arbres, mais les événements politiques ont fait la besogne plus tristement qu'eux encore.

MARIA. — Les arbres auraient-ils donc craint la hache du bourreau, comme les émigrés de 1790, ou bien les aurait-on proscrits pour les envoyer à Cayenne, avec le marquis de Barthélemy ?

LE PÈRE. — On les a tout simplement sciés dans les jours d'émeute. En 1830, ils ont servi à obstruer le boulevard, afin d'arrêter la cavalerie dans ses charges ; car le pavé du boulevard et des rues a plus d'une fois été rougi de sang, et les boulevards ou remparts, d'ici à la Bastille, ont été le théâtre d'un grand nombre de faits d'histoire.

MARIA. — Quand ce ne serait que sous la régence d'Anne d'Autriche, lorsque le parlement luttait contre Mazarin, car on m'a enseigné que le nom de la guerre civile de la Fronde avait pris naissance dans les fossés de Paris.

LE PÈRE. — Oui, des enfants jouant à la guerre du parlement se divisaient en deux bandes, et faute d'armes à feu, se servaient de frondes pour se lancer des pierres. Ce spectacle attirait aux remparts de nombreux spectateurs oisifs qui s'accoudaient aux parapets pour jouir de la vue de ces combats. Bientôt ces enfants prirent cela au sérieux et se battirent réellement, et en vinrent jusqu'à résister à la troupe qu'on avait envoyée pour les séparer.

MARIA. — Et ce sont ces batailles à la fronde qui ont fourni aux antagonistes du ministre italien leur cocarde et leur nom de frondeurs.

EUGÈNE. — Rue Neuve-Saint-Augustin. Cela doit dériver d'un monastère, sans doute.

LE PÈRE. — C'était comme la rue des Capucines, une rue longeant les murs d'un couvent. Les Augustins avaient un de leurs couvents ici, car ils s'étaient établis sur plusieurs points de Paris, il est vrai, sous différents noms, parce qu'il y eut dans cet ordre très-ancien de nombreuses réformes. On y compta : les ermites de Saint-Augustin, réunis en communauté par les soins du pape Alexandre IV, et qui étaient répartis en quatre provinces : France, Allemagne, Espagne, Italie. On nomme ainsi les moines de cette congrégation, les Grands-Augustins, l'un des quatre ordres mendiants.

MARIA. — Nous en connaissons déjà deux : les Franciscains et les Augustins.

LE PÈRE. — Les deux autres étaient les Carmes et les Dominicains. Tu te souviens bien que les Capucins, les Récollets, et tu peux y joindre les Minimes, étaient des réformes des Franciscains.

MARIA. — Oui, mon père, je m'en souviens, et je n'oublierai pas les Capucines, sur le terrain desquelles nous sommes presque encore.

LE PÈRE. — Les Petits-Augustins ou Guillemites étaient à Bourges, et sont aussi venus s'établir à Paris ; une troisième fraction forma les Augustins déchaussés, ou les Petits Prêtres de la Mort, qui prirent, sous Louis XIII, le nom de Petits-Pères.

EUGÈNE. — C'est le nom d'une des églises de Paris, qu'on nomme aussi Notre-Dame-des-Victoires.

LE PÈRE. — En commémoration de la prise de la Rochelle sur les protestants.

MARIA. — Je reconnaîtrais bien les Capucins, on en rencontre encore quelques-uns dans Paris, mais je ne me fais pas l'idée d'un moine augustin.

LE PÈRE. — Quand ils vaquent aux affaires intérieures de la maison, ils portent un scapulaire blanc. Mais dehors, ou au chœur, ils passent par-dessus une sorte de coule noire, et une grande capuce pointue par derrière, retenue par une ceinture en cuir noir.

MARIA. — Scapulaire, coule, je ne sais pas le sens de ces deux mots. Je sais cependant ce qu'est un scapulaire, mais non lorsqu'il désigne un vêtement.

LE PÈRE. — Je sais ce dont tu parles ; le scapulaire que tu connais est formé de deux morceaux d'étoffe bénite, joints par des rubans, et qu'on porte sur soi. Le scapulaire des moines, qui vient également du mot latin *scapulæ*, les épaules, est une pièce d'étoffe qui descend depuis les épaules jusqu'en bas, par devant et par derrière. La coule est une sorte de robe monacale. La capuce vient de caput tête, c'est la coiffure.

MARIA. — Je vous demande pardon, mon père, et je vous remercie vivement.

LE PÈRE. — Il ne faudrait pas confondre ces trois ordres avec les chanoines réguliers de Saint-Augustin, qui forment aussi une communauté, dont le titre vient du mot grec *canôn*, règle, parce qu'ils furent contraints de se soumettre à la règle si sévère de Saint-Augustin. Cet ordre, établi à Saint-Victor-de-Paris, s'y était fixé vers 1119, et donna naissance aux Prémontrés, aux Antonins et aux Génovéfains, dont nous parlerons un jour. Ces chanoines pouvaient tenir une église paroissiale, prérogative interdite à la plupart des ordres religieux.

MARIA. — Est-ce que les églises des Dominicains, et autres religieux, ne sont pas des églises paroissiales ?

LE PÈRE. — Non certainement, ce sont quelquefois de simples chapelles ; les chapitres de chanoines, sans siége épiscopal, ont des collégiales, et n'étendent pas leur autorité en dehors du chapitre ; la cure paroissiale est administrée spirituellement par le curé, et se forme d'une certaine portion de la ville.

EUGÈNE. — Je croyais avoir autrefois remarqué dans ces environs un passage.

LE PÈRE. — Il est en face de cette rue, de l'autre côté du boulevard, c'est le passage Sandrié.

EUGÈNE — Ah oui ! c'est vrai. On y arrive après avoir descendu quelques marches.

MARIA. — Qu'y a-t-il donc de si extraordinaire dans ce passage, pour que tu t'y intéresses si vivement ?

EUGÈNE. — C'est qu'un de mes camarades y venait jouer à la paume, par suite d'une ordonnance du médecin.

MARIA. — Je suis bien certaine qu'il se gardait bien de manquer aux ordres de son Esculape, mais je ne croyais pas que la médecine pût mettre le jeu de balle au niveau de la manne et du sirop de capillaire.

LE PÈRE. — J'ai dernièrement entendu un charretier dire à un beau monsieur qui voulait lui donner un conseil : Vous vous mêlez de ce que vous ne connaissez pas. On pourrait t'adresser la même phrase. Le jeu de paume est un exercice gymnastique très-salutaire, et je compte bien un jour vous faire visiter l'établissement de M. Triat dans l'avenue Montaigne, et même faire développer vos forces par l'exercice. Pour accroître ou pour donner la grâce, la souplesse, la vigueur, la santé, rien n'est plus puissant que la gymnastique sous la direction d'un homme habile. Voilà ce que ton frère aurait pu te dire, ma chère Maria, à l'occasion du jeu de paume du passage Sandrié.

MARIA. — L'orthographe du mot Sandrié doit indiquer un nom propre ; est-ce un héros du siècle de Louis XV ?

LE PÈRE. — Non, le sieur François Jérôme Sandrié des Fossés était tout simplement l'entrepreneur de maçonnerie du duc d'Orléans, qui avait ajouté le des Fossés à son nom pour se donner l'apparence d'un personnage. Il avait acheté ce terrain aux religieux mathurins par bail emphytéotique.

MARIA. — Qu'est-cela ? Le mot acrotère m'avait déjà effrayée, que dirai-je de celui-ci ?

LE PÈRE. C'est un mot tiré du grec qui signifie je greffe ou je plante ; on nomme ainsi un bail à longues années. Ainsi la location de ce terrain était de quatre vingt dix-neuf ans et ne devait finir qu'en 1869. Souvent on laissait par cette espèce d'acte la jouissance d'une terre à défricher, soit pour un long temps, soit même à perpétuité moyennant une redevance. Ainsi

Jérôme Sandrié devait payer 600 livres par an aux anciens religieux. Tu comprends qu'à la vente des biens des communautés cet acte a été annulé.

EUGÈNE. — C'est pour cela qu'il n'y avait que des maisons fort basses et mal bâties dans ce passage.

LE PÈRE. — Un personnage qui a joué un grand rôle dans les affaires d'Espagne a longtemps habité une des maisons du passage Sandrié ; c'est le fameux Godoï.

MARIA. — Manoel Godoï, le prince de la Paix ?

LE PÈRE. — Lui-même. Il vivait ignoré au milieu de sa famille et dans la plus grande simplicité après avoir été l'arbitre de l'Espagne sous le roi Charles IV, et avoir causé la révolte des Espagnols en faveur de l'infant Ferdinand.

EUGÈNE. — Révolte qui amena l'intervention de Napoléon Ier, et la célèbre guerre d'Espagne alimentée par les Anglais.

MARIA. — C'est dans cette guerre que brilla le patriotisme des Espagnols, il est vrai quelquefois accompagné de férocité.

LE PÈRE. — Oui, les beaux faits d'armes de cette lutte ont fait un grand honneur aux deux nations. Le siége de Saragosse, entre autres, qui dura depuis le 23 novembre 1808 jusqu'au 20 février 1809, a prouvé ce que peut une population énergique. Ce ne fut qu'après avoir enlevé d'assaut chaque maison de la ville que les Français purent s'en rendre maîtres. Mais cette guerre a ruiné et dépeuplé l'Espagne pour longtemps.

EUGÈNE. — Nous retrouvons la rue Caumartin et la rue neuve des Capucines, et le boulevard change ici de nom.

MARIA. — Oui, c'est le boulevard de la Madeleine qui va jusqu'à l'église que nous avons vue hier.

LE PÈRE. — Cette limite a été signalée par un événement des plus graves et qui a donné un aspect nouveau à la révolution de février ; mais, avant de vous en parler, je veux que vous admiriez le magasin de Giroux. C'est un établissement important et qui se signale par l'élan qu'il imprime aux arts. Remarquez ces photographies gigantesques. Peut-on rien trouver de mieux dans ce genre ? Quelle variété ! c'est un bazar artistique.

MARIA. — C'est là que je redirai à Eugène les paroles qu'il m'adressait devant le magasin de Tahan, mais j'y joindrai un conseil social. Quand un frère est aimable, il saisit l'occasion d'acheter quelque babiole pour faire à sa sœur un souvenir de son amabilité.

LE PÈRE. — Nous ferons ces petites dépenses-là plus tard quand il faudra nous séparer pour reprendre nos études. Vois-tu, Maria, comme la perspective s'étend le long de ces boulevards ? Il est fâcheux qu'on n'ait pas pu prolonger la ligne droite comme on a fait rue de Rivoli, mais ceci est suffisant pour produire déjà un beau coup d'œil.

MARIA. — Je me reporte en pensée à l'époque où ces lignes étaient de hautes murailles servant de défense à Paris. Il me semble voir ces fossés, ces plaines semées de quelques rares habitations, et je reviens à notre époque pour me demander ce que deviendront ces allées d'arbres dans plusieurs siècles.

EUGÈNE. — De la philosophie maintenant ! Tu vas tout embrasser ; mais, pour te faire descendre des nuages où

tu te perds, je te prierai de me dire ce que signifie boulevard.

MARIA. — J'avoue à ma honte que je l'ignore. Mais
le sais-tu toi-même ?

EUGÈNE. — Certainement.

LE PÈRE. — Tu t'avances beaucoup. L'étymologie de
ce mot a déjà soulevé de grandes disputes. Chacun a
ses preuves, et peut-être personne n'a raison. On l'a
fait venir du grec, de l'allemand, de l'anglais, de l'i-
talien, et selon la langue, ce mot veut dire rempart,
lieu où l'on joue aux boules, lieu de défense contre les
boulets, promenade plantée d'arbres, tapis vert. Tu
vois que ton opinion pourrait avoir de la peine à se
fixer.

MARIA. — Et la vôtre, mon père, quelle est-elle ?

LE PÈRE. — Que dire après Turnèbe, Meursius, Nicot,
Ménage et beaucoup d'autres encore ? Il faut laisser ce
qui n'est pas prouvé, et surtout ce qui ne présente
aucune importance. Sous les derniers rois on appelait
cela le cours.

EUGÈNE. — Voici le nom de Godot-de-Mauroy ; a-t-il
quelque importance ?

LE PÈRE. — C'était celui de deux frères propriétaires
de terrains placés à la suite d'un passage appelé de la
Grille. On a percé cette rue en 1818 pour joindre la rue
Neuve-des-Mathurins. Un peu plus loin se trouve la
rue de la Ferme-des-Mathurins dont nous avons dit
quelques mots tout à l'heure. De ce côté-ci du boulevard est la rue Duphot, terme de notre excursion pour
aujourd'hui.

MARIA. — Mon père, je vous importune toujours pour

abuser de votre bonté, mais quand nous étions devant Giroux, vous nous avez promis le récit d'un grave événement de la révolution de février.

LE PÈRE.— C'est vrai. Rien n'est perdu, puisque toute cette partie du boulevard en a été le théâtre. Le 23 février 1848, Louis-Philippe, après une molle résistance de deux jours, avait cédé à l'émeute en retirant le ministere à M. Guizot pour y appeler M. Molé. Comme les cris *A bas Guizot!* avaient accompagné ceux de *Vive la réforme!* la concession du roi fit naître dans Paris la joie la plus bruyante qu'on ait jamais vue. Les maisons s'illuminèrent le soir et les boulevards furent encombrés de promeneurs. Cependant un piquet d'infanterie gardait encore le ministère des affaires étrangères, et la cavalerie stationnant sur la place de la Concorde n'était pas rentrée dans ses quartiers. Vers dix heures du soir, une bande de réformistes victorieux qui étaient venus acclamer Armand Marast au bureau du *National*, apparut tout à coup devant les troupes rangées autour du ministère et voulut pénétrer dans la cour. Dans les mouvements de la résistance un coup de pistolet partit et fut à l'instant suivi d'une décharge d'armes à feu qui porta indistinctement la mort et parmi les hommes voulant forcer le poste et parmi les innombrables promeneurs qui couvraient les boulevards.

MARIA. — O mon Dieu! les gens inoffensifs qui étaient là furent exposés à être frappés!

LE PÈRE. — C'est ce qui arriva. Toutes les balles portèrent, et dans l'instant même des tapissières furent amenées et remplies de morts et de mourants entassés pêle-mêle. Ces voitures se promenèrent pendant la nuit à la lueur des flambeaux dans les divers quartiers de Paris. Le tocsin sonna au milieu de la nuit, et la lutte se renouvela au point du jour pour se terminer par l'abdication du roi en faveur du comte de Paris d'abord, puis par le départ précipité de toute la famille royale. Le soir même on avait proclamé la République, brûlé les meubles du Palais-Royal et saccagé les Tuileries dont les bâtiments furent préservés de la destruction parce qu'on y transporta des blessés afin d'en faire une ambulance ou plutôt un hôpital.

MARIA. — Mais, mon père, ce devait être une scène affreuse !

LE PÈRE. — Tu peux t'en faire l'idée. La confusion fut extrême, chacun fuyait par où il pouvait, et les cavaliers stationnant sur la place de la Concorde ajoutèrent à ce désordre en balayant le boulevard par une charge de cavalerie.

MARIA. — Que de monde il a dû périr !

LE PÈRE. — On n'en a pas su le nombre, mais on ramassa plus de soixante blessés. C'est le dernier drame sanglant qui se soit passé ici.

EUGÈNE. — Aujourd'hui c'est la route que suivent les riches convois allant de la Madeleine au cimetière du Père-Lachaise, et des troupes qui font des promenades militaires ou qui vont à la revue.

—

SEPTIÈME PROMENADE.

—

DE LA RUE DUPHOT A LA RUE DE L'ÉCHELLE.

LE PÈRE. — Avant d'entrer dans la rue Duphot et de commencer une promenade où nous parlerons à chaque pas de notre gloire militaire, il est naturel de ne pas oublier le nom d'un de nos officiers supérieurs qui a nommé une rue aboutissant à la rue Tronchet.

EUGÈNE. — Je sais de quelle rue vous parlez, mon père, c'est de la rue Castellane.

LE PÈRE. — Oui, mon ami. Elle doit son nom au maréchal de Castellane, commandant militaire à Lyon, l'un des officiers les plus actifs que nous ayons encore. Il avait épousé Mlle de Greffulhe, fille d'un banquier belge dont le nom a été donné à la rue qui commence à la rue Castellane et finit rue Neuve-des-Mathurins. Avant 1830, les maisons de ces deux rues n'étaient pas encore bâties.

MARIA. — Mon père, Duphot n'était-il pas général?

LE PÈRE. — Il avait gagné ses épaulettes de général de brigade avec la rapidité qui signalait l'avancement à l'époque de la brillante compagne d'Italie. A 27 ans, il parvint à ce grade après un exploit comme en aimait Bonaparte. Il était à la tête de la 25ᵉ demi-brigade, et fit une reconnaissance périlleuse par les ordres du général en chef.

MARIA. — Nous n'avons donc plus de demi-brigades, maintenant ? Je ne suis pas, il est vrai, versée dans les affaires guerrières ; mais j'aurais certainement entendu cette expression.

LE PÈRE. — La demi-brigade de cette époque répond à nos régiments ; ainsi la 25ᵉ demi-brigade veut dire le 25ᵉ régiment de ligne. Quant au mot reconnaissance, il ne doit pas te laisser dans l'incertitude, c'est un mouvement de troupes ayant pour but de se renseigner sur la position et les forces de l'ennemi. Ce sont toujours des évolutions très-aventureuses, parce qu'on marche à peu près vers l'inconnu et toujours vers le danger.

EUGÈNE. — A quelle occasion a-t-on-donné son nom à cette rue ?

LE PÈRE. — Parce que sa mort à été l'un des événements tragiques de ces temps-là, et que le nom de Duphot a servi en quelque sorte de drapeau dans les mouvements de la population romaine.

EUGÈNE. — Sans que Duphot y ait probablement mis de l'intention.

LE PÈRE. — Bien certainement. Tu sais bien qu'il fut assassiné à Rome dans une émeute.

EUGÈNE. — Oui, mon père, je sais ce fait, mais j'en ignore les particularités.

LE PÈRE. — En 1797, le général Duphot accompagna

Joseph Bonaparte qu'on envoyait comme ambassadeur à Rome. On venait de signer la paix de Campo-Formio, qu'on devrait appeler le traité de Passeriano, car c'est là que résidait le général Bonaparte, et la paix a été conclue chez lui. On venait donc de signer la paix avec l'Autriche, et l'agitation déjà grande à Rome, à cause des deux partis qui divisaient alors l'Europe aussi bien que la France, s'accrut à l'arrivée d'un ambassadeur français. Le peuple voulait l'établissement d'une république; la cour du Pape la repoussait. Une émeute éclata; des troupes pontificales furent envoyées pour la comprimer, surtout aux abords du palais de l'ambassade française.

MARIA. — Cette ambassade française est donc une pomme de discorde à Rome, puisque déjà, sous Louis XIV, un page du duc de Créqui fut cause aussi d'une émeute ?

EUGÈNE. — Je constate, Maria, que ce n'est pas moi qui interromps.

LE PÈRE. — Joseph Bonaparte, Duphot et l'adjudant général Sherlock, sortirent pour essayer d'arrêter l'effusion du sang. Le brave Duphot s'élança entre les troupes et les insurgés afin de mettre un terme à la lutte ; mais il fut entraîné par les soldats, frappé d'un coup de feu à bout portant, et percé de cinquante coups de baïonnettes, à peine âgé de 28 ans.

EUGÈNE. — C'est véritablement un assassinat.

LE PÈRE. — Déplorable résultat des guerres civiles, où la colère remplace la bravoure et pousse à la barbarie.

EUGÈNE. — La France n'a pas tardé à le venger, car

j'ai lu qu'en raison de ce fait, les Français, sous les ordres du général Berthier, le 15 février 1798, ont occupé Rome et y ont établi la république.

LE PÈRE. — On fit plus encore. Une colonne funèbre, supportant une urne où étaient déposées les cendres de Duphot, fut élevée sur la place du Capitole, mais fut renversée bientôt après par la populace romaine quand le général Championnet évacua la ville devant 60,000 Napolitains.

MARIA. — Pauvre Duphot, même après sa mort, il fut victime des fureurs populaires !

LE PÈRE. — Et ce qu'il y eut de plus malheureux dans son sort, c'est que son avenir s'annonçait magnifique. Général à 27 ans, brave, adoré de ses soldats qui chantaient dans leurs marches ses poésies patriotiques mises en musique par Laïs, il était destiné à épouser Mlle Clary, belle-sœur de Joseph Bonaparte, qui est devenue dans la suite reine de Suède en donnant sa main à Bernadote. Que pouvait-il souhaiter de plus dans le présent même ?

EUGÈNE. — Au bout de cette rue est l'ancienne église de l'Assomption, dont nous voyons d'ici la grille, n'est-ce pas, mon père ?

LE PÈRE. — C'était la chapelle d'un couvent de femmes fondé en 1623 par le cardinal de La Rochefoucauld, évêque de Senlis ; puis elle devint paroisse quand, en 1802, l'ancienne église de la Ville-l'Evêque fut supprimée, en attendant que la Madeleine fût ouverte. Cette chapelle reçut même le nom de Sainte-Madeleine ; mais l'usage a prévalu de l'appeler l'Assomption.

MARIA. — Quelles étaient les religieuses dont le couvent avait cette chapelle? Cet ordre ne devait pas être ancien, car, d'après les connaissances que vous m'avez déjà données, mon bon père, il me semble que le style de cette église indique qu'elle a suivi la renaissance et précédé notre époque.

LE PÈRE. — Tu ne te trompes pas. Cetté église a deux siècles à peine. L'usage de faire des dômes a suivi la renaissance et nous vint de l'Orient avec les artistes que l'invasion turque avait chassés. Cette église fut reconstruite six mois après la fondation du couvent. L'archevêque de Bourges y officia pontificalement, le 14 août 1676, et cette cérémonie fit donner à la nouvelle église le nom d'Assomption, qu'elle a toujours gardé depuis. Tu m'as demandé quelles religieuses il y avait dans ce couvent, c'étaient les Haudriettes.

MARIA. — Voilà un nom que je ne m'explique pas du tout.

LE PÈRE. — Cela n'est pas étonnant ; le fondateur de ces religieuses est peu connu ; on a même attribué à sa femme l'honneur d'avoir eu cette pensée ; il se nommait Etienne Haudry, et il était pannetier du roi Philippe le Bel. Il bâtit, sur un terrain qui lui appartenait, un hôpital où il désirait faire soigner de pauvres veuves. Un chapelain devait y célébrer le service divin. Ses fils accrurent la fondation de leur père ; et, en moins de quatre-vingts ans, on comptait dans cet établissement trente-six veuves auxquelles on donnait le nom de *Bonnes femmes de la chapelle d'Etienne Haudry.*

EUGÈNE. — Mais ce ne sont pas ces veuves qui étaient les religieuses ?

LE PÈRE. — Non ; elles étaient soignées par des religieuses appelées *Femmes hospitalières*, et ayant une supérieure. Malheureusement on finit par supprimer, petit à petit, l'admission des veuves, et les revenus passèrent dans les mains des Hospitalières-Haudriettes.

EUGÈNE. — Est-ce que ces abus pouvaient impunément se commettre?

LE PÈRE. — Ils n'auraient pas dû pénétrer dans des fondations si pieuses ; mais ils arrivent par une transition si insensible qu'il semble qu'on ait toujours vu suivre la règle.

MARIA. — Et ce sont ces religieuses qui furent fixées à l'Assomption par le cardinal évêque de Senlis ?

LE PÈRE. — Oui, quelques-unes d'entre elles, qui devaient prendre le nom de religieuses de l'Assomption ; mais quand l'ancien couvent des Haudriettes fut supprimé, on en réunit les revenus à ceux du couvent de l'Assomption. Il en résulta un procès entre les anciennes Haudriettes et les nouvelles, à la suite duquel il s'opéra une séparation.

MARIA. — Peut-on entrer dans l'église, mon père ?

LE PÈRE. — Oui, mon enfant; je serai toujours disposé à seconder tes penchants religieux, parce que je souhaite te trouver toujours digne d'estime. (*En sortant de l'église.*) Que dites-vous de ce monument?

EUGÈNE. — Il ne me paraît pas du tout commode. C'est plutôt le fragment d'une église qu'une église. Si l'on veut regarder le haut de la voûte, on se croirait au fond d'un puits. Comment pourrait-on y recevoir la population d'une paroisse entière ?

LE PÈRE. — Il est vrai que c'est un peu trop exigu ; mais on a tâché de pallier ce défaut par les ornements.

Tu as dû voir quelques belles toiles, entre autres un tableau de Blondel représentant l'Assomption de la sainte Vierge. Au reste, cette église sert maintenant de chapelle des catéchismes, car la Madeleine, destinée d'abord à un usage profane, n'a pas d'emplacement où l'on puisse instruire l'enfance.

EUGÈNE. — J'ai vu, à côté du maître-autel, une plaque de marbre noire où se trouve gravée une inscription. Je n'ai pas pu la lire.

LE PÈRE. — C'est l'indication qu'on a déposé là le cœur de Mgr Feutrier, évêque de Beauvais, ancien curé de cette église. La chapelle qu'il avait fait construire pour y établir les catéchismes, et qui maintenant est changée en école de garçons sous la direction des Frères, était dédiée à saint Hyacinthe son patron, et celui de Mgr de Quélen, archevêque de Paris, lorsque M. Feutrier était curé de la paroisse.

MARIA. — J'entends le tambour. Y a-t-il une caserne par ici?

EUGÈNE. — Tu vois bien qu'en présence de l'Assomption comme dans la rue de la Paix, tu ouvres tout de suite l'oreille aux sons guerriers. Tu as de la vocation pour faire une Jeanne d'Arc.

LE PÈRE. — Ce sont les zouaves de la garde impériale. Ils occupent l'ancien couvent qui était devenu propriété nationale, lorsqu'on prononça la suppression des communautés.

MARIA. — Quand fut-il rendu au culte? Sans doute après le rétablissement du culte catholique.

LE PÈRE. — Pas tout de suite, car on l'avait utilisé pour en faire d'abord un dépôt d'habillements militaires, puis un magasin de décorations du théâtre des Arts.

MARIA. — Un magasin de décors !... dans une ancienne église ?

LE PÈRE. — Certainement. Quand on mit en vente les églises et les terrains, les acquéreurs en firent ce qu'ils purent ; et même, dans nos temps modernes, l'ancienne église de Saint-Vincent-de-Paul, rue Montholon, vient d'être transformée en estaminet où l'on boit de la bière et où l'on fume. Allons, jette un dernier coup d'œil à ce monument pour t'en souvenir.

MARIA. — Oui, mon père. Une grosse tour ronde supportant une lourde coupole, précédée d'un portique de huit colonnes corinthiennes surmontées d'un fronton.

EUGÈNE. — Cela ressemble à une critique.

LE PÈRE. — Vous voyez devant vous, en sortant par la grille, et en regardant la rue Duphot, l'emplacement de la maison habitée par Robespierre, et que le premier consul a fait démolir pour percer la rue.

MARIA. — Ici ? C'est ici que les gens du peuple forcèrent la charrette à s'arrêter pour danser en rond autour de ce triste convoi ?

LE PÈRE. — Oui, mon enfant, c'est ici que demeurait le menuisier Duplay, dont Robespierre avait fait son ami.

MARIA. — Que de souvenirs !

LE PÈRE. — Nous reviendrons à la rue Neuve-de-Luxembourg tout à l'heure ; dirigeons-nous vers la rue Saint-Florentin, vis-à-vis de laquelle nous voyons la rue Richepanse, qui rappelle le général de ce nom, mort à la Guadeloupe, en 1802, à l'âge de trente-deux ans.

MARIA. — Qu'a-t-il fait pour être placé à côté de Duphot?

LE PÈRE. — Il est moins célèbre que lui, mais il se distingua dans de nombreuses batailles, surtout à Hohenlinden, gagnée par Moreau, le 3 décembre 1800. Son illustration vient de sa conduite courageuse à la Guadeloupe, où il vainquit les nègres révoltés et où il sut établir une bonne administration.

EUGÈNE. — L'emplacement de cette rue faisait sans doute partie des biens d'une communauté?

LE PÈRE. — Tu l'as deviné. Cela ne doit pas surprendre quand on se reporte au temps où ces quartiers étaient encore des champs ou des marais incultes. Les couvents défrichaient ou faisaient défricher, et par la suite les établissements étaient fondés et prospéraient. La rue Richepanse et la rue Duphot ont été percées sur les terres du couvent des religieuses de la Conception, établies ici il y a environ 200 ans (1635). La veuve du conseiller Regnaut donna 40,000 livres au couvent des Filles de la Conception de Toulouse, afin d'en obtenir treize religieuses de la Conception pour les établir à Paris. Le président de Nesmond leur céda du terrain à condition qu'elles prendraient avec elles sa fille. La proposition acceptée, le couvent bâti, il se trouva que les religieuses s'étaient considérablement endettées, mais elles parvinrent à se relever, grâce à une loterie que le conseiller Marc-René d'Argenson les fit autoriser à établir.

MARIA. — La rue Saint-Florentin va nous rappeler le ministère de la marine. Quelques hôtels semblent de cette époque.

LE PÈRE. — En effet, il y avait autrefois ici une impasse dont une portion appartenait à Louis XV, et le reste au fameux banquier Samuel Bernard. Ces bâtiments presque en ruines servaient de serre aux orangers des Tuileries et avaient fait nommer cette impasse cul-de-sac de l'Orangerie.

MARIA. — Samuel Bernard, le banquier, a-t-il beaucoup fait parler de lui ?

LE PÈRE. — Comment pouvait-il en être autrement, quand on sait qu'il mourut laissant 40 millions ?

EUGÈNE. — C'est magnifique, cela ferait, à 5 pour 100, quelle rente, Maria ?

MARIA. — 200,000 fr. Il y a de nos jours des fortunes plus considérables.

EUGÈNE. — Tu n'es pas forte, cela fait 2,000,000.

LE PÈRE. — Et de plus, nous ne vivons pas au temps de Louis XIV, où les grandes fortunes étaient d'abord plus fortes qu'elles ne le seraient aujourd'hui à cause de la différence du prix de l'argent, et où elles étaient plus rares. Elles appartenaient soit à des membres d'anciennes familles, soit à des traitants, comme l'ont été Beaujon, Samuel Bernard et d'autres encore.

EUGÈNE. — Comment les circonstances l'ont-elles favorisé ? Nous avons appris que Beaujon avait commencé par trafiquer sur le blé ; reproche-t-on à Bernard de pareilles horreurs ?

LE PÈRE. — Samuel Bernard, fils d'un peintre et graveur, s'était appliqué à la haute finance, et avait trouvé l'occasion d'être utile à Chamillard, le ministre protégé par Mme de Maintenon. Mais dès qu'il s'aperçut que les affaires du ministre commençaient à s'embrouiller, il lui ferma sa caisse et se montra impitoyable. Desmarêts, le successeur de Chamillard, tenta de le séduire par la vanité, et à bout de ressources dans un moment où le roi avait besoin d'argent, il obtint du fier Louis XIV une invitation à Bernard de venir à Marly. La réception fut si flatteuse pour le banquier qui n'avait pas faibli devant les supplications des deux ministres, qu'il dit : « Plutôt que de laisser le roi dans l'embarras, j'aime mieux risquer ma...» Devinez le dernier mot.

MARIA. — Cela se comprend : ma vie.

LE PÈRE. — Pas du tout : « Ma ruine ! » Ce qui est bien plus beau pour un financier. En récompense, Bernard devint chevalier de l'ordre de Saint-Michel, puis comte de Coubert, seigneur de Vitry, de Cuignes et d'autres lieux, conseiller, secrétaire du roi et de ses finances. L'illustration entra dans la famille; son fils aîné ne se faisait appeler que le seigneur de Rieux ; le second, comte de Coubert ; son petit-fils fut le marquis de Boulainvilliers, et sa fille épousa le premier président Molé. Samuel Bernard mourut en 1739, à quatre-vingt-huit ans.

EUGÈNE. — C'est la réalisation de la comédie de Molière, intitulée : *le Bourgeois gentilhomme*.

MARIA. — Je ne vois pas venir le nom de Saint-Florentin, nous sommes toujours dans l'orangerie délabrée.

LE PÈRE. — Tu as raison. Le roi donna l'impulsion en faisant don au prévôt des marchands de la partie de l'impasse qui lui appartenait, à condition qu'on y continuerait la construction des bâtiments de la place Louis XV. Cette rue devait s'appeler rue de Bourgogne. Mais on comptait sans un nouveau personnage.

c'est le ministre Phélippeaux, duc de la Vrillière et comte de Saint-Florentin, qui fit bâtir ce bel hôtel formant le coin de la rue en face des bâtiments du ministère de la marine.

MARIA. — Ces noms-là sont répétés à bien des rues de Paris. Cette famille des Saint-Florentin doit s'être illustrée.

LE PÈRE. — Pas celui-ci. Il n'a marqué que par la quantité de lettres de cachet qu'il a signées.

MARIA. — C'est une bien triste renommée.

LE PÈRE. — Nous savons déjà que le fameux prince-duc de Talleyrand-Périgord, ancien évêque d'Autun, habita cet hôtel, et que c'est là et sous son influence que se sont prises les grandes résolutions de 1814.

EUGÈNE. — Il a faussé son serment à Napoléon, comme avec les gouvernements précédents, et comme il devait le faire avec ceux qui allaient le suivre.

LE PÈRE. — Sa politique profonde le place au premier rang des diplomates avec M. de Metternich, mais elle a causé de grands maux à la France et a laissé s'accomplir des actions mauvaises. Ainsi, la mort projetée du duc d'Enghien lui était connue aussi bien qu'à Savary, et les mémoires qui ont été échangés entre eux au commencement de la Restauration n'ont fait que raviver le souvenir de ce triste événement.

EUGÈNE. — Sa conduite politique en 1814 a, je crois me le rappeler, hâté la chute de Napoléon.

LE PÈRE. — Il exerçait un grand ascendant sur l'empereur Alexandre, et pour couper court à toute discussion avec les partisans de Napoléon, il disait : « Les Bourbons sont un principe, tout le reste n'est qu'une intrigue. » On peut dire qu'alors chacun tâchait de faire son mot. L'esprit de M. de Talleyrand les mit à la mode.

MARIA. — Au moins, j'ai su qu'il avait fait amende honorable.

LE PÈRE. — Il signa une rétractation écrite, pleine de soumission, de noblesse et de dignité, à cause de sa participation aux actes anti-religieux qui avaient signalé sa longue carrière de quatre-vingt-quatre ans. Il mourut en 1838. Avant lui, l'hôtel Saint-Florentin avait eu pour locataire le duc de l'Infantado.

EUGÈNE. — Quel est ce personnage ? N'est-ce pas ce seigneur espagnol qui accompagna Ferdinand VII à Bayonne ?

LE PÈRE. — C'est lui-même. Élevé en France sous les yeux de la princesse de Salm-Salm, sa mère, il voulut jouer en Espagne un rôle important et se lia étroitement avec le prince des Asturies, qui devint roi plus tard sous le nom de Ferdinand VII. Le roi Charles IV l'exila de Madrid, mais le duc de l'Infantado se ligua avec les membres de l'opposition pour renverser le prince de la Paix, Manoel Godoï.

MARIA. — Qui demeura si modestement dans le passage Sandrié.

LE PÈRE. — Pendant que le duc de l'Infantado, son rival, encourait à son tour la disgrâce du prince dont il avait embrassé la cause si chaudement. Eh bien ! ce bouillant seigneur prit parti pour Joseph, reçut même les épaulettes de colonel dans la garde de ce roi, et ensuite appela aux armes les Espagnols contre les Français.

EUGÈNE. — Il n'avait donc pas de plan fixement arrêté?

LE PÈRE. — Cela y ressemble. Car après la restauration des Bourbons en Espagne, il prit les armes contre le roi et fit partie des insurgés qu'alla combattre le duc d'Angoulême en 1823. Réconcilié avec la cour, il tomba de nouveau en disgrâce et finit par venir mourir en France, en 1832.

MARIA. — Nous voici revenus au coin de la place Louis XV, à cette belle rue de Rivoli qui n'était pas encore percée au mariage de Louis XVI avec Marie-Antoinette.

LE PÈRE. — Aujourd'hui la rue de Rivoli va jusqu'à la Bastille, et traverse six arrondissements de Paris. Elle appartient au premier arrondissement jusqu'à la place du Palais-Royal.

EUGÈNE. — Elle rappelle une brillante victoire de Napoléon.

MARIA. — J'aimerais mieux commencer par son origine. Nous savons déjà que l'orangerie des Tuileries a été convertie en rue Saint-Florentin. Je serais curieuse de savoir qui a foulé ce sol avant nous.

EUGÈNE. — Quelle richesse d'expression, Maria! Tu veux devenir célèbre.

LE PÈRE.—Pour te contenter, ma chère enfant, je te dirai que nous sommes ici sur l'ancienne cour des Écuries du roi, qu'ensuite nous trouverons celle du manége, puis une partie des couvents des Feuillants, des Capucins et de l'Assomption.

MARIA. — Les Écuries du roi, son manège, il n'y a

rien là de bien embarrassant. Je m'arrête devant le mot Feuillants.

LE PÈRE. — C'étaient des moines de l'ordre des Bénédictins de Citeaux, qui étaient venus s'établir à Paris en 1587, neuf ans après la fondation de leur ordre par Jean de la Barrière, dans le monastère de Feuillant, près de Toulouse, au diocèse de Rieux. La terrasse du jardin des Tuileries qui est située le long de cette rue se nomme encore terrasse des Feuillants.

MARIA. — Je suis bien tourmentante, mais pourriez-vous me dire quel costume ils avaient?

LE PÈRE. — Ils portaient des vêtements blancs, comme les Bénédictins, ce qui les faisait appeler moines blancs. Leur règle était celle de saint Benoît de Nursa, qui avait fondé son ordre au mont Cassin, dans le sixième siècle de l'ère chrétienne. Saint Maur, son disciple, vint établir les Bénédictins en France, et bientôt on vit naître de toutes parts de nombreuses abbayes. Saint-Germain des Prés, Saint-Denis, Saint-Martin de Tours, Saint-Vandrille, Jumièges, Marmoutiers étaient des lieux célèbres.

EUGÈNE. — Ils ont été fort utiles à la science.

LE PÈRE. — Très-utiles. Le temps des Bénédictins était partagé entre l'étude, la prière et le travail des mains, en portions égales. En retirant des vingt-quatre heures six heures pour sa personne, il reste six heures d'études sérieuses par jour. Si chacun de nous se faisait une loi d'occuper sérieusement six heures chaque jour à l'étude, il est impossible de se figurer tout ce qu'il produirait.

EUGÈNE. — N'est-ce pas ici que se fixa l'Assemblée nationale en 1789?

LE PÈRE. — Dans le manége du Roi. L'Assemblée avait d'abord reçu pour résidence les bâtiments de l'archevêché. C'est sur le terrain où nous sommes que s'est accomplie la révolution française. C'est là que Louis XVI, forcé de quitter le château le 10 août 1792, vint chercher un asile au milieu des membres de la Convention. C'est de là qu'il fut transféré avec sa famille, au palais du Luxembourg d'abord, puis au Temple, d'où il ne sortit que pour revenir encore ici comparaître à la barre de la Convention, et s'entendre condamner à mort.

EUGÈNE. — Deux monarchies sont donc tombées presque au même lieu. Celle de Louis XVI dans la salle de la cour du manége, et celle de Napoléon Ier dans les salons du prince de Talleyrand!

LE PÈRE. — La rue Mondovi est l'une des rues percées aussi sur les mêmes emplacements ; de même que la rue de Rivoli, elle rappelle une des victoires éclatantes de la guerre d'Italie. La victoire de Rivoli fut remportée le 14 janvier 1797, et celle de Mondovi presque un an auparavant, le 22 avril 1796. Celle-ci eut pour conséquence la conquête du Piémont, et la paix de Chérasco avec le roi de Sardaigne ; celle de Rivoli, l'évacuation de l'Italie par les Autrichiens et la paix de Tolentino avec le pape.

EUGÈNE. — Quels ont été, s'il vous plaît, mon père, les faits de la journée de Rivoli?

LE PÈRE. — Bonaparte avait devant lui Alvinzi, avec une armée considérable. Mais il avait sous ses ordres Brune, Joubert, Leclerc, Victor, Murat, qui devaient suivre sa fortune et partager sa splendeur après avoir partagé ses fatigues, ses dangers et sa gloire. Dès son arrivée près de Rivoli, il s'empressa de faire prendre des positions avantageuses. Ce ne fut pas sans peine. L'ennemi avait pénétré sur le plateau de Rivoli, qui lui fut disputé par Joubert, descendu des hauteurs de San-Marco, et par Leclerc, qui l'attaqua avec la cavalerie. Ce fut le fort du combat. Quand les Autrichiens eurent lâché pied, Bonaparte les fit poursuivre sans relâche. « Nous avons fait, dit-il, dans la relation de cette bataille, dans les deux journées de Rivoli, treize mille prisonniers, et pris neuf pièces de canon. »

MARIA.— Dans la bataille de Mondovi, j'ai appris qu'il combattait contre Beaulieu, dont il écrivait au Directoire : « Il donne dans tous les piéges, » peignant ainsi la rapidité avec laquelle il le harcelait.

LE PÈRE. — Le général piémontais Colli était à Mondovi le principal officier ennemi qu'il eût en tête ; Beaulieu soutenait ces Piémontais, mais il avait été battu à Dégo et était suivi de près par Augereau et par Serrurier. C'est donc le général Colli que vainquit Bonaparte, en lui faisant perdre 1,000 hommes, huit canons et onze drapeaux.

EUGÈNE.— Cette rue de Mondovi devrait bien aller jusqu'à la rue Saint-Honoré ; elle fait avec la rue du Mont-Thabor un coude peu pittoresque. D'autant plus que le fond de la perspective offre une porte assez sale.

LE PÈRE. —C'est le projet, mais il n'a pas encore reçu son exécution. La rue du Mont-Thabor n'est plus percée sur les terrains du manége, mais sur ceux de l'Assomption, des Feuillants et des Capucins.

MARIA. — Tu vois, Eugène, que je ne demande plus d'explications sur les Capucins, dont nous avons parlé hier.

EUGÈNE. — Tu es une excellente promeneuse, qui ne fait perdre ni le temps, ni les paroles à tes cicérones. Où est le mont Thabor, Maria ?

MARIA. — Lequel ? Est-ce celui qui est dans les États Sardes, entre la Maurienne et Suze ? Est-ce celui qui a donné son nom aux Taborites et qui est en Bohême, à dix-sept lieues de Prague, près d'une ville de ce nom ? Est-ce enfin celui de Syrie, près d'Acre ?

EUGÈNE. — Tu crois m'étourdir, mais j'ai appris à te connaître. Tu ne me crois pas assez simple pour faire un choix ; n'est-ce pas ?

MARIA. — Non ; je sais que tu es au courant des victoires des Français autant et plus que moi. Je n'ai voulu que te prouver que j'avais aperçu ton piége. Le mont Thabor qui est près de Nazareth n'a pas seulement une illustration militaire, il est célèbre par la transfiguration de Notre Seigneur, et il a été immortalisé dans les arts par le beau tableau de Raphaël.

LE PÈRE. — C'est très-bien, ma chère enfant. Cependant je vais vous donner sur la bataille du mont Thabor des détails qui prouvent combien le sang-froid et la tactique peuvent l'emporter sur l'ardeur et sur le nombre.

EUGÈNE. — Merci, mon père, j'écoute toujours avec avidité les relations où il s'agit de nos troupes.

LE PÈRE. — Bonaparte faisait le siége de Saint-Jean d'Acre, et il apprit que les Musulmans, à l'instigation de Djezzar, pacha d'Acre, s'apprêtaient à prendre les armes. Il détacha Junot d'abord pour contenir les populations, puis Kléber, afin de s'opposer à l'arrivée des bataillons ennemis qui descendaient dans la plaine, au nombre de 18 à 20,000 hommes. Kléber n'avait que 4,000 soldats, et fut bientôt assailli. Mais il soutint vigoureusement l'attaque jusqu'à l'arrivée du général en chef qui, le 16 avril 1799, dégagea les deux carrés d'infanterie formés par Kléber, et mit en déroute l'ennemi, qui avait fini par compter 25,000 cavaliers et 10,000 fantassins.

EUGÈNE. — C'est une brillante victoire, où chaque Français avait à lutter contre neuf.

LE PÈRE. — Tu vois qu'elle mérite bien un souvenir.

MARIA. — Ce pacha d'Acre n'avait-il pas un autre nom ?

LE PÈRE. — Il s'appelait Achmet ; le nom de Djezzar, qui signifie boucher, ne lui avait été donné qu'à cause de ses cruautés.

MARIA. — Voici encore la rue de Luxembourg que nous retrouvons une troisième fois.

EUGÈNE. — Ce qui, en bon français, veut dire qu'on ne t'en a pas encore parlé.

MARIA. — Tu as toujours une interprétation favorable de mes paroles ; c'est bien fraternel.

LE PÈRE. — Je vous ai promis d'y revenir et je vais tenir mon engagement. Cette portion de la rue est plus moderne que celle qui va de la rue Saint-Honoré au boulevard. Elle ne fut percée que sous le Consulat, pour continuer la rue de Luxembourg ouverte sur l'emplacement de l'hôtel de ce nom, pendant les premières années de Louis XV.

MARIA. — C'est là sans doute que demeurait le fameux duc de Luxembourg, maréchal de France, le vainqueur de Senef, de Steinkerque et de Nerwinde.

LE PÈRE. — C'est un grand nom qui passa dans plusieurs familles illustres et qui avait une grande célébrité déjà sous le règne de Louis XI. Tu sais cela, Maria?

MARIA. — Oui, mon père, le connétable de Luxembourg Saint-Pol qui fut décapité, était parent des princes de la maison impériale d'Allemagne; mais je ne crois pas que le maréchal ait tiré son nom de cette souche.

LE PÈRE. — Si fait, vraiment. Le dernier descendant de cette maison, Henri, duc de Pinei-Luxembourg, eut une fille nommée Charlotte-Marguerite de Luxembourg, qui épousa Léon d'Albert, frère du duc de Luynes, le favori de Louis XIII. La puissance de celui-ci fut utile à son frère, auquel Louis XIII transféra le titre et les armes de la famille de Pinei-Luxembourg.

EUGÈNE. — Voici donc deux familles se succédant à ce nom?

LE PÈRE. — Oui, et de ce mariage naquit un fils incapable qui avait pris le titre de prince de Tingri et qui fut contraint de consentir à ce que sa sœur portât le titre de Luxembourg dans la maison de Montmorency, en épousant le comte de Boutteville.

MARIA. — Celui qui fut décapité par l'ordre de Richelieu, pour s'être battu en duel, place Royale?

LE PÈRE. — Non, mais son fils François-Henri de Montmorency-Boutteville, qui devint le fameux maréchal de Luxembourg.

EUGÈNE. — Ainsi le maréchal de Luxembourg était un

Montmorency. Cela fait la troisième famille du nom de Luxembourg.

LE PÈRE. — Oui, mon ami, et le petit-fils du fameux maréchal devint le protecteur de J.-J. Rousseau, qu'il reçut à Montmorency, et dont il favorisa la fuite en Suisse, lorsque J.-J. fut poursuivi pour la publication de son *Émile*. Sa veuve fut la maréchale de Luxembourg, qui eut une grande réputation de beauté et d'esprit pendant le règne de Louis XV.

EUGÈNE. — Le ministère des finances, occupe, je crois vous l'avoir entendu dire, l'emplacement des couvents des Capucines et des Feuillants.

LE PÈRE.—Oui ; cet hôtel si vaste, si somptueux, avait d'abord été destiné aux postes, mais une ordonnance de 1822 y plaça le ministère des finances. C'est là que demeurait, en 1827, M. de Villèle, alors ministre chargé de ce portefeuille, lorsque les gardes nationaux revenant d'une revue au Champ-de-Mars, le 12 avril, firent entendre en passant rue de Rivoli, sous les croisées du ministre, les cris de : « A bas Villèle ! A bas les ministres ! » Le lendemain, une ordonnance royale licenciait la garde nationale.

MARIA.—Pourquoi donc, mon père ? Ces gardes nationaux n'étaient-ils pas libres de manifester leur mécontentement de l'administration du ministre ?

LE PÈRE. — Non, ma chère enfant. Le soldat qui a ses armes à la main, ne doit jamais manifester son opinion personnelle, il ne doit qu'obéir aux commandements de ses officiers ; et dans cette circonstance, les Parisiens ayant l'uniforme et l'armement des gardes nationaux, étaient considérés comme soldats sous les armes.

MARIA. — Mais en 1830, en 1848, la garde nationale n'a-t-elle pas pris parti pour l'insurrection ?

LE PÈRE. — Ce fut là un grand tort, dont les conséquences ont été deux révolutions. — Nous voici rue de Castiglione, dont le nom rappelle encore une grande et utile victoire du général Bonaparte, remportée le 5 août 1796, sur le général autrichien Wurmser, qui voulait lui faire lever le siége de Mantoue.

EUGÈNE. — Patrie de Virgile, appelé le Cygne de Mantoue.

LE PÈRE. — Virgile n'est pas né précisément à Mantoue, mais aux Andes, qu'on appelle aujourd'hui Piétole. Ce village est tout entier compris dans les fortifications redoutables de Mantoue, que la nature avait déjà rendue imprenable.

MARIA. — Comment cela, mon père, s'il vous plaît ?

LE PÈRE. — Mantoue est dans une île formée par le Mincio et entourée de marais, où l'on a construit des ouvrages formidables, surtout le fort Saint-Georges, où Bonaparte a livré plusieurs combats meurtriers. Il était donc de la plus haute importance de repousser Wurmser, pour conserver cette importante position.

EUGÈNE. — C'est dans cette bataille qu'Augereau gagna son titre de duc de Castiglione.

MARIA. — Ainsi, dans cette mémorable campagne, le général Bonaparte gagna d'abord la bataille de Mondovi, qui fit signer la paix de Cherasco ; puis la bataille de Castiglione, qui repoussa Wurmser et fit conserver l'importante position de Mantoue, et enfin la bataille de Rivoli, qui fit conclure la paix de Tolentino avec le saint père.

LE PÈRE. — C'est parfaitement résumé, et pour compléter la série des succès de Napoléon, nous allons voir la colonne de la place Vendôme, revêtue du bronze des canons pris à Austerlitz.

EUGÈNE. — Encore un glorieux trophée que les alliés, dans leur colère jalouse, voulaient abattre en 1814.

LE PÈRE. — Les hommes sont les mêmes partout et toujours. Les Français de l'Empire n'ont-ils pas renversé la colonne de Rossbach, près de Berlin, rappelant une des plus belles manœuvres du grand Frédéric de Prusse. Nous avons toujours le tort de voir seulement avec nos yeux.

MARIA. — Mon père, la place Vendôme rappelle aussi un grand guerrier du siècle de Louis XIV.

LE PÈRE. — Le vainqueur des Anglo-Espagnols, à Villa-Viciosa, bataille qui assura la couronne d'Espagne à Philippe d'Anjou, petit-fils du roi. Cette place occupe l'endroit où était son hôtel, et où les Capucines avaient leur couvent. Le roi donna aux religieuses le terrain sur lequel fut percée la rue de la Paix et où Louis XIV leur fit construire une chapelle.

EUGÈNE. — Vous avez eu déjà la bonté de nous parler de cette église lorsque Maria désirait faire une visite à ses amis les pompiers.

MARIA. — Tu es implacable, malgré tes promesses.

LE PÈRE. — L'architecte Mansard fut chargé de la direction des travaux et trouva moyen de placer sous les combles des hôtels un étage décoré de croisées qui ont pris le nom de mansardes, et qui complétaient l'ornementation des façades. Aujourd'hui, le caprice des propriétaires a détruit la symétrie qu'il avait observée.

EUGÈNE. — Le duc de Vendôme n'a-t-il pas été la cause de l'élévation d'Alberoni?

LE PÈRE. — On a raconté encore à cette occasion une fable historique, fondée, il est vrai, sur les récits des écrivains du temps, mais qui n'en est pas moins fausse. Suivant les faiseurs de mémoires, Alberoni aurait été un pauvre desservant d'une église de hameau, lorsque le duc de Vendôme fut envoyé en Italie pour réparer les bévues de Villeroi. Dans l'impossibilité de trouver un gîte pour la nuit, Vendôme suivit le conseil qu'on lui donna d'aller demander l'hospitalité au pauvre prêtre. Celui-ci, qui manquait de tout, trouva néanmoins le moyen de faire pour son hôte une soupe à l'oignon et au fromage que Vendôme trouva délicieuse. Mais ce qui avait le plus charmé le prince, c'était l'esprit d'Alberoni. La conversation avait été des plus divertissantes, si bien que le lendemain, Vendôme aurait emmené comme chapelain le curé de campagne qui le suivit en Espagne, plut à Philippe V, et devint ministre et cardinal.

MARIA. — Comment, cette charmante histoire qu'on m'a racontée aussi, n'est donc pas vraie?

LE PÈRE. — Pas le moins du monde. Alberoni était fils d'un jardinier, il est vrai; il passa par les fonctions infimes de l'église, fut sonneur de la cathédrale de Plaisance, fut élevé par charité dans un couvent, mais lorsque Vendôme parut en Italie, il était déjà chapelain de l'évêque de Saint-Donino. C'est en cette qualité qu'il représenta le duc de Parme auprès de Vendôme et qu'il obtint la faveur de ce duc.

MARIA. — Quel malheur! je trouvais si intéressante cette position misérable!

EUGÈNE. — Résigne-toi, ma petite sœur; ton pauvre Alberoni n'aurait pas été de ton avis.

LE PÈRE. — Le duc de Vendôme n'en a pas moins contribué à la puissance du célèbre cardinal.

MARIA. — Mon père, est-ce que cette place était vide avant qu'on y plaçât la colonne?

LE PÈRE. — Non, ma chère enfant, on y avait érigé une statue colossale de Louis XIV, vêtu à l'antique et portant la fameuse perruque à cent boucles de cette époque. La place devait s'appeler place des Conquêtes, mais le nom de l'ancien hôtel dont elle occupait l'emplacement a prévalu.

MARIA. — Une telle perruque devait être bien incommode.

LE PÈRE. — Il y en avait qui pesaient jusqu'à deux livres, et qui coûtaient fort cher; on fixe même le prix des perruques blondes, les plus estimées : elles se payaient jusqu'à 3,000 fr.

EUGÈNE. — Quelle prodigalité pour si peu! Qu'importe la couleur et la quantité des cheveux lorsqu'on sait qu'ils sont postiches?

LE PÈRE. — C'est vrai, mais le vieillard chauve a besoin de se couvrir la tête, et il préfère une perruque à un bonnet; dans ce cas, c'est une nécessité.

EUGÈNE. — Je le pense bien, mais je trouve absurde de se charger la tête de cheveux étrangers quand on a les siens.

LE PÈRE. — Tu as raison. Néanmoins l'usage des perruques remonte à la plus haute antiquité. Astyages, roi des Mèdes, en avait une qui valait les perruques à la Louis XIV ; l'empereur Commode en portait une tressée avec des cheveux de diverses nuances ; les dames romaines achetaient à prix d'or les blondes chevelures des Germaines. Les bustes chauves de quelques impératrices romaines prouvent que les sculpteurs y adaptaient une chevelure suivant la mode. Henri III, devenu chauve à la suite d'une maladie, mit les perruques en vogue à la cour de France. En Angleterre, la longue perruque est obligatoire dans la magistrature. Un président de cour de justice n'oserait pas paraître à son tribunal avec ses cheveux naturels.

MARIA. — Oh ! quel usage comique !

EUGÈNE. — Mon bon père, pourriez-vous me dire si les autres colonnes triomphales sont comparables à la nôtre ?

LE PÈRE. — Elles sont à peu près de la même hauteur que celle-ci, qui mesure jusqu'à l'extrémité supérieure de la statue 135 pieds [1]. La colonne Trajane à Rome, en a 134, et la colonne Antonine en a 140. Il y a en Europe un grand nombre d'autres colonnes. On en voit plusieurs à Londres dont la plus haute a 191 pieds. C'est le monument élevé après l'incendie du 3 septembre 1666 qui dévora les deux tiers de cette grande ville. Saint-Pétersbourg a aussi une magnifique colonne dont le fût, qui a 80 pieds, est fait d'un seul bloc de granit. Elle fut érigée le 31 août 1832, par Nicolas Ier, à la mé-

---

[1] Piédestal, 17 pieds 3 pouces ; base et torse, 5 pieds 8 pouces ; fût, 82 pieds 6 pouces ; chapiteau, 4 pieds 2 pouces ; lanterne, 13 pieds 6 pouces ; statue, 12 pieds ; escalier intérieur 180 marches.

moire de son frère Alexandre Ier, et elle est un peu plus haute que la colonne Vendôme.

MARIA. — Les trophées du piédestal ont le chiffre F. II. Cela veut dire sans doute François II, qui était empereur d'Allemagne, archiduc d'Autriche ; mais je croyais que les Russes avaient aussi pris part à la bataille.

LE PÈRE. — Tu as raison. Mais comme Napoléon recherchait l'alliance de la Russie pendant le temps où l'on construisait la colonne, il donna l'ordre de supprimer le chiffre d'Alexandre dans les trophées ; mais ensuite il épousa Marie-Louise, et le même ordre fut donné par rapport aux F. Il était trop tard, ce chiffre est resté. On dit que Launay, chargé de la fonte des bronzes de la colonne, a conservé au dedans des bas-reliefs le chiffre de l'empereur de Russie, afin que la postérité ne pût pas être trompée sur l'importance de cette victoire.

MARIA. — L'inscription est en abrégé, il ne m'est pas possible de la comprendre.

LE PÈRE. — Eugène, va te la traduire [1].

EUGÈNE. — Très-volontiers, ma petite sœur. Napoléon, empereur auguste, a dédié à la gloire de la grande armée ce monument, fait avec l'airain conquis sur l'ennemi, pendant la guerre d'Allemagne, qui, sous son commandement, fut terminée en 1805, dans l'espace de trois mois.

MARIA. — Quelle belle inscription ! rien n'y manque, excepté les noms des peuples vaincus.

LE PÈRE. — Les détails sont représentés dans les bas-

---

[1] Neapolio imp. aug. monumentum belli germanici. Anno MDCCCV, trimestri spatio ductu suo profligati, ex ære capto gloriæ exercitus maximi dicavit.

reliefs du fût, qui sont au nombre de 76 et dont je joindrai les noms aux listes que vous avez déjà faites [1].

MARIA. — Merci, mon bon père ; si la colonne n'était pas si haute je vous demanderais bien la permission d'aller admirer de près la statue du grand homme de notre siècle.

LE PÈRE. — Elle est de M. Seurre qui lui a donné le véritable costume de Napoléon, la redingote et le petit chapeau historiques, chantés par Béranger. La première statue était à la romaine.

MARIA. — La première ! il y en eut donc une autre ?

LE PÈRE. — Certainement. Mais en 1814 on l'enleva et elle ne put être remontée en 1815. Le bronze dont elle était faite est entré dans la statue de Henri IV, érigée sur le Pont-Neuf par Louis XVIII. Celle-ci a été inaugurée sous Louis-Philippe.

MARIA. — Les Parisiens ont donc laissé abattre la statue de celui auquel ils prodiguaient les témoignages du plus vif enthousiasme ?

LE PÈRE. — Ta sévérité envers Paris n'est pas très-juste. Le souvenir que l'on conservait de Napoléon Ier s'est souvent manifesté ici aux anniversaires de son sacre, le 2 décembre, et de sa mort, le 5 mai. Ces jours-là, même pendant la Restauration et sous le règne de Louis-Philippe, on plaçait des couronnes d'immortelles sur les piques de la grille qui entoure la base de la colonne. Ce pieux hommage causa quelquefois des troubles quand l'autorité voulait s'y opposer, et fit naître une émeute le 5 mai 1831.

[1] V. à la fin du volume.

EUGÈNE. — Est-ce que ce jour-là l'empereur Napoléon III n'était pas à l'hôtel du Rhin qui est presque vis-à-vis de l'inscription de la porte de la colonne?

LE PÈRE. — Précisément. Ce fut même cette circonstance qui éveilla les inquiétudes de Louis-Philippe et lui fit commettre une mauvaise action, puisqu'il força le prince Louis-Napoléon à quitter Paris sur-le-champ, malgré l'état de souffrance où il se trouvait et qui l'avait obligé à se faire poser les sangsues.

MARIA. — Cette émeute a-t-elle été grave?

LE PÈRE. — Elle avait pris d'abord un caractère comique, parce que le général Lobau avait spirituellement imaginé d'employer les pompes à incendie pour disperser les groupes au lieu de faire usage des armes. Le moyen fut d'abord très-efficace; mais on fut obligé d'avoir recours aux charges de cavalerie, et la presse satirique de l'époque ne manqua pas de tourner en ridicule le débonnaire général, et de l'accabler de caricatures.

MARIA. — Cette place a été le théâtre d'un grand événement en 1812, n'est-il pas vrai, mon père?

LE PÈRE. — C'est ici que s'est terminée l'échauffourée du général Malet qui avait rêvé une révolution lorsque Napoléon était à 700 lieues de Paris dans les murs de Moscou, ou plutôt au milieu des ruines de cette ville incendiée par les ordres du gouverneur Rostopchin et du général Kutusof. En effet, cette conspiration éclata pendant la nuit du 23 au 24 octobre, et cette nuit-là même, les troupes françaises, évacuant Moscou pour commencer leur désastreuse retraite, en faisaient sauter le Kremlin.

EUGÈNE.—Est-ce que cette conspiration était sérieuse ?

LE PÈRE. — Elle fut sur le point de réussir, quoique les agents de ce coup de main n'eussent pas été mis dans le secret par Malet. Excepté lui, l'abbé Lafon et un prêtre espagnol, huit personnes sur les onze qui ont été fusillées n'étaient que des instruments.

MARIA. — Comment donc cela s'est-il passé ?

LE PÈRE.—De la façon la plus simple. Le général Malet avait été mis en prison pour son opposition au système impérial et avait obtenu de passer son temps de captivité dans une maison de santé du faubourg Saint-Antoine, où il fit la connaissance de l'abbé Lafon. Tous les deux, ils formèrent le dessein de profiter de l'éloignement de l'Empereur et du silence qu'on gardait sur le sort de l'armée pour renverser le gouvernement impérial. Un prêtre espagnol, qui demeurait place Royale, promit de prêter son appartement pour qu'on y déposât l'uniforme du général Malet. C'est là qu'on devait revêtir le costume officiel. En attendant, l'abbé Lafon et Malet fabriquèrent des proclamations du sénat et de faux ordres revêtus de fausses signatures. Tout était prêt, lorsqu'une circonstance imprévue leur fit hâter l'exécution de leur plan. Deux généraux connus par leurs opinions exaltées, Lahorie et Guidal, furent arrêtés et enfermés à la Force, en attendant que Lahorie fût déporté à Cayenne et que Guidal fût transféré au château d'If près Marseille. Aussitôt Malet et l'abbé Lafon escaladèrent, pendant la nuit du 23 octobre, le mur du jardin de la maison de santé, se rendirent chez le prêtre espagnol où se trouvèrent deux jeunes gens dont l'un endossa volontiers l'uniforme d'aide de camp de Malet, et l'autre se ceignit d'une écharpe tricolore. Tous allèrent ensuite à la caserne de Popincourt où se trouvait la 10ᵉ cohorte de gardes nationales.

MARIA. — Voilà encore la garde nationale qui se trouve mêlée aux mouvements.

LE PÈRE. — Ce n'était pas une garde bourgeoise comme celle de nos jours ; ces cohortes étaient composées de jeunes gens dont les plus âgés n'avaient pas dix-sept ans. On les avait formées pour faire le service des villes pendant que les régiments combattaient la coalition. La ville de Paris était gardée alors par cette troupe, par quelques gendarmes, les vétérans et les invalides, et elle n'en était pas moins tranquille.

EUGÈNE. — Tu vois bien, Maria, que tu soulèves toujours des questions accidentelles.

MARIA. — Il me semble que tu n'as rien à me reprocher à ce sujet.

LE PÈRE. — Toujours est-il que le colonel de cette cohorte, malade et arraché à son premier sommeil, fut étourdi à l'annonce de la mort de l'empereur et de la formation d'un gouvernement provisoire, et remit au général Malet le commandement de ses troupes. De là on se rendit à la Force, Lahorie et Guidal furent délivrés, acceptèrent la coopération qu'on leur offrait et se partagèrent avec Malet les expéditions à faire. M. Frochot, préfet du département de la Seine, surpris comme le colonel de la 10ᵉ cohorte, ne fit aucune résistance ; le duc de Rovigo, ministre de la police, fut arrêté à sept heures du matin et conduit à la Force ainsi que M. Pasquier, préfet de police.

EUGÈNE. — Quoi ! le ministre et le préfet de police : cela ressemble à une plaisanterie !

LE PÈRE. — Ce fut le côté comique du complot et qui excita le rire des habitants de Paris quand la conspiration fut déjouée. Jusque-là tout avait réussi, mais la fortune changea ici où tu vois des factionnaires et un poste, à l'état-major de la place enfin. Malet, qui s'était réservé les difficultés de l'entreprise, ne put convaincre le commandant de la 1ᵉ division Hullin aussi facilement que les autres. Celui-ci l'invita à le suivre dans son cabinet pour prendre connaissance des nouveaux ordres que Malet lui présentait, mais il eut à peine terminé son invitation que Malet lui tira un coup de pistolet qui, sans le tuer, lui brisa la mâchoire et le renversa. Le général Laborde, accouru au bruit, et auquel Malet s'apprêtait à faire partager le sort du commandant, le fit arrêter par un officier de police qui le reconnut et lui dit : « Monsieur, vous n'avez pas le droit de sortir de votre maison sans que j'aille vous chercher moi-même. » Tout fut fini, et à neuf heures du matin, les Parisiens apprenaient à la fois le complot et l'arrestation des conspirateurs.

EUGÈNE. — Cet officier de police me fait l'effet de la pierre qui soulève la roue d'un char et renverse le triomphateur.

MARIA. — Oh ! oh ! c'est finir par une belle tirade philosophique.

LE PÈRE. — Allez-vous me laisser partir sans me parler du fameux Law, ce financier dont vos livres font sans doute mention sous la régence de Philippe d'Orléans ?

MARIA. — A-t-il quelque chose de commun avec cette place ? Je croyais qu'il demeurait rue Quincampoix.

LE PÈRE. — Quand il commença l'application de son système de papier-monnaie ; mais la foule devint si grande, que le régent lui donna une résidence à la place Vendôme. L'engouement était tel que ses agents, trop nombreux pour habiter dans ses appartements, avaient fait construire ici même des baraques de bois autour desquelles se pressait une foule compacte. Le bruit que faisait cette cohue incommoda le chancelier, dont l'habitation était aussi sur la place, et Law reçut du prince de Carignan l'hôtel de Soissons, où fut bâtie de nos jours la halle au blé. C'est là qu'arriva la chute de cet habile financier qui mourut dans la misère après avoir manié des millions.

EUGÈNE. — Cet habile financier, était, permettez-moi ce mot, mon père, un aventurier, un intrigant.

LE PÈRE. — C'est encore une erreur. John Law était fils d'un riche orfèvre et banquier d'Edimbourg qui avait acheté le domaine de Lauriston. Lorsque Law vint en France, il menait grand train. Il est vrai qu'il était joueur heureux ; mais il obtenait son gain de ses calculs et de la somme considérable qu'il portait en or avec lui. Quand le régent le chargea du rétablissement des finances, Law inventa la banque, mais il eut le tort d'exagérer ses opérations. Il arriva un moment où les demandes de remboursement furent considérables et l'obligèrent à employer des moyens violents pour se soutenir ; c'est ce qui le perdit. Avec plus de modération et de prudence, il se serait soutenu. Le premier coup lui fut porté par le prince de Conti, auquel il avait refusé des billets après lui en avoir donné gratuitement pour des sommes énormes. Le prince, blessé dans son amour-propre, exigea de la banque le remboursement des billets dont il était détenteur. On emporta quatre fourgons remplis d'argent. Ce fait est consigné dans les Mémoires de Duclos. Des Anglais, des Hollandais et d'autres étrangers suivirent cet exemple et enlevèrent de France des valeurs métalliques considérables. Mais jusque-là les fêtes qu'il avait données étaient d'un luxe royal.

MARIA. — Mon père, vous nous avez parlé, dans notre première promenade, de la marquise de Lauriston. Est-ce que les Lauriston de nos jours sont de la famille de Law ?

LE PÈRE. — Le marquis de Lauriston descend de William Law, et se trouve l'arrière-petit-neveu du financier John. Allons maintenant à la rue d'Alger.

EUGÈNE. — Encore une conquête de la Franc, et qui forme une de nos colonies presque à notre porte.

LE PÈRE. — C'est vrai. L'Algérie deviendra une des riches provinces de France quand la colonisation sera bien assurée ; déjà même elle nous fournit de magnifiques produits.

EUGÈNE. — C'est une longue guerre, et qui n'est pas terminée encore, puisque les tribus des montagnes ne sont pas encore soumises.

MARIA. — Oui, mais c'est une expédition qui a fait cesser la piraterie.

LE PÈRE. — Si la piraterie s'exerce encore, elle a au moins reçu à peu près le coup mortel.

EUGÈNE. — Ce fut la plus brillante action militaire du

règne de Charles X, et elle devint le signal de sa chute.

MARIA. — Attends donc que nous soyons à la rue du 29 juillet, pour causer de cela ; tu vois bien que nous abusons de la patience de notre bon père.

LE PÈRE. — Non, mes enfants ; ces faits, presque contemporains, ne prennent pas beaucoup de temps à développer ; tout le monde les connaît. Ainsi, la conquête d'Alger, faite par le maréchal Bourmont, a été le résultat d'une insulte faite à M. Delval, notre consul en Algérie. La France devait au Dey le prix d'une fourniture de blé déjà ancienne. Charles X fit remettre au banquier du Dey le montant de la dette ; mais comme le banquier fit faillite, le Dey prétendit que la dette n'était pas soldée, et le consul soutenait au contraire qu'elle était de fait acquittée. Dans la discussion, le Dey donna un coup d'éventail au consul, que Charles X vengea par la conquête de la province.

MARIA. — C'est superbe, cela !

LE PÈRE. — Malheureusement la gloire qui en résulta et l'argent qu'on en retira poussèrent Charles X à croire qu'il pouvait anéantir la constitution donnée par Louis XVIII et jurée par lui à son avénement. Des ordonnances qui abolissaient la liberté de la presse et changeaient le mode des élections firent soulever Paris, qui, en trois jours, força la royauté à reprendre le chemin de l'exil et donna à la France le signal d'une révolution, comme il a presque toujours fait. C'est de là que vient le nom de la rue du 29 Juillet.

EUGÈNE. — Nous voici devant Saint-Roch, à la rue du Dauphin.

LE PÈRE. — Qui n'était autrefois qu'une impasse, devenue célèbre par la journée du 13 vendémiaire an 4 (5 octobre 1795). La Convention, de sanglante mémoire, avait terminé sa session, et, selon les termes de la constitution, elle devait être remplacée par le gouvernement de cinq magistrats suprêmes appelés Directeurs, assistés de deux chambres : l'une, de 250 membres, appelés les Anciens; l'autre, nommée le Conseil des Cinq-Cents. Les anciens représentants de la France à la Convention devaient former, pour les deux tiers, par la voie du sort, les deux Conseils. Cette disposition ne satisfaisait ni les terroristes, qui regrettaient les députés déportés après le 9 thermidor, ni les royalistes, qui voyaient dans la nouvelle assemblée deux hommes sur trois opposés à la restauration des rois ; aussi se forma-t-il une insurrection terrible contre la Convention. Barras, chargé du commandement des troupes, confia au général Bonaparte, qui s'était fait connaître avant cela au siége de Toulon, la défense de l'Assemblée. C'est ici que s'est livré le plus furieux combat ; mais les dispositions prises par l'habile homme de guerre sur lequel Barras s'était reposé fixèrent en quelques heures la victoire. Dès lors on put prévoir jusqu'où la fortune pourrait l'amener.

MARIA. — La place des Pyramides, que nous trouvons ensuite, rappelle aussi l'un des plus beaux faits d'armes de Napoléon.

LE PÈRE. — C'est le second combat livré après le débarquement des Français en Égypte, que la prise d'Alexandrie avait ouverte à nos troupes. Les Mamelucks, vaincus une première fois à Chebreiss, voulurent venger leur défaite, et attendirent l'armée française à Embabeh, près du Caire. Lorsque les troupes arrivèrent, au point du jour, près des retranchements des Mamelucks, ils furent saisis d'admiration à la vue des pyramides qu'on découvrait de loin. Bonaparte saisit alors l'occasion, disposa ses bataillons carrés, et, adressant la parole aux soldats, il leur dit seulement : « Soldats, vous allez combattre aujourd'hui les dominateurs de l'Egypte; songez que, du haut de ces monuments, quarante siècles vous contemplent ! » La victoire fut complète, et eut pour résultat la prise du Caire et la déroute des Mamelucks.

EUGÈNE. — Nous touchons, je crois, aux limites du premier arrondissement, qui se termine après la rue de l'Echelle, dont la signification est pour moi un problème.

LE PÈRE. — Bien facile à résoudre. Les échelles étaient des instruments de supplice où l'on attachait les condamnés pour les fustiger. L'évêque de Paris avait une échelle patibulaire au coin de cette rue, qui en a pris le nom. Je regrette de ne pouvoir pas vous conduire aux Tuileries, mais je vous en ai déjà dit la raison. Nous renverrons cette promenade à un autre jour; tantôt nous visiterons un autre arrondissement. Quant à la rue de Rohan, la dernière de ce quartier, nous en parlerons lorsque nous examinerons les ailes latérales du Louvre.

INSCRIPTIONS DE L'ARC DE TRIOMPHE.

COMBATS INSCRITS SOUS LA GRANDE VOUTE.

1re liste dite du nord (à droite en venant de Paris.) — Lille, Hondschoote, Wattignies, Ablon, Courtrai, Tourcoing, Aldenhoven, Maestricht, Weissembourg, Landau, Neuwied, Rastadt, Etlingen, Néresheim, Bamberg, Amberg, Friedberg, Biberach, Altenkirchen, Schliengen, Kehl, Engen, Mœskirch, Hochstett.

2e liste dite de l'est. — Wertingen, Guntzbourg, Elchingen, Diernstein, Hollabrunn, Saalfeld, Halle, Prentzlow, Lubeck, Pultusk, Eylau, Ostrolenka, Dantzig, Heilsberg, Landshut, Eckmulh, Ratisbonne, Raab, Mohilew, Smolensko, Valoutina, Polotsk, Krasnoé, Wurschen.

3e liste dite du sud (2e liste à gauche en venant de Paris). — Loano, Millesimo, Dégo, Mondovi, Roveredo, Bassano, Saint-Georges, Mantoue, Tagliamento, Sediman, Mont-Thabor, Chebreisse, Bassignano, San-Giuliano, Dietikon, Muttathal, Gènes, Le Var, Montebello, Le Mincio, Caldiéro, Castel-Franco, Raguse, Gaète.

4ᵉ liste dite de l'ouest (1ʳᵉ liste à gauche). — Le Bastan, le Boulou, Burgos, Espinosa, Tudéla, Uclez, la Corogne, Sarragosse, Walls, Medelin, Maria-Belchite, Almonacid, Ocana, Alba-de-Tormes, Vique, Lerida, Cindad-Rodrigo, Almeida, Tortose, Gebora, Badajoz, Tarragone, Sagonte, Valence.

Noms inscrits sous la voûte latérale de droite, en venant de Paris.

—

Faisant face à Paris.

Combats inscrits dans la partie supérieure de la paroi ;
A gauche : Diersheim, Dusseldorf, Grand-Port, M. Jaroslawietz ; au centre : Austerlitz, Iéna, Friedland, Ulm, Wagram, Eylau. A droite : Ypres, Luxembourg, Breslaw, Berg-op-Zoom.

Noms des guerriers qui ont figuré dans les armées du Nord, des Ardennes, de la Moselle, du Rhin, de Sambre-et-Meuse, de Rhin-et-Moselle, de Hollande, de Hanovre [1].

En tête, Bonaparte.
1ʳᵉ liste (à gauche) : Chartres, Dumonceau, Dembarrère, Verhuell, Rouyer, Seroux, Hanicque, Puthod, Saint-Germain, Dessaix, J. Missiessy, Vandermaesen, Doumerc, Amey, Bordesoulle, Lefol.
2ᵉ liste : Vichery, Margaron, Gérard F., Piré, Bal-

---

[1] Les noms inscrits en italiques sont ceux des généraux morts au champ d'honneur.

thus, Prost, Dommanget, Bonnaire, Joubert J., *Damas*, Montfort, Penne, Hamelin, Hulot, Bardet, Villatte.

3ᵉ liste.—Luckner, La Fayette, Dumouriez, Kellermann, Truguet, Beurnonville, *Dampierre*, Custine, Houchard, Latouche, Pichegru, Jourdan, Hoche, Bernadotte, Championnet, Lefèvre.

4ᵉ liste. —Grouchy, Villaret-Joyeuse, Dillon, Charbonnier, Miranda, Valence, Tilly, Ferrand, Chazot, Landremont, Lanoue, Pully, Daboville, Carnot, Duval, Leveneur.

Et au-dessous des deux dernières listes : de Saint-Mars.

5ᵉ liste. — Ambère, Laubadère, Taponier, Lamarche, Colaud, Hatry, Dufour, Ligniville, Bonnard, Dejean, Souham, Kilmaine, Vandamme, Lemaire, Harville, Sparre.

6ᵉ liste.—Poncet, Delaage, Barbou, Bonneau, Desenfants, Morlot, Lemoine, *Meunier*, *Marceau*, Debelle, Hardy, Lorge, Lahoussay, Gillot, Paillard, Watrin.

Et au-dessous des deux dernières listes : Grandler.

7ᵉ liste.— Broussier, Gratien, Champmorin, Quentin, David, Olivier, Malher, Leval, Sahuc, Montrichard, Boyer, Marcognet, Laroche, Guilleminot, Fauconnet, Dorsner.

8ᵉ liste. — *Duhesme*, *Girard*, *Letort*, Friant, Montchoisy, Mermet, Poinsot, Darnaud, Petit, Teste, Pajol, Cambronne, Daumesnil, *Gouvion*, *Bastoul*, *Beaurepaire*.

Et au-dessous des deux dernières listes : Schneider.

9ᵉ liste. — *Huart*, Pelletier, Bouvier des Et., Burthe, Dubois-Theim v., *Jamin A.*, Davrange, Bellair, Blein,

Delcambre, Vasserot, Darriule, Jamin J.-B., Curell, Ha-
melinaye, Boret de Morvan.

10ᵉ liste : Neigre, Rottembourg, *Desvaux*, Michel,
Fouler, Dalesme, Percy, Petiet, Villemansy, Burcy,
Lochet, Schramm, Cosmao, *Binot*, Rigau, *Grillot*.

Noms inscrits sous la voûte latérale de droite en venant
de Paris.

—

Faisant face à Neuilly.

Combats inscrits dans la partie supérieure de la paroi.
A gauche : Jaffa, Peschiera, Caire, Caprée. Au centre : Alexandrie, Pyramides, Aboukir, Héliopolis. A
droite : Gratz, C. de Sprimont, Geisberg, Champaubert.

Noms des guerriers qui ont figuré dans les armées du Da-
nube, d'Helvétie, des Grisons, des Alpes, du Var, d'Italie,
de Rome, de Naples.

1ʳᵉ liste. — A gauche : Narbonne, Clarke, *Tharreau*,
Le Marois, Treillard, Dutaillis, Foucher, Clément L. R.,
Delagrange C., Marulaz, Guyot de La Cour, Defrance,
Dumoustier, Alméras, Albert, Chemineau.

2ᵉ liste.—Boyeldieu, Berckheim, Ornano, Kniaziewicz,
Plauzonne, *Dery*, Chouard, *Boyer*, *Gouré*, Séraphin, Val-
lin, de la Laing-Daudenarde, Delagrange-Chanc., Montesquiou E., Dedon, Watbier.

3ᵉ liste. — Moreau, Bruix, Michaud, Gouvion-St-Cyr,
Ney, Macdonald, Oudinot, Davoust, *Lannes*, Mortier,

Bessières, *Poniatowski*, Rosily, Lauriston, Villeneuve, Molitor.

4ᵉ liste.—Gérard, Maison, Mouton, Lecourbe, Sainte-Suzanne, Férino, Grenier, Schal, Bourcier, Richepanse, Eblé, Marescot, Rapp, Savary, Drouet, Bertrand.

Et au-dessous des deux dernières listes : Moreaux.

5ᵉ liste.—Turreau, Dessoles, Bonnet, Compans, *Mont-brun*, Lariboissière, *Gudin*, Morand, Legrand, La Boissière, *Chérin*, Sorbier, *Kirgener*, *Duroc*, Mathieu Dumas, Songis.

6ᵉ liste. — *Desjardins*, Nansouty, *Delmas*, Fririon, Claparède, Bisson, Walther, *Bruyère*, Boudet, *Rocham-beau*, *Delzons*, *Conroux*, *d'Hautpoul*, *Despagne*, *Corbi-neau*, Grandjean.

Et au-dessous des dernières listes : Gros.

7ᵉ liste. — Carra-St-Cyr, *Decouz*, Curial, Beaumont, *Cervoni*, Lat.-Maubourg, *Lasalle*, Durutte, Klein, Heudelet, Donzelot, Bellavesne, *Teulié*, Fressinet, Demont, Abattucci.

8ᵉ liste. — *Beaupuy*, *Valhubert*, *Debilly*, *Campana*, *Gautier*, *Caulaincourt*, *Lacuée*, *Higonet*, *Morland*, *Mazas*, *Viala*, *H. Lamotte*, Marion, *Hervo*, Chambure, *Lat.-d'Auvergne*.

Et au-dessous des deux dernières listes : Rosamel.

9ᵉ liste. — Barbanègre, Duprat, Marin, Gautherin, Pelet, Pelleport, *Montmarie*, Campi, Durrieu, Wathiez, Schramm, Vincent, Gentil St-Alph., Foissac-Lat., *Lana-bre*, Lejeune.

10ᵉ liste. — Aubry, Roussel d'H., Lépic, L'Héritier, Jacquinot, Bourcke, Domon, Girardin, Daru, *Coehorn*,

Roussel, Girard dit Vieux, *Guyot*, D'Ahlmann, Brun, Romeuf.

Noms inscrits sous la voûte latérale de gauche en venant de Paris.

—

Faisant face à Paris.

Combats inscrits dans la partie supérieure de la paroi.

A gauche : Roses, Astorga, Gironne, Olivenza ; au centre : Jemmapes, Fleurus ; à droite : Toulouse, M. del Rio-Seco, Oporto, Fuente d'Ocioro.

Noms des guerriers qui ont figuré dans les armées des Pyrénées-Orientales, de l'Ouest, de réserve, du camp de Boulogne, Grande-Armée.

1re liste à gauche : Desfourneaux, Berruyer, Hédouville, Martin, Lamartillière, Caulaincourt, Lery, Saint-Sulpice, Lefevre Desn^{tes}, Duronel, Ordener, Taviel, Guyot C., Lebrun, Chastel, Bailly de Mont^{on}.

2e liste.—Charbonnel, La Martinière, Latrille de L^{ez}., Corbineau J., Duvernet M., Drouot, Flahaut, L. de la Ferrière, Guénéheuc, Reiset, Picquet, Château, Harlet, Maucomble, Bouchu, *Valletaux*.

3e liste.— Servan, *Dugommier*, Schérer, Moncey, Deflers, Delbecq, Muller, Pérignon, Dagobert, Victor, Soult, Decrés, Suchet, Junot, Decan, Linois.

4e liste. — Clausel, Leclerc, Sebastiani, Reille, Dorsenne, Duperré, Barbantane, Sahuguet, Fregeville, Dubouquet, Canclaux, Travot, Delaborde, Marbot, Willot, Lagrange.

Et au-dessous des deux dernières listes : Huber.

5ᵉ liste. — Lespinasse, Sauret, Merle, Solignac, Mancune, Gilly, Barbot, Dubreton, Thiébault, Brénier, Loison, Maransin, Foy, Sémélé, *Gobert*, Michaud.

6ᵉ liste. — M. Mathieu, Harispe, Laval, Darmagnac, Durltanne, Habert, Rogniat, Delort, Haxo, Lamarque, Valée, Séveroli, Abby, Saligny Franceschi, Dulong.

Et au-dessous des deux dernières listes : Pille.

7ᵉ liste. — Musnier, Pécheux, Barrois, Aymard, Quesnel, Brayer, *Ruffin*, Ordonneau, E. Rey, *Lapisse*, Ligerbelair, *Taupin*, Klopiski, Bertoletti, Lallemand, Philippon.

8ᵉ liste. — *Mirabel, Beauregard, Compère, Colbert, Senarmont, Salm, Graindorge, Ferey, Jardon, Werle, Bechaud, Thomières, Lacoste, Henry, Baste, Pepin.*

Et au-dessous des deux dernières listes : Miquel.

9ᵉ liste. — Desailly, Troude, Jouffroy, Baillod, Saint-Cyr Nugues, Beurmann J.-F., Gressot, Simmer, Christiani, Flamand, Meynadier, Boulart, Wolff, Gautier C., Réné, Schmitz.

10ᵉ liste. — Lenoary, Castex, Colbert, E. Maurin, Daure, *Noailles*, Sercey, Bonamy, Lacroix P., d'Henin, Macon, Renaudin, Préval, l'Hermite, d'Alton, Montmarie L.

Noms inscrits sous la voûte latérale de gauche en venant de Paris.

—

Faisant face à Neuilly.

Combats inscrits dans la partie supérieure de la paroi.

A gauche : Adige, Montagne noire, Pozzolo, La

Piave; au centre: Marengo, Pavic, Arcole, Lodi; à droite : Naples, Plaisance, Madrid, Méquinenza.

Noms des guerriers qui ont figuré dans les armées de Dalmatie, d'Egypte, d'Espagne, de Portugal, d'Andalousie, d'Aragon, de Catalogne, du Midi.

En tête : L^s. Bonaparte.

1re liste à gauche. —Kellermann F., Rivaud de la R^{ere}., Fiorella, Vignolle, Faultrier, Caffarelli A., Sanson, Pernety, Lasowski, Sarrut, Arrighi, d'Anthouard, Emeriau, Razout, Dériot, Tirlet.

2e liste. — Ruty, Soult P., Digeon, Laplane, Jeanin, Dode, Fabre, Delamotte A., Garbé, Stroltz, Quiot, Remond V., Bonnemains, Saint-Geniés, Willaumez, Lamorandière.

3e liste. — Anselme, Brunet, Biron, Dumerbion, Montesquiou, Dumas, Masséna, Berthier, Augereau, *Joubert, Kléber, Brueys, Desaix,* Brune, Schawembourg; Gantheaume.

4e liste. — Serrurier, Murat, E. Beauharnais, Marmont, Menou, *Perrée,* Lapoype, Reynier, *La Harpe,* Rampon, Belliard, Andreossi, Chasseloup, Guyeux, Vaubois, B. d'Hilliers.

Et au-dessous des deux dernières listes : Chamorin.

5e liste. — *Bon, Lanusse,* Rusca, Gardanne, *Dubois, Saint-Hilaire,* Garnier, Dombrowsky, Dommartin, Verdier, Ménard, Frère, Miollis, Dugua, Seras, Destaing.

6e liste. — Charpentier, Damas, Gazan, Beker, Marchand, Dallemagne, Chabert, Colli, Zayonscheck, Partouneaux, Dupas, Roguet, Monier, Ricard, Mainoni, Pacthod.

Et au-dessous des deux dernières listes : Denniée.

7e liste. — Pouget, La Salcette, Soulès, Campredon, Chabran, Vial, Berthezène, Excelmans, Ledru-Darts, Darricau, Cassagne, *Caffarelli, Dèlegorgues, Rambaud, Cacault, Pigeon.*

8e liste. — *Grigny, Champeaux, Charton, Bayrand, Point, Boisgerard, Duphot, Banel, Stengel, Vallongue, Sulkoski, Leturc, Mireur, Desnoyers, Marigny, Blancheville.*

Et au-dessous des deux dernières listes : Saint-Laurent.

9e liste. — *Macon,* Poitevin, Bessières B., Cavaignac, Gudin, Delaitre, Borelli, Montélégier, Berge, Merlin E., Valazé, Lucotte, Loverdo, Baurot, Lafon-Blaniac, Desgenettes.

10e liste. — Bachelu, Meunier C., Briche, Thouvenot, Merlin, Dejean A., Subervie, Bigarré, Larrey, Lamothe Ch., *Causse,* La Hure, *Roize, Marisy,* Morangy, Bron.

Liste des noms inscrits extérieurement au Palais
de l'Industrie.

Partie orientale.

Portion du pavillon S.-E.—Brémontier, Newcommen, Pythagore, Huyghens, Van-Dyck, A. Métius, Germain Pilon, Bernouilly, J. Gabriel.

Façade E. — S. Serlio, E. Halley, O. de Guéricke, Graindorge, A. Janvier, C. Gellert, Dupérac, Bergmann, P. Ponce.

Portion du pavillon N.-E. — J. Lemercier, F. Barreau, Clément Métezeau, P. Becker, Jean Buliant, C. Ballin, Coventry, R. de Coucy, Piranesi.

Partie septentrionale.

Portion du pavillon N.-E. — H. Cavendish, Overbeck, Pierre Lescot.

Façade N. — C. Gluck, Brongniart, Haussmann, Amontos, P. de Girard, Leibnitz, Léonard de Vinci, S. Lacroix, de Buffon, Vauquelin, l'abbé de l'Épée, Fourcroy, Mansard, Galvani, J.-B. Keller, Pinaigrier, Stephenson, Rumfort, Descartes, Jacquart, Robert Fulton, Gilles Gobelin, Jean Goujon, J.-B. Say, Herschell, Primatice, Toricelli, Christophe Colomb, F. Arago, Monthyon, Vauban, Berthoud, Canova, Pline, Vitruve, Phidias, Apelles, Archimède, Philibert Delorme, Vaucanson, Perronnet, Chappe, P. Puget, Berthollet, J. Képler, N.-J. Conté, Jacques Sarazin, Blaise Pascal, L. Linnée, J.-C. Borda, G.-C. Prony, Jean Cousin, C. Perrauld, Parmentier, J. Darcet, J. Callot, Adam Smith, Bernard de Palissy, J.-D. Cassini, Jacques de Brosse, Ricardo, B. Delessert, F. Leblanc, N. Coustou, Cimabué, A. Volta.

Partie du pavillon N.-O. — Humphry Davy, Gaspard Monge, J.-L. Bernini.

Partie occidentale.

Portion du pavillon N.-O. — W.-A. Mozart, P.-P. Riquet, Jacques Cook, G. de Morveau, A. Lenôtre, G. Caxton, D'Alembert, Le Tintoret, A. Thouin.

Façade O. — L. Euler, P.-L. Dulong, Benvenuto Cellini, Nicolas de Pise, Geoffroy Saint-Hilaire, A. Durer.

Portion du pavillon S.-O. — Saint-Éloi, J.-B. Colbert,

Erwin de Steinbach, Daguerre, J.-G. Soufflot, Boer-
haave, C. Lebrun, Lacépède, Gay-Lussac.

Partie méridionale. Portion du pavillon S.-O. — Nicolas Poussin, F. de Neufchâteau, G.-L. Ternaux.

Façade du S. — Pinson, Daubenton, Suger, Ampère,
De Saussure, Valentin Hawy, Gassendi, P.-P. Rubens,
A. Richelieu, Brunel, L. de Jussieu, Henri Estienne,
Roger Bacon, Turgot, Arrighetti, les Elzevier, Stra-
divarius, A. Ducerceau, Salomon de Caus, Franklin,
M. de Dombasle, Montgolfier, Obercampf, Olivier de
Serres, Réaumur, A. Bell, S. Érard, A.-J. Fresnel,
Gambey, J. Savart, Adanson, J.-B. Bodoni, F. Perrier,
H. Sully, P. de Fermat, L. Chiberti, G.-E. Stahl. P. de
Montereau, J.-F. Vaillant, F. Viète, P. Paris, Senefelder,
Richard Lenoir, Jacques Cœur, Bréguet, Lagrange, Le-
brun, l'abbé Sicard, Laplace, Harvey, Scheele, Coper-
nic, Nanteuil, Dumont-d'Urville, Priestley, Gui de la
Brosse. Delambre, Vasari, Ambroise Paré, Tournefort,
Abailard, La Caille, Hartmann, Kirchberger, Lere-
bours, Leveau.

Portion du pavillon S.-E. Pradier, Jenner, E. Le-
sueur.

TÉLÉGRAPHIE ÉLECTRIQUE.

ALPHABET AUSTRO-ALLEMAND DE MORSE.

a · — ä · — · — b — · · c — · — d — · · e
· é · · — · · f · · — · g — — · h · · · · i · ·
j · — — — k — · — l · — · · m — — n — · o —
— · — ö · — — · p · — — · q — · — — r · —
· s · · · t — u · · — ü · · — — v · · · — w
· — — x — · · — y — · — — z — — · · ch ·
— — — (Les lettres ne sont représentées que par
quatre traits au plus.)

PONCTUATION.

Point. · — · — · — Point-virgule; — · — · — ·
Virgule, · — · — · — Deux-points: — · — · · ·
· Point interrogant? · · — — · · Point alinéa. ·
— · — · · Point exclamatif! — · — · · — Trait-
d'union · — · · · — Apostrophe ' · — — — — ·
· Barre de division °/₀ — · — · — · — (Les points
se figurent par six traits au plus.)

CHIFFRES.

1 · — — — — 2 · · — — — 3 · · · — — 4
· · · · — 5 · · · · · 6 — · · · · 7 — — · · ·
· 8 — — — · · 9 — — — — · 0 — — — — —
(Les chiffres se figurent par cinq traits.)

SUJETS DES BAS-RELIEFS DE LA COLONNE DE LA GRANDE ARMÉE, PLACE VENDOME.

1. Armée navale au port de Boulogne.—2. Départ de Boulogne des 3ᵉ, 4ᵉ, 5ᵉ et 6ᵉ corps pour l'Allemagne.—3. Départ d'Utrecht du 2ᵉ corps.—4. Départ de Brest du 7ᵉ corps.—5. Passage de la Fuld par le 1ᵉʳ corps parti du Hanovre.—6. Communication par l'Empereur au Sénat de son départ pour combattre la troisième coalition. —7. Passage du Rhin par le 2ᵉ corps parti de Hollande. —8. Passage du Rhin par le 3ᵉ corps parti de Bruges.—9. Passage du Rhin par le 4ᵉ corps parti de Boulogne.—10. Passage du Rhin par le 6ᵉ corps parti de Montreuil-sur-Mer. —11. Passage du Rhin par le 5ᵉ corps et la cavalerie. — 12. L'Empereur traverse à cheval le pont de Kelh. —13. Réception de l'Empereur par l'électeur de Bade. — 14. Réception de l'Empereur par l'électeur de Wurtemberg. — 15. Bataille de Donawerth par le 4ᵉ corps. — 16. Victoire du prince Murat à Wertingen. —17. Entrée des Français à Wertingen. — 18. Entrée du 4ᵉ corps à Augsbourg.—19. Passage du Danube par les 2ᵉ et 3ᵉ corps. — 20. Prise du pont de Guntzbourg. —21. Distribution des honneurs par l'Empereur sur le pont de Sommershausen.— 22. Arrivée de l'Empereur à Augsbourg.—23. Victoire du 1ᵉ corps à Memmingen. —24. Prise d'une division ennemie à Memmingen par le maréchal Soult. — 25. Victoire de 6,000 Français à Albeck sur 25,000 Autrichiens. —26. Le maréchal Ney force le pont d'Elchingen,—27. Attaque du fossé de la porte d'Ulm par les chasseurs à pied. — 28. Arrivée de l'Empereur devant Ulm. — 29. Prise de Michelsberg.—

30. Murat fait prisonnier le général Werneck. — 31. Le maréchal Berthier reçoit la capitulation d'Ulm. — 32. Départ de la garnison autrichienne d'Ulm. — 33. Réception du maréchal Mack par l'Empereur. — 34. La Victoire inscrit sur un bouclier : « Capitulation d'Ulm. » — 35. Entrée de l'Empereur à Munich. — 36. Passage de l'Inn par le 4ᵉ corps. — 37. Passage de l'Inn par le 3ᵉ corps. — 38. Entrée de l'Empereur à Braunau. — 39. Passage de la Traun par le 3ᵉ corps. — 40. Prise d'Ebersberg. — 41. Entrée du 5ᵉ corps à Lintz. — 42. Victoire de Murat à Amstettin. — 43. Entrevue de l'Empereur avec l'électeur de Bavière. — 44. Conquête du Tyrol par le 6ᵉ corps. — 45. Remise des magasins d'Inspruck aux généraux français. — 46. Le 76ᵉ de ligne retrouve deux drapeaux qu'il avait perdus. — 47. Entrée du 5ᵉ corps et de la réserve à Saint-Polten. — 48. Quartier général de l'Empereur établi à l'abbaye de Molk. — 49. Défaite des Russes à Krems. — 50. Prise du pont de Spitz par les maréchaux Murat et Lannes. — 51. Entrée de Murat à Vienne. — 52. L'Empereur établit son quartier général à Schœnbrunn. — 53. Clefs de Vienne offertes à l'Empereur. — 54. Remise par l'Empereur à la députation de Paris des drapeaux pris à l'ennemi. — 55. Victoire d'Hollabrunn. — 56. Entrée de l'Empereur à Braun. — 57. Reconnaissance française à Olmutz. — 58. Entrée des Français à Presbourg. — 59. Etablissement de l'Empereur au Sauton. — 60. Parlementaire russe congédié par l'Empereur. — 61. Visite aux avant-postes par l'Empereur. — 62. L'Empereur donne ses ordres pour la bataille d'Austerlitz. — 63. Charge de cavalerie rompant une colonne russe et autrichienne. — 64. L'Empereur

reçoit les généraux ennemis pris à Austerlitz. — 65. L'armée russe engloutie dans le lac d'Augerd. — 66. Conférence au moulin de Saruschitz entre l'Empereur des Français et l'Empereur d'Allemagne. — 67. Suspension d'armes. — 68. Les canons et les armures envoyés de Vienne en France. — 69. Talleyrand, plénipotentiaire français, passe le Danube à Presbourg pour traiter de la paix. — 70. Signature du traité de Presbourg, 26 décembre 1805. — 71. Etats vénitiens rendus à l'Italie. — 72. Ratification du traité de Presbourg. — 73. Rentrée de la garde impériale en France. — 74. Entrée de l'Empereur à Paris. — 75. Trophées de la campagne. — 76. La Renommée publie les hauts faits de la campagne de 1805.

TABLE DES MATIÈRES.

FIN DE LA TABLE.

Paris.— Imp. de POMMERET et MOREAU, 42, rue Vavin.